주기자의 사법활극

주기자의
사법활극

소송전문기자 주진우가 알려주는
소송에서 살아남는 법

푸른숲

1　어느 날 전화벨이 울렸다　/ 통보

2　과연 누구를 찾아가야 할까?　/ 선임

6 판사는 신이 아니다 / 판결

7 우리를 법으로부터 보호하자 / 시민불복종

당신도
주인공이 될 수 있다

당신도 주인공이 될 수 있다. 어느 날. 갑자기. 물론 비극의 주인공 말이다.

한 여고생이 트위터에 "학교 벽에 금이 갔다"라는 글을 썼다. "학교는 예산 부족과 수용 공간 부족을 이유로 외면하고 있다." 학교의 안전 문제를 지적하는 내용이었다. 학생은 학교 측으로부터 고소를 당했다. 경찰은 학생에게 출석을 통보했다.

세월호 유족들이 단식하는 광화문광장에 일베 회원이 왔다. 폭식투쟁을 하겠다고. 한 세월호 유가족은 아들 또래인 일베 청년에게 다른 곳으로 가라고 했다. 일베는 계속 약을 올렸다. "세월호 사건은 교통사고일 뿐인데 여기서 왜 이러느냐." 유족은 일베를 밀쳤다. 일베는 그 유족을 고소했다. 세월호 유족은 경찰서에 끌려갔다. 그리고 폭행혐의로 불구속 입건됐다.

한 20대 커플이 종로에서 데이트를 하고 있었다. 차도에서는 세월호 추모 시위행진을 하고 있었다. 커플은 재미 삼아 시위대를 따라 걸었다. 한 손에는 아메리카노를 들고. 시위대는 커플 앞에서 청와대 쪽으로 방향을 틀었다. 얼마 후 경찰이 시위대를 포위했다. 커플 중 남자가 항의하다 경찰서에 끌려갔다. 그리고 이틀 만에 집으로 돌아갈 수 있었다.

2008년 광우병 파동 때 유모차를 끌고 거리로 나선 엄마들이 있었다. 인터넷 육아 카페에서 정보를 공유하던 엄마들이었다. 엄마들은 도시락을 싸 들고 유모차에 풍선을 달고 거리 행진을 했다. 소풍 가듯이. 1년 후, 유모차 엄마들에게 소환장이 날아들었다. 죄명은 아동학대죄. 경찰은 사진을 이 잡듯 대조해 엄마들을 찾아내는 집념을 보여줬다. 엄마들은 유모차를 끌고 경찰서에 조사를 받으러 다녀야 했다.

술에 취한 60대 남성이 용산 참사 현장 주변을 지나는 길이었다. 경찰과 시민이 몸싸움을 벌이고 있었다. 방패와 각목을 휘두르는 격렬한 싸움이었다. 시민이 일방적으로 두들겨 맞고 있었다. 남성은 경찰을 향해 박카스 병 몇 개를 던졌다. 일주일 후, 용산경찰서 형사들이 찾아왔다. 전·의경들은 이 남성이 각목을 휘둘렀다고 했다. 술에 취했던 남성은 기억이 없었다. 그런데 형사에게 "애들이 했다고 하니까 그랬나보다"라고 말했다. 남성은 특수공무집행방해죄로 구속됐다.

윌리엄 셰익스피어는 말했다. "우리는 언제나 정의를 받아들여야 하지만, 정의만으로 재판을 한다면 우리 중에 단 한 사람도 구원받지 못할 것이다."

정의의 여신상은 눈을 감고 있다. 공정한 판결을 의미하는 것이라고 한다. 그 기원은 진실을 못 본 척하면서 편파 판정을 내리는 현실을 풍자한 그림에서 비롯된 것이라고 한다.

이것이 현실이다. 우리는 이런 사회에서 살고 있다. 정권을 보호하기 위해 법을 휘두르는 세상이다. 돈을 지키기 위해 법이 이용되는 세상이다. 법에 호소하라는 말이 있다. 나는 여전히, 법은 약자를 보호하고 정의를 실현해야 한다고 믿는다. 그런데 이 땅에는 그런 예가 많지 않다. 오히려 그 반대의 경우를 찾기가 훨씬 쉽다. 법은 결코 당신을 지켜주지 않는다. 국가도 당신을 지켜주지 않는다. 진실도 당신을 지켜주지 않는다. 법은 공정하지도 평등하지도 않다. 눈 뜨고 코 베이듯, 당신이 언제 어디서 무엇을 하다가 구속될지 모르는 세상이다. 그러니 기울어진 세상에서 잘 살아남아야 한다. 그러려면 잘 싸워야 한다.

보통 사건은 전화 한 통으로 시작된다. 검찰 혹은 경찰서로부터 걸려 온. 일단 당황한다. 대개는. 그리고 허둥지둥한다. 검찰청에 전속력으로 달려가는 경우도 있다. 그럴수록 노회한 검사의 먹잇감이 되기 쉽다. 우리가 상대할 사람은 스페셜리스트다. 장기간 법률을 연구하고 피의자를 요리해왔다. 단기간에 준비해서 이길 수 있는 상대가 아니다. 하지만 평범한 사람들은 대부분 평생 한 번 경험할까 말까 한 사건이기에 잘 대응할 수도 없는 노릇이다. 더욱이 법은 모르는 사람에게, 가진 게 없는 사람에게 가혹하기만 하다.

아래 글은 회사 후배인 김은지 기자가 쓴 "권리를 아십니까" 기사의 일부다.

수사 절차를 직접 체험하니 눈에 들어오는 사실이 많았다. 새롭게 알게 된 권리도 있었다. 가장 놀라운 사실은, 사건 당사자는 고소·고발장을 형사 조사 전에 미리 볼 수 있다는 것이었다. 혹자는 당연히 자신의 방어권을 위해 어떤 내용으로 조사받는지 알아야 하는 게 아니냐고 되물을 수 있겠다. 하지만 지난 몇 년 동안 취재하면서, 고소(혹은 고발)를 당한 당사자 혹은 변호사에게 매번 들은 이야기가 고소장을 미리 받지 못해서 자기네들도 명확한 고소 사실을 모른다는 말이었다. 알고 보니, 2008년 참여정부 말에 검찰 내부 지침(사건 기록 열람 등사에 관한 업무 처리 지침)이 바뀌면서 가능해진 일이었다.

이 중요한 정보가 제대로 공유되지 않아, 대부분이 그런 권리를 모르고 지나쳐온 셈이다. 보통 사람이 살면서 한 번 갈까 말까 한 '경찰서·검찰청·법원'행이 조금이나마 덜 불안하고 덜 억울할 수 있게 할 정보다. 가끔 '권리 위에 잠자는 자는 보호하지 않는다'라는 법 정신이 불편하다고 느낄 때가 있는데, 위에서 언급한 사실을 알았을 때도 비슷한 감정이 올라왔다. 권리조차 제대로 설명해주지 않는 세상에 사는데, 그 권리 위에서 잠을 잔다며 야멸치게 구는 건 너무한 게 아니냐는 비법조인의 법 감정이다.

나는 기자다. 그래서 싸운다

한 사업가가 사무실로 찾아왔다. 국가기관이 총동원돼 자신을 죽이려 한다고 했다. 사업가는 프랜차이즈 치킨집을 했다. 그런데 프랜차이즈 회사의 허위 광고에 속아 망했다고 했다. 사업가는 프랜차이즈 회사 사장을 경찰에 고소했다. 경찰은 '무혐의' 처분을 내렸다. 그러자 사업가는 경찰서장에게 담당 경찰을 고소했다. 경찰이 수사를 제대로 하지 않았다는 이유에서였다. 또 '무혐의'가 났다. 사업가는 검찰에 경찰서장을 고소했다. 검사는 '무혐의' 처분을 내렸다. 그러자 검사를 고소했다. 그다음에는 부장검사, 차장검사, 지검장, 검찰총장, 그러다 법무부장관까지……. 그의 서류철에는 무혐의 통지서가 한 뼘 넘게 쌓였다. 국가기관이 자신을 죽이려 했던 명백한 증거라고 했다. 머리가 아파왔다. 나에게도 고소장을 날릴 것이 불 보듯 뻔했다.

프랜차이즈 계약서는 엉망이었다. 억울해할 만했다. 변호사와 상담해 회사에 민사소송을 거는 편이 옳은 선택이었다. 그런데 경찰에 고소하면서 첫 단추를 잘못 채워버린 것이다. 사업가는 수년간 헛고생만 하고 다닌 셈이었다. 싸움의 방법이 잘못됐다고 일러줬다. 상대도 잘못 골랐다고. 관과 싸우는 건 잘못된 판단이었다고. 그냥 보내려니 사업가의 낙담한 얼굴이 걱정됐다. 그래서 내가 법적인 자문을 구해보고 방법을 찾아보겠다며 돌려보냈다. 친한 검사와 변호사에게 방법을 물었다. 뾰족한 수가 없었다. 그렇게 전화해줬다. "방법이 없네요."

어느 날 사업가가 다시 불쑥 찾아왔다. 얼굴빛이 서러워 검었다. 체넘한 상태였다.

"저는 마지막 수단을 쓸 수밖에 없습니다. 주 기자님도 방법이 없다면…….".

"방법이 없어요."

"그렇다면 마지막 남은 제 목숨을 버릴 수밖에요. 이 소송 때문에 저는 모든 걸 잃었습니다. 더 잃을 게 없어요."

"잠깐만 계셔보세요."

나는 책상에 있는 서류 보따리를 들고 왔다.

"이 건은 SBS 사장이 한 소장이에요, 이건 SBS 국장이 한 소장이고요. 이건 BBK 검사 열 명이, 이건 나경원이, 저건 선관위 소송이고요. 또 저건…….".

내 소송 기록들을 보더니 사업가는 기가 질린다고 했다. 곧 그는 공손하게 자세를 고쳐 앉았다. 두 손을 모으고 다리도 모으고.

"아니, 어떻게 사셨어요? 저는 한 건도 죽겠던데."

"살 만해요. 그냥 오래된 나쁜 친구라고 생각해요."

"나쁜 친구라고요?"

그날 사업가는 나의 심각한 상황을 보고 용기를 얻었다고 했다. 그러고는 환한 표정으로 사무실을 나갔다. 열심히 살아보겠다고.

나는 기자다. 하지만 10년 넘게 피의자 혹은 피고인으로 살고 있다. 법원과 검찰청을 직장처럼 드나들면서. 기자로 사는 동안 타협하지 말자고 생각했다. 겁먹지도 말자고. 소송 걸릴 기사만 쓰자고 생각했다.

고소를 두려워하지 않았다. 나쁜 놈이라는 확신이 서면 씩씩하게 썼다. 쓸 수 있는 가장 강한 단어를 선택했다. 욕하면 더 크게 욕하고, 고소한다고 하면 실명 쓰고, 협박하면 사진 박고. 고소 들어오면 한 번 더 썼다. 그러면 또 소송이 들어오고, "요새는 비판 기자 다 얼어 죽었는데 까짓 붙어보자. 다 덤벼라……." 오기로 더 썼다. 소송이 파도처럼 밀려왔다. 그리고 산이 되었다. 때로는 외롭고 슬프기도 했다. '인생은 살기 어렵다는데'를 되뇌고 또 되뇌며 기자 생활을 했다.

하늘이 이 세상을 내일 적에 그가 가장 귀해하고 사랑하는 것들은 모두
가난하고 외롭고 높고 쓸쓸하니 그리고 언제나 넘치는 사랑과 슬픔 속에 살도록 만드신 것이다

백석의 시 〈흰 바람벽이 있어〉를 외면 도움이 됐다. 하늘이 사랑해서 언제나 넘치는 슬픔과 소송 속에 사는 것이라고……. 무작정 우기고 살았다.

2012년 대선 때만 해도 박근혜, 박지만, 새누리당, 국정원, 변희재, 구창환, 윤정훈…… 또 누가 걸었더라. 그 소송 가운데 일곱 건에 대해서는 무혐의를 받아 해결했다. 하지만 신에게는 아직 아홉 건의 소송이 남아 있다. 이번 주에도 재판이 있다. 지난주에도 지지난주에도 재판이 있었다.

나의 불타는 소송 연대기는 2000년부터 시작된다. 처음에는 사이비 종교 단체로부터 주로 소송을 당했다. 지금까지 걸린 소송은 아가동산 2건, 신앙촌 6건, 종말론 교회 2건, 종말론 신자 1건, JMS 2건, 순복음교회 4건, 한나라당 4건, 이회창 선대위 4건, 기양건설 4건, 철도청 1건, 홍익회 1건, 광성교회 1건, 벤처기업 아들 독살 사건 용의자 1건, 뇌물 수수한 안산시장 3건, 범서방파 1건, 안마시술소 사장 1건, 청와대 2건, 정신과의사 내연녀 1건, 김용균 전 의원 3건, 방위사업청 1건, 국회 1건, 기무사 1건, 상이군경회 1건, 미망인회 1건, BBK 검사 10명 1건, 안마시술소 간 SBS의 계열사 사장 2건, SBS 예능국장 2건, 은경표 PD 2건, 선관위 1건, 나경원 기소 청탁 1건, 나경원 선대위 1억 피부과 1건, 십알단 윤정훈 목사 1건, 국정원 1건, 새누리당 2건, 변희재 1건, 구창환 1건, 박지만 6건, 박근혜 1건 등…….

지금 기억나는 것만 해도 이 정도 되는 것 같다. 작은 소송들은 기억도 안 난다. 언론중재위에 걸린 건이나 가처분 신청까지 합하면 훨씬 많다. 소송에 걸리면 분하고 화난다. 심리적으로 매우 불안해진다. 하지만 며칠 뒤 다른 소송이 온다. 또는 재판이 있다. 그래서 또 잊는다. 그나마 사는 이유다.

아래는 2011년 4월 5일 자 칼럼이다.

저는 주 기자입니다. 몇 년 전 조용기 목사를 비판했더니 신도들이 몰려와 '주 기자를 죽이자!'라고 외치더군요. 그래도 '소 기자'나 '안 기자'보다는 기자

다운 이름이라고 위안을 삼습니다. 이름 따라 간다는 말이 있죠? 그래서인지 '죽이는' 기사만 씁니다. 상대방에게 욕을 먹거나 협박당하는 일이 다반사입니다. 조폭들이 쓰는 '포를 뜬다'느니 '파묻겠다'느니 하는 말도 익숙합니다. 조폭이 협박하면 지금은 바쁘니 시청 앞 지하철역에서 3시에 보자고 하는 것으로 정리합니다. 물론 아무도 나오지 않지요. 기사에 언급된 한 방송사 간부는 소장에 저에 대해 이렇게 적었더군요. "상종할 수 없는 최악질 꼴통 기자."

어쩔 수 없이 소송과는 친구처럼 지냅니다. 항상 소송을 염두에 두고 기사를 씁니다. 소송에 걸릴 기사만 쓰는지도 모르겠습니다. 한 신문방송학과 교수는 제 소송만 가지고 논문을 쓰겠다고 할 정도입니다. 지금 걸려 있는 게 다섯 건인지, 여섯 건인지……. 기자 가운데 최고 몸값(소송액 기준)이 된 건 2004년 이후로 기억합니다. 고문 변호사인 조용환 변호사는 "주 기자가 사고를 쳐야 우리가 먹고산다"라고 격려해주십니다(차비만 받고 소송을 맡아주시는 변호사님들, 정말 미안하고 감사합니다).

법조인(피고인)으로 산다는 것은 여간 불쾌한 일이 아닙니다. 형사소송을 당하면 피의자 신분으로 검사와 경찰 앞에 끌려가 조사를 받아야 합니다. 돈은 고소인이 받았는데, 조사는 제가 받습니다. 조사실에서 저는 제일 취재 못하고 기사 못 쓰는 기자가 되어 있습니다. 고소인의 죄가 명확해도 마찬가지입니다. 애초부터 저를 조사하는 소송입니다. 문제는 민사소송입니다. 법원은 명예훼손 소송에서, 사실을 적시했더라도 명예훼손이 인정된다면서 보상하라고 판단하는 경우가 적지 않습니다. 소송에서 99퍼센트를 이기고 1퍼센트를 지더라도 큰일입니다. 배상액 1천만 원, 2천만 원은 〈시사IN〉같이 작은 매체에는 큰 부담입니다.

BBK 건을 수사한 검사 10명과도 재판 중입니다. 최근 검찰이 에리카 김 씨의 죄를 묻지 않겠다고 했더군요. 그녀의 말과 자료를 토대로 기사를 써서 소송당한 저는 재판에서 어떻게 될까요? 질 확률이 매우 높아졌습니다. 소송은 생활입니다. 돈을 물어주고서라도 기사를 쓰겠다는 생각에는 변함이 없습니다. 그런데 이젠 좀 지치네요. 지저분해서 쳐다보기도 싫네요. 떠나고 싶은 생각이 굴뚝같은데 진짜 '죽이는' 기사를 쓸 욕심에 오늘도 이렇게⋯⋯. 저, 철이 들려면 아직 멀었나봅니다.

이 책은 소송 전문 기자의 생존기다. 백여 차례 고소·고발당하면서 얻은 노하우를 공개하고자 한다. 박지만 씨 '5촌 살인 사건 보도' 재판을 중심으로 법과 재판은 어떻게 움직이고, 어떻게 준비해야 하는지 적었다.

도생圖生의 길을 단계별로 알려주겠다.

나는 박근혜, 박지만, 새누리당, 국정원, 검찰 등과 싸워서 살아남았다. 특히 검찰 최정예 부대와의 전투에서 승리했다. 물론 검사보다 똑똑하고 훌륭한 판사를 만난 운도 작용했지만. 피고인이라고 무시할 수도 있고, 정통이 아니라고 폄하할 수도 있지만, 참고할 만하다.

사건이 터지면 재벌들, 유력 정치인들도 찾아온다. 검사들도 많이 왔다. 경찰은 물론이고. 세월호 사건이 터지자 구원파에서도 찾아와 조언을 구했다. 그럴 때마다 상담료로 5만 원씩만 받았어도 집 샀다.

소송은 감기처럼 찾아오기도 한다. 어느 날. 갑자기. 하지만 겁먹지 마라. 너무 걱정하지 마라. 몇 가지 응급처치 비법을 알고 있으면 감기는 그렇게 두려운 병이 아니다. 이 책에는 급작스레 발병하듯 닥쳐오는 소송의 파도에서 내가 살아남을 수 있었던 방법들을 담았다. 그간의 경험에서 얻은 조각들을 하나하나 모았다. 법률가들이 알려주지 않는 재판의 비밀과 노하우도 채워 넣으려고 노력했다. 전적으로 피고인 입장에서, 철저히 약자 입장에서. 따라서 검사나 판사 입장에서는 불편할 수도 있다. 내가 피해의식에 사로잡혔다고 할 수도 있다. 하지만 그 말을 존중해줄 생각은 없다. 억울해하지 마라. 판검사들은 항상 높은 자리에서 세상을 내려다보며 살지 않았나.

변호인을 구할 경제적 능력이 없는 사람도 많다. 이 책에 나온 절차대로 준비하면 두려움과 어려움을 조금은 덜 수 있을 것이다. 또 변호인이 있어도 당사자가 준비되어 있지 않으면 그 비싼 변호인의 덕을 보기 어렵다. 변호인을 구할 여력이 있는 분도 내 얘기에 한 번쯤 귀 기울이면 손해 볼 일 없다고 자신한다.

잘못됐다면 지적해달라. 채찍질해달라. 조목조목 따진다면 달게 듣겠다. 잘못이 있다면 언제든 배울 준비가 돼 있다. 늘 매 맞을 준비가 돼 있다. 소송도 기쁘게 맞이하겠다. 아홉 건 남은 소송에 하나 더 보탠다고 하늘이 무너지겠나…….

주기자의 **기초법률용어**

- 광명경찰서 절도 피의자 검거.
- 살인 사건 피고인에게 검찰은 징역 20년을 구형했고 법원은 징역 15년을 선고했다.

흔히 접하는 사건 기사의 한 줄이다. 그런데 정확히 이해하는 사람은 드물다. 법률 용어에 익숙지 않기 때문이다. 법률 용어는 어렵다. 그래서 법이 어려운지도 모른다. 하지만 몇 가지 법률 용어만 알아두면 문제없다.

피의자

검사나 경찰의 수사를 받는 사람으로 검사에 의해 기소되기 전까지 불리는 명칭. 범인으로 의심받는 사람이다.

용의자 범죄 혐의가 있다고 의심받는 사람. 공식 용어는 아니지만 강력 범죄에서 흔히 쓰인다.

피내사자 내사(검찰 또는 경찰이 내부적으로 은밀히 진행하는 조사)를 받는 사람. 내사를 거쳐 본격적인 수사가 진행된다.

피고인 경찰과 검찰의 조사 결과에 따라 검사에 의해 기소(형사소송이 제기)된 사람.

피고 민사소송에서 소송을 당한 사람.

참고인 수사를 받는 사람 가운데 피의자 이외의 사람. 수사에 참고가 되는 사람이다. 바쁜 수사관이 그저 참고만 하는 것은 아니다. 참고인 조사 중 범죄 가담 사실이 드러나면 피의자로 신분이 바뀔 수 있다.

수형인 재판에서 확정 판결을 받아 집행을 받고 있는 사람.

고소

범죄의 피해자 혹은 일정한 관계가 있는 고소권자가 수사기관에 범죄 사실을 신고해 범인을 처벌할 것을 요구하는 의사표시.

고발 피해자 외의 제삼자가 범죄 사실을 신고하는 행위. 누구든 범죄 사실이 있다고 여겨지면 고발할 수 있다.

입건

피의자의 범죄 혐의 사실이 인정되어 사건이 성립하는 일. 각 수사기관에 비치된 사건부에 번호를 붙여 기재하면서 정식 수사가 시작된다. 피내사자가 입건되면 피의자가 된다.

구형

형사재판 말미에 검사가 판사에게 피고인한테 내려주길 바라는 형벌의 내용(예: 벌금 1백만 원, 징역 3년 등)을 정해 이를 요구하는 행위. 검사의 바람일 뿐이며, 법원은 이에 구속받지 않는다. 하지만 유죄로 인정되는 경우 대개는 검사의 구형 범위 내에서 실제 형벌이 결정된다(아무리 나쁜 놈도 검사가 구형을 낮게 하면 대개는 그 범위 내에서 선고된다).

선고

재판의 판결을 공표하는 일. 5촌 살인 사건 재판에서 검찰은 내게 3년을 구형했다. 1심 재판부는 무죄를 선고했다.

판결

민사 혹은 형사 사건에서 법원이 판단하고 결정하는 일.

공판

기소된 형사사건을 법원이 심리하거나 판결하는 일.

불기소 수사 결과, 피의자에게 죄가 없거나 처벌할 필요가 없을 때 검사가 사건을 종결하는 처분. 불기소는 공소권 없음, 무죄, 무혐의, 기소 유예로 나뉜다.

기소

형사재판에서 검사가 법원에 피의자에게 죄가 있는 것 같으니 판단해달라고 청구하는 행위. 공소 제기와 같은 의미다. 민사소송법에서는 기소한다는 용어 대신 '소를 제기한다'고 한다. 기소는 약식기소(약식명령 청구)와 정식기소(공판 청구)로 나뉜다. 실무에서는 약식명령 청구를 보통 '약식'이라고 부르고, 공판청구를 '구공판'이라고 부르기도 한다. 구공판은 구속 여부에 따라 '구속 구공판'과 '불구속 구공판'으로 구분한다.

내용증명 우체국에서 우편물의 내용을 증명하는 일. 보내는 사람이 통지했다는 사실이나 우편물의 내용을 소송상의 증거 자료로 삼으려는 경우에 주로 이용한다. 곧 소송을 제기하거나 형사 고소하겠다는 예고장으로 이용되기도 한다.

진정 국가 또는 공공기관에 어떤 유리한 조처를 취해줄 것을 요청하는 행위.

1

어느 날
전화벨이 울렸다

•

통
보

박근혜 대통령의 5촌이 잔인하게 살해당했다. 용의자도 대통령의 5촌이었다. 박 대통령의 5촌이 또다른 5촌을 살해하고 자살했다는 게 경찰의 수사 결과였다. 그런데 경찰은 너무 서둘렀다. 수사를 시작하자마자 수사 결과를 발표한 것이다. 그래서 의문이 꼬리를 물었다. 경찰 기록과 국립과학수사연구원의 기록을 입수해 기사를 썼다. 살인 사건에 의혹이 많다고. 이상하다고. 그게 다다. 그때가 2012년 12월 초였다.

반응은 즉각적이었다. 〈시사IN〉 기사가 나가고 〈나는 꼼수다〉 방송이 나가자 박지만 씨가 민·형사 소송을 걸었다. 불과 하루 이틀 만에. 소송을 걸었다는 소식도 뉴스를 통해 들려왔다. 곧 출석요구서가 날아왔다. 출석하라는 전화 통보도 생략됐다. 드디어 전투가 시작된 것이다. 보통 이 단계에 들어서면 당장 변호사를 찾아가야 한다. 증거를 모으고 증인도 확보하면서 검찰 수사에 대비해야 한다.

2012형제116906호 등

출 석 요 구 서(3차)

주진우 귀하 [주소:서울특별시 ██████████]

귀하에 대한 명예훼손 및 공적선거법위반 피고소 사건에 ██████ 일이 있

██████████ 다. 그리고 ██████ 바라며,

██████ 고 싶은 ██████ 작성하

2012형제116906호 등

출 석 요 구 서(2차)

주진우 귀하 [주소:서울특별시 ██████████]

귀하에 ██████

으니 20██████

출석하 ██████

아래 ██████

이 사 ██████

사항 ██████

여 가 ██████

1. 201 ██████

지정된 ██████

궁금하 ██████

궁금하 ██████

정당한 ██████

있습니 ██████

※ 우 ██████
  대 ██████
  ☞ 2호 ██████
  ☞ 시 ██████
  '서초 ██████
  → 15층 ██████

 서울중앙지방검찰청

출 석 요 구 서

사건번호 : 2011 형제 111308호

수   신 : 주진우(주소 : 서울 ██████████)

　　귀하에 대한 사자명예훼손 피의사건에 관하여 문의할 일이 있으니 **2012. 5. 10. (수) 오후 2시에 우리청 418호 검사실로 출석하여 주시기 바랍니다. (담당 수사관 : 이신우)**

1. 출석하실 때에 이 출석요구서와 반드시 주민등록증(또는 운전면허증) 및 도장, 그리고 기타 귀하가 이 사건과 관련하여 필요하다고 생각하는 자료를 가지고 나오시기 바랍니다.

2. 이 사건과 관련하여 귀하가 전에 충분히 진술하지 못하였거나 중요한 쟁점에 대하여 특별히 주장하고 싶은 사항 및 새로운 조사가 필요하다고 생각되는 사항이 있으면 미리 진술서 등과 같은 서면으로 정리해 오시면 조사가 신속히 진행될 수 있습니다.

3. 지정된 일시에 출석할 수 없는 부득이한 사정이 있거나 이 출석요구서와 관련하여 궁금하신 점이 있으면, 검사실(전화 530-4404)로 연락하여 출석일시를 조정하거나 궁금하신 사항을 문의하시기 바랍니다.

※ 정당한 사유없이 출석요구에 응하지 아니하면, 형사소송법의 규정에 따라 불이익을 받을 수 있음을 알려 드립니다.

2012. 4. 30.

서울중앙지방검찰청(http://seoul.dpo.go.kr)

검 사 한 석 리 ㉔

※ 우리청은 주차공간이 협소하여 주차에 어려움이 있으므로 가급적 지하철 등 대중 교통수단을 이용하여 주시기 바랍니다.

☞ 2호선 서초역 (6번출구) 또는 3호선 교대역 (10번출구) 하차 5분거리

→ 15층 고동색 건물

※ 서울중앙지방검찰청 찾아오시는 길

215

01

이런 걸로도
재판은 시작된다

2007년 초의 일이다. 강남의 한 호텔 사우나에 자주 다녔다. 그 호텔은 김태촌이 두목이었던 범서방파의 본거지로, 과거 이용호 게이트, 최규선 게이트의 주 무대이기도 했다. 약간 거칠고 위험하긴 해도 나에게는 사건·사고가 모이는 매력적인 출입처였다. 물론 다른 기자는 오지 않았다. 그곳은 보스급 거물 조폭만 드나들었다. 잔챙이들은 아예 발걸음 할 수 없는 곳이었다. 1층 커피숍에 가면 계급대로 테이블을 나눠 앉은 모습을 볼 수 있다.

어느 날 커피숍에 가보니 유사○, 백남○, 양춘○ 등 시대를 풍미한 거물 조폭들이 헤드 테이블을 차지하고 있었다. 그 자리에 끼어 흘러간 무용담을 듣고 있었다. "그렇게 싸움을 잘하셨다면서요? 17 대 1은 구라 아닌가요?" "예전에는 날아다녔지." 이야기를 듣고 있는데 옆 테이블에 앉은 중간 보스 하나가 자리를 털고 일어났다. "아르바이트가 있어서 육영재단에 다녀오겠습니다." 다른 조폭들이 말을 거들었다. "피(사고) 났다면서?" "거기는 왕십리 애들이 들어간 곳 아냐?" "청주 애들은 어떻게 됐냐?"

나는 중간 보스의 손을 잡고 이쪽 테이블로 스윽 끌고 왔다. "이야기 좀 풀어놔보슈." 2006년부터 육영재단의 분규는 극심했다. 육영재단을 지키려는 박근령 당시 육영재단 이사장과 빼앗으려는 박지만 측이 격렬하게 맞섰다. 서로 깡패를 동원해 싸우고 있었다.

원래 두 사람은 한편이었다. 1990년 8월, 두 사람은 '최태민에게 빠진 박근혜를 구해달라'고 노태우 대통령에게 편지를 썼다. 일종의 탄원서였다. 편지는 A4 용지로 12장이나 됐다. 1990년 12월, 박지만 씨는 여성지《우먼센스》와 인터뷰를 하기도 했다. "큰누나(박근혜)와 최씨의 관계를 그냥 두는 것은 큰누나를 욕먹게 하고 부모님께도 누를 끼치는 일 같아 떼어놓으려는 것이다."

"최태민 씨, 언니 방패막이로 재산 착취, 그의 손아귀에서 언니를 구출해주세요"

〈오마이뉴스〉 2007년 8월 9일 자

"진정코 저희 언니(박근혜)는 최태민 씨에게 철저히 속은 죄밖에 없습니다. 그렇게 속고 있는 언니가 너무도 불쌍합니다! 대통령의 유족이라는 신분 때문에 어디에 하소연할 곳도 없고 또 함부로 구원을 청할 곳도 없었습니다."

박정희 전 대통령의 둘째 딸 박근령(현 육영재단 이사장)과 장남 박지만(현 EG 대표)은 1990년 8월 14일, 한 통의 긴 편지를 썼다. 일종의 '탄원서'로, 수신인은 노태우 당시 대통령이다.

"저희 언니와 저희들을 최 씨의 손아귀에서 건져주십시오"라고 노 대통령에게 요청하는 내용이 담겨 있다.

그런데 박지만 씨가 박근혜 대통령 편으로 돌아서면서 육영재단을 두고 싸움이 시작됐다. 분쟁이 일어났다는 것은 뉴스로 알고 있었다. 그런데 깡패를 동원한 싸움이라는 사실이 놀라웠다. 한쪽에서 깡패를 대면 다른 쪽에서도 깡패를 대고, 또다른 깡패가 나서면 또다른 깡패로 막는 식이었다. 그런데 그들은 피를 나눈 남매가 아닌가?

본격적으로 취재에 뛰어들었다. 목욕이 취미가 됐다. 일주일에 일곱 번 사우나에 가던 때도 있었다. 아직도 목욕탕 할아버지들이 제보를 해오곤 한다. 작업 나갔다 온 조폭은 사우나와 커피숍에서 진행 상황을 쭈욱 브리핑했다. 형제끼리 깡패를 써서 충돌하고 '피'가 나서 '개탕을 쳤다'고 했다. 조폭 용어 중에 '개탕 친다'라는 말이 있다. 한바탕 붙고 합의를 본다는 뜻이다. 밖에서는 죽일 듯이 욕하고 싸우던 조폭들이 뒤에서는 저들끼리 비즈니스를 한 것이다. 자기들 치료비가 얼마 나왔다, 위로비로 얼마를 더 줘야 한다, 사람 몇 명 값이 부족하다……. 아우들이 머리 터지며 주먹질할 때 오야붕들끼리는 게임 값을 조율하고 있었다. 당시 깡패의 일당은 30만 원, 식대는 별도였다. 이것만으로는 부족했던 것이다. 일을 의뢰받은 깡패들도 서로 의아해하며 함께 수군거렸다. "보통 가족끼리는 깡패를 쓰진 않는 법인데, 돈이 무섭긴 무섭다."

분규가 절정으로 치닫던 2007년 7월. 박지만의 전 비서실장이자 행동대장 격인 박용철(박지만의 5촌)과 박 씨의 친구 김 아무개 씨, 그리고 박근령의 남편 신동욱 씨가 중국 칭다오에 갔다. 전쟁 중에 박지만과 박근령의 오른팔이 중국에 간 것이다. 물론 박지만은 '왼손잡이'라고 주장할 수 있다. 그런데 칭다오에서 대형 사고가 터졌다. 박용철이 사주한 자들이 신동욱을 죽이려 했고, 신동욱이 속옷 차림으로 창밖으로 뛰어내려 다리가 부러졌다는 기사가 났다. 한국에 돌아와 신동욱은 박지만의 사주를 받고 박용철이 자신을 죽이려 했다고 인터넷에 글을 올렸다. 박용철은 신동욱과 함께 중국에서 마약을 했다고 경찰에 자수했다. 박용철 측에서 손을 써놓은 경찰을 통해서였다.

육영재단을 둘러싼 조폭들의 돈벌이는 그 후에도 계속됐다. 그러다 싸움이 한순간에 끝이 난다. 한센인에 의해서였다. 2007년 12월 28일, 박용철이 한센인 백여 명과 조폭을 동원해 육영재단을 점거하면서 폭력 사태는 정리됐다.

집안 싸움을 나병 환자들을 해결사로 동원해 끝낸다? 놀라운 일이었다. 창조 조폭 경제였다.

당시 현장에 있던 한 조폭은 "돈도 돈이지만 나병 환자들하고는 도저히 못 싸우겠더라. 손 한 번 못 쓰고 모두 도망 나왔다"라고 말했다.

서울 불광동·연신내 지역 보스 장 아무개를 통해 경기도 고양시 부근에 있는 한센인들이 동원됐다는 정보를 파악했다. 한센인 모집책은 불법 도박장, 일명 '하우스'에서 폭력을 행사하던 임두성이었다. 육영재단을 접수한 직후부터 임두성은 박근혜 당시 한나라당 대표의 행사에 자주 모습을 드러냈다. 그러고는 2008년 총선에서 한나라당 비례대표 2번, 그러니까 남자 비례대표 1번을 공천받아 국회의원으로 당선된다. 당시 임두성은 폭력 행위, 부정 수표 단속법 위반, 음반 비디오물 및 게임물에 관한 법률 위반, 입찰 방해 등 전과 12범이었다.

이런 놈이 국회의원이라니! 곧바로 임두성 취재에 나섰다. 쉽지만은 않았다. 서울 등촌동 중고차 매매 상가에서 한센인 제보자를 만날 때는 마치 영화의 한 장면 같았다. 정말 무서웠다. 친한 경찰 형에게 30분 후에도 연락이 없으면 찾으러 와달라고 부탁했다. 우여곡절 끝에 취재를 마쳤다. 임두성이 한센인 농원과 건설 회사를 통해 40억 원을 만들어서 김윤옥 여사 측에 공천 헌금을 내고 국회의원이 됐다는 정보를 얻었다. 돈세탁에 동원된 계좌를 확보하고, 지인의 증언을 녹취했다.

물증을 확보했으니 돌려서 취재할 필요가 없었다. 바로 국회에 있는 임두성에게 갔다. 한센인은 눈썹이 없다. 그리고 피부가 매끈하다. 악수를 하고 나를 노려보는 눈매가 매서웠다. 싸늘했다. 거만했다. 국회의원이 된 한센인 조폭 두목이라……. 내공이 만만치 않았다.

"내 뒷조사를 하고 다닌다고요? 뒷골목에서 얘기가 들려옵디다." 웬만해선 겁 안 내는 나도 머리털이 섰다. 지금도 임두성의 날카로운 말투와 눈빛의 기억이 서늘할 정도다. 이럴 땐 빨리 선방을 날리는 게 최선. 눈 감고 확 질렀다. "하우스에서 사돈을 두들겨 팬 적 있으시죠? 그 건으로 감옥에 다녀오시고. 전과자가 어떻게 의원님이 되셨어요?" "그건 소문일 뿐입니다. 저는 그 세계를 오래전에 떠났습니다. 다 한센인 복지를 위해 일하다가 생긴 일입니다." 당황한 기색을 보이자 더 들어갔다. "김윤옥 여사에게 40억 원을 주고 공천받으셨죠?" "말이 안 되는 이야기입니다. 저는 박근혜 대표 측 몫으로 국회의원이 됐습니다." "한센인을 동원해 육영재단을 정리했고, 돈으로 MB 측으로부터 배지를 산 거 아닙니까?" "세상을 쉽게 보시는군요."

국회를 나와서 곧바로 검찰청으로 갔다. 친한 검사 선배에게 "김윤옥 여사가 공천 헌금 40억 원 받은 것을 까야겠어, 계좌도 있어"라고 말했다. 그 검사 선배는 고개를 저었다. "너 이러다 죽어. 이명박 정부가 들어선 지 얼마나 됐다고 MB를 직접 공격해. 나 아무 말도 못 들었다."

그러던 중 2008년 베이징 올림픽이 열렸다. 중국에 취재를 갔다. 그런데 갑자기 김윤옥 여사의 사촌언니 김옥희 씨가 공천 헌금을 받았다고 구속됐다. 얼마 후 임두성은 건설업자로부터 20억여 원을 받은 혐의로 구속됐다. 물론 공천 관련 수사는 전혀 이뤄지지 않았다.

대통령 남매가 싸웠다. 그래서 취재했다

그 무렵 신동욱이 싸이월드와 블로그에 글을 올리기 시작한다. "중국 납치 사건, 육영재단 폭력 사건의 주범은 박용철이고, 배후에 박지만이 있어 나를 죽이라고 사주하고 있다." 이 같은 내용의 글을 40여 차례 올렸다. 박지만이 매형 신동욱을 고소하고, 이에 신동욱이 처남인 박지만을 맞고소하면서 고소전이 이어졌다. 2010년 검찰은 신동욱을 명예훼손 혐의로 불구속 기소했다.

박용철은 박지만의 비서실장이었는데 정용희 비서실장에게 밀려난 뒤부터 박지만과 사이가 틀어졌다. 박용철이 박지만을 등진 터닝 포인트였다. 박용철은 박지만에게 배신감을 느꼈다. 그래서 뒤에서 박지만을 헐뜯고 다니기 시작했다. 2010년 9월 1일 재판에 증인으로 출석한 박용철은 박지만의 비서실장인 정용희가 "(박지만) 회장님의 뜻이다"라고 말한 녹음테이프가 있다고 증언했다.

박용철의 증언 후, 신동욱이 박지만·정용희·박용철을 중국 납치 사건에 대한 살인교사죄로 고소했다. 신동욱은 박용철을 빼주고 자신에게 유리한 증언을 하도록 유도했어야 했다. 그런데 어리석게 박용철도 함께 고소해버렸다. 박지만은 신동욱을 무고죄로 맞고소했다. 결국 2011년 8월 24일, 신동욱은 무고죄로 구속된다. 박정희 전 대통령 자녀들 사이의 지저분한 전쟁은 계속되었다. 전쟁이 계속되면서 박지만의 키를 쥔 박용철의 운명도 점점 파국으로 치달았다. 나는 영문도 모른 채 자꾸만 핵심을 향해 걸어가고 있었다.

나는 오래전부터 박근혜가 대통령이 될 거라고 막연히 예감하고 있었다. 그래서 2005년부터 김재규 전 중앙정보부장을 공부하기 시작했다. 취재를 하다가 김재규장군추모사업회로부터 평전을 써달라는 요청을 받기도 했다. 김재규 씨 부인의 인터뷰를 조건으로 승낙했다. 계약금으로 적지 않은 돈인 1천만 원을 받고 작업을 시작했다. 김재규 씨의 가족을 만나고 지인들에게 자료를 얻기 위해 두 번이나 미국에 갔다. 틈틈이 사료도 열심히 모았다. 그런데 김 씨의 부인이 끝내 나서지 않았다. 부인의 이야기 없이 남보다 더 잘 쓸 자신이 없었다. 그래서 돈을 돌려줬다. 물론 1천만 원은 취재비로 이미 다 쓴 뒤였다.

김재규를 공부하는 한편, 박근혜·박지만 남매로부터 떨어져나와 외톨이가 된 박근령을 공부하기로 했다. 박근령의 주변 인물인 대구 출신 할아버지와 지인들을 통해 어렵게 박근령을 소개받았다.

첫 만남은 조선호텔에서였다. 박근령은 30분 늦게 도착했다. 죄송하다는 인사를 특이하게 했다.

"저는 돈이 없습니다. 몸단장을 해줄 사람이 없어서 직접 해야 됩니다. 그래서 시간이 좀 걸렸습니다."

그녀의 화장은 정말 두꺼웠다. 그리고 헤어스타일은 정말 견고한 요새처럼 세팅되어 있었다. 이에 비해 언니 박근혜 대통령의 헤어스타일은 자연스럽지만 단단한 성 같다. 첫인상부터 모든 게 독특했다. 그중에서도 가장 특이하고 인상적인 건 호텔 식당에서 만나면서 마실 물과 먹을 음식을 직접 싸 온 것이었다. 그리고 그것만 입에 댔다. "언제 어디서 독살당할지도 몰라요. 누가 뭘 탈 수도 있고……." 그 만남 이후 우리는 자주 만났다. 안부 인사도 종종 나눴다. 나중에는 편해졌는지 '이사장님'이라고 부르는 건 거리감이 있으니 '소운'(박근령의 호)으로 불러달라고 했다. 그냥 이름처럼. 소운. "네? 소운은 좀 그런데요." "그럼 소운'님'은 어때요?" "그것도 좀 그런데요."

물론 소운님으로 부르진 않았다. 하지만 그 뒤에도 자주 만났다. 같이 신동욱 재판에 가기도 하고 재판이 끝나면 함께 차를 마시곤 했다. 재판 때마다 우리 쪽을 째려보면서 뭔가를 적는 새누리당 김재원 의원을 자주 볼 수 있었다. 한 집안의 싸움을 꼼꼼히 체크하던 국회의원은 박근혜 정부에서 실세 정치인이 되었다.

데스노트가 된 증인 신청

그런데 2011년 9월, 박용철이 살해된 채 발견됐다. 재판의 결정적 증인이 사라진 것이다. 살해 용의자는 박용철과 가장 친한 사촌이자 박지만의 또다른 5촌인 박용수였다. 사건은 강북경찰서 관할이었다. 당시 강북경찰서 채수창 서장은 조현오 경찰청장의 성과주의를 비판하다 파면된 상태였다. 채 서장은 강직하고 깨끗한 사람이었다. 그는 곧 복직됐으나 사표를 냈다. 채 서장에게 강북서의 유능한 형사 한 명을 소개받았다. 그리고 이 사건을 가까이서 면밀히 들여다보았다. 보고 또 봐도 용의자 박용수가 박용철을 살해할 이유가 없었다. 결정적인 물증도 없었다. 그런데 살해되기 전, 박용철은 재판에 보디가드를 대동할 정도로 신변의 위협을 느끼고 있었다. 자신은 쉽게 당하지 않는다고 이야기하고 다녔다. 경찰은 서둘러도 너무 서둘렀다. 박근혜의 친척이라는 이유로 살인 사건 수사에는 손도 대려고 하지 않았다. 수사를 끝내려고 허둥대는 모습이 안쓰러울 정도였다. 경찰은 불과 사흘 만에 박용수가 박용철을 살해한 후 자살했다고 발표한다. 그리고 유서대로 바로 화장했다. 박용수의 유서에는 "화장해서 바다에 뿌려주세요. 절대 땅에 묻지 마세요"라고 쓰여 있었다. 채무 관계 때문에 일어난 우발적인 사건이라고. 박용수가 받을 돈이 있는 박용철을 죽였다고? 도저히 믿을 수가 없었다.

수사는 끝났지만 취재는 끝나지 않았다. 살인 사건의 파편들을 모으기 시작했다. 경찰 조서를 모으고 관련자들을 만났다. 그러던 중 2012년 10월에 국과수 자료를 입수했다. 국과수 보고서에는 자살한 박용수의 위에서 속을 편안하게 하는 정장제가 나왔다. 정장제의 상태를 보면 죽기 직전에 복용했다고 한다. 위를 그렇게 챙기는 사람이 약을 먹고 30분 만에 자살하다니…….

박근혜 5촌 간 살인 사건 3대 의혹

2011년 9월 6일 새벽 5시 40분. 서울 강북구 수유동 북한산국립공원사무소 수유분소 앞에 한 사내가 쓰러져 있었다. 신고를 받고 112와 119가 출동했지만 사내는 이미 숨진 상태였다. 얼굴과 배에서 피가 흘렀고, 창자가 도로에 쏟아져 있었다. 양쪽 눈썹, 콧구멍 주위, 입술 등 얼굴과 가슴, 배에 'ㄱ'자와 'V'자로 찢긴 상처가 있었다. 칼이 깊숙이 들어가 많은 장기가 손상돼 있었다. 시체 옆에는 망치가 떨어져 있었다. 사내는 망치로 머리를 세 차례 가격당해 두개골이 함몰돼 있었다. 잔인하게 살해당한 사내는 박용철 씨(당시 49세)였다.

사건 현장에서 3㎞ 정도 떨어진 북한산 용암문 옆. 나뭇가지에 또다른 사내가 목을 매 숨져 있었다. 사내의 바지 뒷주머니에서 숨진 박용철의 차 열쇠와 유서 등이 나왔다. 바지와 끼고 있던 장갑에는 피가 묻어 있었다. 박용철의 혈흔이었다. 시체 옆에 놓인 가방에는 약병, 회칼, 손전등, 우편물 등이 담겨 있었다. 이 사내의 이름은 박용수(당시 51세). 경찰은 박용수가 박용철을 죽인 후 자살했다고 잠정 결론을 내리고 수사에 들어갔다.

살해된 박용철과 용의자 박용수는 사촌 간이었다. 박정희 전 대통령의 둘째 형인 박무희 씨의 두 아들 박재석 씨와 박재호 씨의 아들이었다. 박용수·박용철은 새누리당 박근혜 대선 후보와는 5촌 간이다. 하지만 사건 당시 박근혜 후보 측은 박용철·박용수에 대해 잘 모른다고 했다. 지난해 9월 8일 KBS 보도에 따르면, 박 후보의 한 측근은 "박근혜 전 대표는 (숨진 두 사람이) 가족이다, 친척이다라는 건 알겠지만 왕래가 없었기 때문에 어떤 분인지, 무슨 일을 하시는지, 어떻게 생활하시는지 알 수가 없잖아요. 왕래가 없으시니까"라고 말했다.

살해된 박용철은 박 후보의 동생인 박지만 EG 회장의 최측근으로 꼽히던 인물이었다. 박 후보의 동생인 박근령·박지만 남매와 관계된 사건에 꾸준히 이름이 오르내린 '박 씨 가문 송사의 핵심'이기도 했다. 2007년 11월에는 '육영재단 폭력 사건'을 주도했다가 형사처분을 받기도 했다. 당시 박용철은 한센인 백여 명과 폭력배를 동원해 육영재단에 쳐들어가 이사장이던 박근령 씨를 강제로 쫓아냈다. 이후 육영재단은 박지만의 지인들이 차지하게 된다. 박용철은 2008년 5월부터 9개월 동안 육영재단 내 어린이회관 관장을 지냈다.

2007년 7월에는 박용철이 박근령 전 이사장의 남편 신동욱 씨와 함께 중국 칭다오로 출장을 갔다. 여기서 박 씨는 '청부 살인 사건' 논란에 휩싸였다. 신 씨는 박용철의 권유로 함께 중국에 갔 다가 청부 살인을 당할 뻔했다고 주장 했다. 칭다오에 도착한 첫날 밤, 신 씨 는 생명의 위협을 느낀다며 속옷만 입 은 채 숙소에서 뛰어내려 골절상을 입 었다. 박용철은 먼저 한국으로 돌아와 경찰서에 자진 출두해 마약을 했다고 신고했다. 그는 "중국 칭다오의 한 술 집에서 (둘이 함께) 마약을 흡입했다"라 고 주장했다. 당시 신 씨가 마약에 취해 있었다는 얘기다. 하지만 신 씨가 한국 에서 받은 마약 조사에서는 성분이 검 출되지 않았다.

'육영재단 폭력 사건'과 '중국 칭다오 납치 사건'으로 피해를 당했다고 주장 하는 신동욱은 두 사건 모두 박용철이 관계되어 있고 배후에는 박지만 회장 이 있다고 주장했다. 이런 내용을 박근 혜 후보의 싸이월드 미니홈피에 익명 으로 40차례 올렸다. 신 씨의 청부 살 인 의혹 사건은 결국 법정으로 갔다. 신 씨는 박지만 회장을 고소했지만 검 찰은 증거 불충분으로 무혐의 처분을 내렸다. 박지만 회장은 무고 혐의로 신

씨를 맞고소했다. 또 신 씨는 박근혜 후보에게도 명예훼손 혐의로 고소당했 다. 박 후보의 미니홈피에 글을 올렸다 는 이유에서다.

신 씨의 일방적인 주장으로 여겨지던 이 사건의 이야기가 갑자기 다른 방향 으로 흐르기 시작한다. 박용철이 말을 바꾸기 시작하면서다. 2010년 7월, 박 씨는 이 아무개 전 육영재단 법인실 부 장에게 사건의 실체라며 이렇게 털어 놓았다. 이 전 부장이 2010년 9월 1일 법정에 나와 증언한 내용이다. "박용철 씨가 '신 교수를 죽이라고 박지만 회장 이 이야기한 내용을 녹음한 것이 있고, 통장으로 비용을 부쳐준 증빙이 있다. 나 혼자 그냥 죽을 수 없다'(2010. 7. 28) 라고 말했다." 그즈음 박용철은 박지만 회장에 대한 서운함을 자주 표시했다 고 한다. 박 회장 일을 돕다가 각종 송 사에 휘말렸는데도 인지대 한 번 내준 적이 없다는 식의 불만과 무엇보다 자 신이 맡았던 육영재단 어린이회관 관 장 후임으로 박 회장의 비서실장인 정 용희 씨가 온 데 대한 불만을 표출하곤 했다.

이런 박용철의 심경은 검찰 진술 조서 등에도 나온다. "박근령 고모의 사무 국장 신분도 인정하지 않고 월급도 한 푼 안 주고 방치하는 것을 보고 정용희 와 박지만 아재에 대한 섭섭한 마음이 굉장히 컸고, 지금도 그 마음은 변함이

없습니다. 육영재단 폭력 사태와 관련해 저는 정용희에게 속았다고 생각하고 있습니다."(2009년 12월 29일 검찰 참고인 진술 조서)

박용철이 이런 속내를 털어놓았다는 얘기가 신동욱의 귀에 들어갔다. 신 씨는 자기 재판의 증인으로 박용철을 불렀다. 2010년 9월 1일 박 씨는 법정에 섰다. 박 씨는 이렇게 진술했다. "(박지만 회장의) 정용희 비서실장이 나에게 '박지만 회장님 뜻이다'라고 이야기한 것을 증인이 녹음한 테이프가 있다. ……테이프라고 할 것도 없고 증인이 핸드폰에 녹음해놓은 것이 핸드폰을 바꾸면서 캐나다에 가져다놓았다." 정 비서실장은 법정에서 박 씨의 이야기가 다 소설이라고 맞섰다.

지난해 9월, 박용철은 증인으로 다시 법정에 나오기로 돼 있었다. 하지만 9월 6일 피살되면서 법정에 다시는 설 수 없게 됐다. 사건 당시 박근령 전 육영재단 이사장의 남편 신동욱 측은 박용철이 죽은 시점이 묘하다고 지적했다. 박용철이 죽을 당시, 신동욱의 변호를 맡았던 조성래 변호사는 "오는 9월 27일 박용철 씨를 증인으로 신청해놨는데, 그전에 죽었다. 그의 죽음으로 누가 반사이익을 볼지 생각해봐라. 석연찮은 죽음이다"라고 말했다. 서울구치소에 구속 중인 신동욱도 지난해 10월 28일 기자와의 면회에서 "나에게 증언을

하기로 하고 (박용철이) 바로 죽었다. 그는 스스로 자기가 죽을 수도 있다고 말했는데, 진짜 그런 일이 발생했다"라고 말했다.

신 씨는 1, 2, 3심에서 징역 1년 6월이 확정됐다. 다만 육영재단 폭력 사태에 박지만 회장이 관련되었다는 신 씨의 주장에 대해서는 무죄 판결이 내려졌다. 판결문에 "박지만 EG 회장이 육영재단 폭력 강탈 사건을 지시했다는 부분은 진실이라고 단정할 수는 없지만 허위라는 점에 대해서도 검찰이 입증을 다 하지 않았다"라는 내용이 들어 있다. 신 씨는 대선이 끝난 내년 2월 풀려나게 된다.

박용철·박용수 두 사람은 사이가 좋았다. 원한이 있는 것도 아니었고 채무 관계도 없었다. 사건 전날인 9월 5일 밤에도 둘은 함께 술을 마셨다. 서울 강남 신사동에서 시작한 술자리는 왕십리 술집으로 이어졌다. 그 자리에는 두 사람을 아는 황 아무개 씨(37)가 함께했다. 술자리에서 다툼은 없었다. 특별히 이상한 낌새도 없었다고 한다.

만취한 박용철이 술자리를 끝내고 귀가하려 하자 술집 종업원이 대리운전 기사를 불렀다. 대리운전 기사가 도착하자 박용철·박용수는 함께 차를 타고 떠났다. 자정을 넘긴 시각에 출발한 대리기사는 박용철의 집이 있는 일산 방향으로 차를 몰았다. 술에 취한 박용

철은 차에 타자마자 잠들었다. 갑자기 박용수가 자기 집이 있는 수유리 쪽으로 방향을 틀자고 했다. 9월 6일 새벽 1시께, 차량이 수유동 4·19 사거리에 도착하자 박용수는 거의 왔다며 대리기사를 돌려보냈다. 박용수는 사건 현장으로 차를 몰았다.

그리고 두 사람은 동이 틀 무렵 시체로 발견됐다. 경찰은 범행에 사용된 흉기와 박용수의 옷과 손에 묻어 있는 피가 박용철의 DNA와 일치한다는 점을 들어 '사촌 간의 살인 사건 그리고 자살'로 결론 내렸다. 박용수가 박용철을 흉기로 수차례 찔러 죽인 뒤 스스로 목을 맸다는 내용으로 수사 결과를 발표했다. 2011년 10월 7일 서울 강북경찰서는 이 사건을 '불기소(공소권 없음) 의견'으로 서울북부지검에 송치했다. 닷새 후 사건은 '피의자 변사'로 내사 종결된다.

키 176㎝, 몸무게 105㎏의 거구에 폭력 전과가 6개나 있는 박용철을 키 167㎝에 몸무게 73㎏인 박용수가 잔인하게 살해했다. 망치로 머리를 세 차례나 가격해 두개골을 함몰시켰다는 박용수는 폭력과 관련된 전과가 하나도 없다. 박용수의 한 지인은 "온화한 성격이어서 누구를 때리거나 그럴 사람이 아니다. 살인 사건 소식을 들었을 때 당연히 박용철이 박용수를 죽인 줄로만 알았다"라고 말했다. 강북경찰서의 한

담당 경찰은 "전과도 경험도 없는 사람이 지인을 수십 차례 칼로 찌르고 망치로 머리를 깬다는 것은 현장에서 접해보지 못했다"라고 말했다.

죽은 사람은 말이 없다. 죽인 사람 또한 죽은 상태라 사건의 진실을 알 수 없다. 하지만 〈시사IN〉이 단독으로 입수한 국립과학수사연구원의 부검 감정서와 사건 기록을 살펴보면, 단순한 피살과 자살 사건으로 보기 힘든 정황이 여럿 발견된다. 경찰의 사건 발표에 포함되지 않은 내용도 있다.

그들 몸에 남겨진 흔적

두 사람은 사건 당일 저녁 함께 술을 마셨다. 1차에 이어 2차까지 이어진 술자리에서 박용철은 만취 상태였지만 박용수는 술을 거의 마시지 않았다. 피살된 박용철의 혈중 알코올 농도는 0.196%, 자살한 박용수는 0.01% 미만이다. 그런데 이들의 체내에서 졸피뎀·디아제팜과 같은 수면제 성분도 검출되었다. 박용철은 졸피뎀 0.52㎎/L, 디아제팜 0.25㎎/L로 다량 검출됐다. 박용수는 졸피뎀 0.01㎎g/L, 디아제팜은 정량 한계 이하였다. 두 성분은 모두 의사의 처방전이 있어야 살 수 있는 향정신성의약품이다. 경찰 수사에 따르면, 두 사람은 모두 졸피뎀과 디아

제팜을 처방받은 사실이 없다. 누군가 술이나 음식에 약을 탄 것이다.

자살한 박용수의 위에서는 녹지 않은 알약 1정이 발견됐다. 부검 감정서에는 알약 성분에 대한 분석은 없다. 다만 박용수의 자살 현장에서 발견된 가방에서 정장제(설사약) 약병이 발견된 바 있다. 한 약사는 "건강한 남성의 경우, 대부분의 정장제 알약은 30분 이내에 녹는다. 정장제가 아닌 보통 알약은 10분 이내에 녹고, 혈압약·심장약·수면제는 투입 즉시 녹는다"라고 말했다. 잔인하게 사촌을 난자하고 자살을 앞둔 사람이 소화를 위해 설사약을 먹은 셈이다. 한 베테랑 강력반 형사는 "목을 매 숨진 사람은 대부분 사정을 하고 용변을 본다. 누군가 자살로 보이게 하기 위해서 설사약을 먹였다는 추리는 지나친 비약이 아니다"라고 말했다.

박용철을 죽인 북한산 수유분소 탐방 안내센터 앞 주차장에서 박용수가 자살한 용암문까지는 3㎞가량 떨어져 있다. 걸어서는 1시간 넘게 걸리는 거리다. 적어도 죽기 30분 전에 박 씨가 약을 먹었다면 걸어가면서거나, 차량을 타고 이동하던 중이어야 한다. 만약 차를 탔다면, 택시나 제삼자의 도움이 있어야 용암문까지 짧은 시간 내에 도착할 수 있다. 박 씨가 북한산 입구까지 타고 온 박용철의 차는 사건 현장에 그대로 남아 있었다. 이를 확인하기 위해 서는 족적을 떠서 자살 현장 근처의 박용수 외의 다른 발자국은 없었는지를 확인해야 했지만 경찰 조사에서는 이루어지지 않았다.

또 자살한 박용수의 목과 팔, 무릎 곳곳에 긁힌 상처가 나 있었다. 목을 맨 것과는 전혀 다른 성질의 상처였다. 누군가와 몸싸움을 벌인 흔적으로 보인다. 이 상처가 박용철을 죽이는 과정에서 생긴 것인지, 죽기 전에 누군가에 의해 끌려간 것인지 현재로서는 확인할 길이 없다. 다만 박용철은 만취 상태에서 약물에까지 취해 있었다. 저항이 어려운 상태였다.

유서 속 글씨는?

경찰은 자살한 박용수의 뒷주머니에서 종이 한 장을 발견했다. '유서'라고 적혀 있었다. '유서, 화장해서 바다에 뿌려주세요. 절대 땅에 묻지 마세요. 매형(○○○) ×××-××××-××××.' 경찰은 유서가 쓰인 종이를 자살의 근거로 들었다. 강북경찰서의 한 관계자는 "박용수 씨가 자신이 묵던 여관방에서 발견된 노트에 유서를 적고 찢은 흔적이 있다. 같은 노트에 대고 쓰면 눌려서 뒤에 남는 게 있는데 그 노트가 여관에 있었다"라고 밝혔다. 당시 필적조회를 해봤냐는 기자의 물음에는 "현재 남아 있는 필적이 거의 없어서 감정 불가인데, 어차피 그 여관방에서 노트가 발견되었고 여관 주인 말에 의하면 찾아오는 사람이 없기 때문에 누가 와서 쓴 거라고 볼 수 없다"라고 말했다. 하지만 〈시사IN〉이 입수한 국과수 문서영상과의 감정서를 보면, '매형(○○○) ×××-××××-××××' 부분에서는 필압이 확인되지 않았다.

〈시사IN〉은 박용수가 쓴 한 오피스텔 입주 등록 신청서에 대한 국과수의 필적 감정서도 입수했다. 이 또한 "서로 비교 대조할 수 있는 동일 내용의 문자도 구성이 단순한 아라비아숫자를 제외하고는 전혀 없으므로 이들 필적에 대한 특이한 부분과 공통된 부분의 특징을 구분할 수 없다"라는 결과를 받았다. 박 씨의 유서는 여전히 박 씨가 직접 쓴 것인지를 가늠할 수 없는 상태다. 유서와 유서 노트에 대한 별도의 지문 감식은 이뤄지지 않았다. 강북경찰서의 한 담당 경찰은 "유서에는 일반적으로 미안하다거나 원망하는 내용을 쓴다. '절대 땅에 묻지 마세요'라고 쓴 것은 이 사건에서 가장 이해하기 힘든 부분이었다"라고 말했다.

사라진 증거, 의문의 증거

경찰이 박용철의 피살을 '박용수 씨의 원한에 의한 계획범죄'라고 결론 내리면서 든 근거 중 하나가 두 달 전에 미리 사놓은 흉기였다. 강북경찰서의 한 관계자는 지난 2월 기자와 만나 "(박용수 씨가) 범행 두 달 전에 시장에 가서 칼을 사고, 자기 숙소에서 테이프를 감고 준비를 했다. 칼에 감긴 것과 동일한 테이프가 여관방에 남아 있었다. 오래전부터 원한이 있었고 실행을 두 달 후에 한 것으로 보인다"라고 말했다. 실제로 사건 현장에서 발견된 박용수의 가방에서 회칼이 나왔다. 정작 그 칼에서는 박용수의 지문이나 DNA가 검출되지 않았다. 사용되지 않은 채 가방에 그대로 있었다. 또 숨진 박용철의 혈흔이 나온 다른 한 칼은 범행 장소에서 60m 떨어진 개천에서 발견됐지만 역시 박용수의 지문은 없었다.

반면 사건 현장에서 수거된 한 담배꽁초에서는 "박용철·박용수가 아닌 다른 남성의 DNA형이 검출된다"라고 국과수가 보고했다. 제삼자가 사건에 개입했을 가능성을 배제할 수 없다는 뜻이다. 박용철의 휴대전화도 사라졌다. 박 씨는 일반 휴대전화와 태블릿PC를 썼다. 일반 휴대전화의 행방이 묘연하다. 사라진 박 씨의 휴대전화에 관심이 모이는 까닭은 박 씨의 발언 때문이다. 박 씨는 2010년 9월 1일 재판에서 자신의 휴대전화에 사건 관련 녹음 파일이 있다고 진술한 바 있다.

바로 이 글이 4년 넘게 추적한 박지만 씨 5촌 살인사건 기사다. 구속될 뻔했던 바로 그 기사다. 박용수가 박용철을 죽이고 자살했다고 보기에는 의혹이 많다. 좀 이상하다. 수사가 미진했다. 이런 이야기였다. 그게 전부다. 기사는 박지만이 살인을 교사했다고 말하지 않는다. 재판에서 박지만이 살인 사건과 관련되었다는 증언이 있었다는 사실을 그대로 전했을 뿐이다. 그 결정적인 증인이 재판을 앞두고 살해당해 사라졌다고. 사실을 말했지만 소송은 시작됐다. 아직도 교도소에서 멀어지려면 한참을 달려야 한다. 아무 잘못이 없어도 법정 소송에 휘말릴 수 있다. 슬프지만 이것이 현실이다. 비극은, 이런 경우가 드물지 않다는 것이다.

까불면 다친다

죄가 있어야만 재판정에 서게 되는 것은 아니다. 소송에 걸릴 기사는 본능적으로 안다. 풍부한 경험상. 기사를 어디까지 쓰면 걸리고 안 걸릴지를 잘 알고 있다. 이 기사는 '특수 신분에 있는 사람'(2014년 9월 1일 재판에서 최행관 검사는 박지만을 '특수 신분에 있는 사람'이라며 증인으로 채택되는 것을 막았다. 수사를 시작하게 한 고소인임에도 불구하고. 우리 측에서 증인 신청을 하자, 악의적이라고 했다. 최 검사가 말했듯이 우리 법에는 계급이 존재한다. 특수한 신분에 있는 사람과 법적으로 다투는 행위는 악의적인 행위가 되는 셈이다. 명심해야 한다)에 관한 거여서 변호사에게도 미리 보여주고

문장도 고쳤다. 단단히 준비를 했지만 당연히 소송이 걸릴 거라는 건 알고 있었다. 박근혜 후보가 당선되면 구속될 수도 있는 문제인 줄 알면서도 시작한 일이다. 물론 회사에는 전혀 문제가 없다고 했다. 변호사들과 다 상의했다고. 변호사들에게는 결정적인 물증은 숨겨두었으니 걱정 말라고 했다. 하지만 선배들도, 변호사들도 나를 믿지 않는 분위기였다.

2012년 대선 직전의 언론 바닥은 문재인에 대해서는 뭘 어떻게 해도 괜찮고, 박근혜에게는 뭘 해도 안 되는 분위기였다. 법적으로는 아무 문제가 없도록 썼다. 그동안 나는 명예훼손 소송만 백 번 넘게 걸렸다. 법률적으로 증명할 수 있는 테두리 안에서 기사를 작성했다. 전반적으로 단순화하고 순화하는 작업도 했다. 그래도 문제 삼을 거라고 짐작은 했다. 법적인 문제를 따지자는 재판이 아니다. 이번 소송은 까불면 죽는다는 분명한 메시지였다. 누구든 가만두지 않겠다는 박지만의 선언이었다. 박근혜의 선언이었다. 그래도 써야 한다. 나는 기자다.

박지만의 치부를 건드리는 것에 대해 권력기관과 검사가 어떻게 대응하고 괴롭힐지는 뻔했다. 검사들은 내 재판에서 거짓말을 많이 했다. 그들은 내가 법률적으로 옳고 그른지 관심이 없었다. 나를 얼마나 괴롭힐지가 관심사인 듯 보였다. 괴롭힐 수 있을 만큼 괴롭히다가 기소하면, 승진하고 해외연수 간다. 그것이 목표인 것처럼 보였다. 박지만 5촌 살인 사건으로 나를 기소한 이건령 검사는 1심 재판 후 미국으로 연수를 떠났다. 내가 무죄를 받았는데도 말이다. 박지만이 고소한 박정희 전 대통령 사자 명예훼손 건을 담당했던 안형준 검사도 나를 조사하고 얼마 후 미국 연수를 떠났다. 우연이라고 믿고 싶다.

내가 나를 조사한 검사처럼 기사를 썼다면? 백 퍼센트 구속이었을 것이다. 그것도 무기징역감이다. 하지만 검사들은 책임지지 않는다. 무죄를 받았으면 고소인이든 고소를 대리한 검사든 누군가는 책임을 져야 한다. 하지만 책임지는 사람은 아무도 없다. 대신 나는 잘못되면 구속이고, 잘해서 무죄를 받아도 얻는 것은 없다. 상처난 영혼과 피폐해진 생활만 남는다. 이게 재판의 목적이다. 청와대에서 소송을 난사하는 것도 이 때문이다. 권력자들은, 돈 있는 자들은 소송을 힘없는 자들을 속박하는 도구로 사용한다. 마음에 들지 않는 기자도…….

02

대선이 끝나자
파도가 밀려오다

2012년 10월 21일, 박근혜 후보의 기자회견이 있었다. 대선의 가장 큰 이슈인 정수장학회 관련 내용이었다. 박 후보는 "정수장학회에 대한 국민적 의혹과 야당의 정치 공세에 대한 입장을 밝히고자 이 자리에 섰다. 법원에서 강압적으로 했다는 사실을 인정하기가 어렵다고 해서 원고 패소 판결을 내린 것으로 알고 있다"고 말했다. 질의응답이 이어졌다. 박 후보가 다른 기자의 질문을 받으려고 기다리고 있었다. 마이크가 전달되는 사이 내가 치고 들어갔다. "정수장학회는 중앙정보부가 총을 겨누고 강탈하지 않았습니까?" "친일파가 헌납한 것으로 법원에선 다 끝난 일로 알고 있습니다." "당사자들은 헌납이 아니라 빼앗겼다고 주장합니다." 나와 박 후보 간의 설전이 이어졌다. 물론 박 후보가 밀렸다. 당직자와 일부 기자 들의 제지로 논쟁은 중단됐다. 기자회견을 마치고 퇴장하던 박 후보의 싸늘한 시선은 지금도 가끔 생각날 때가 있다.

그런데 기자들과 악수를 마치고 퇴장했던 박 후보가 10분 후에 다시 단상에 올라왔다. 박 후보는 정정 기자회견을 했다. "제가 강압이 없다고 했습니까? 잘못 말한 것 같아서……. 강압이 있었는지 인정하기 어렵다고 해서 패소 판결을 한 걸로 알고 있고요. 우리 기자분들이 더 잘 알고 있죠? 강압에 의해 주식 증여 인정된다고, 강박의 정도가 김 씨 스스로 박탈할 만큼, 무효로 할 정도로 인정되지 않는다는……. 없다고 말한 것은 잘못 말한 것 같아요."

그날 나는 검색어 1위에 올랐다. 박지만 씨에게 고소당한 날에 이어서. 그날 이후로 위험해졌다. 누군가가 내 뒤를 밟았다. 많은 사람들이 진심으로 나를 걱정해줬다. 문재인 후보는 "내가 꼭 대통령이 돼야겠네요"라고 말했다. 안철수 후보는 "주 기자 같은 분이 감옥 가지 않게 하는 게 내가 대통령이 돼야 하는 이유 중 하나"라고 말했다. 내가 좋아하는 시골의사 형은 대선 부재자투표를 하고 해외에 나가 있으라고 조언했다. 그리스의 한적한 섬에 있는 오두막을 빌려주겠노라며……. 대선 직전까지도 거듭 당부했다. 특히 친한 검사들이 걱정을 많이 했다. 그때마다 나는 자신 있게 말했다. "저는 죄가 없어요. 죄가 없는데 어떻게 잡아가요." 기자로서 열심히 할 뿐이었다. 그런데 기자질 열심히 하는 게 이토록 위험한 일이라는 걸 깨닫는 데는 시간이 얼마 필요치 않았다.

소송의 파도가 밀려왔다. 보통 소송을 당하면 서울의 경우 530번으로 시작하는 번호로 전화가 걸려온다. 최근에는 3480번으로 바뀌기도 했다. 일단 비슷한 번호가 뜨면 그날 하루는 망친다고 보면 된다. "서울중앙지검입니다. ○○○에게 고소당했으니 언제까지 검찰청에 나와 주세요." 2012년 대선을 앞둔 한 달 동안 박근혜, 박지만, 변희재, 구창환, 윤정훈, 새누리당, 국정원 등으로부터 민·형사 소송을 열 건 넘게 당했다. 검찰에서 전화가 하루가 멀다 하고 걸려왔다. "예, 예, 제가 좀 바빠서요. 나중에 이야기합시다. 어제도 전화 왔었는데 형사부와 상의해서 소환 순서를 정하세요." 검찰도 황당해했다. 검찰로부터 전화를 받으면 긴장하는 게 보통인데 나는 이 부분에 대해서는 경험이 풍부하다. 당시는 소송을 당하면 화낼 새도 없이 다른 소송이 밀고 들어와 신경 쓸 겨를이 없었다.

전화벨이 울리면 반드시 변호사에게 달려가라

사건은 전화 한 통으로 시작된다. 대개는. "경찰서(검찰청)인데 잠시 다녀가시죠." 경찰 혹은 검찰 수사관은 나지막이 이야기한다. "별일 아니에요." "일단 와보면 알아요." "편히 오세요." 하지만 별일이다. 일단 가보면 큰일 났다는 걸 안다. 편히 가면 안 된다.

더러는 출석요구서가 날아오거나 체포영장을 들고 수사관이 직접 나서는 경우도 있다. 당황할 수밖에 없지만 최대한 여유를 가져야 한다. 그리고 차분하게 응해야 한다. 어떤 건으로 전화를 걸었는지, 자신의 신분이 피의자인지 참고인인지 확인해야 한다. 되도록 공손히, 최대한 자세히, 누가 고소인이고 어떤 건 때문인지 정보를 알아내야 한다. 그런 다음에는 반드시 통화 당사자인 경찰의 이름과 전화번호를 적어둬야 한다, 반드시.

소환에 응하겠다고 정중히 응대한 뒤 출석요구서를 보내달라고 요청하는 것이 좋다. 수사관과 협의해 출석일을 조정하는 것도 좋은 방법이다. 무조건 시간을 여유 있게 잡아야 한다. 부득이하게 수사기관이 요구하는 날짜에 출석할 수 없다면 불출석사유서를 제출해야 한다. 이유 없이 출석하지 않고 회피하면 어느 날 길거리에서 체포될 가능성도 있다.

만약 피의자 신분이라면 이것저것 생각할 것 없이 변호사에게 달려가야 한다. 참고인이라도 혐의 내용과 관련이 있다면 변호사에게 도움을 얻는 것이 좋다. 참고인이라고는 하지만 피고인으로 바뀔 수 있는지 참고하려고 부르는 경우가 종종 있다.

최근에는 피의자의 경우 변호인을 대동하는 경우가 늘었다. 그래서 우선 참고인으로 조사해 발목 잡을 말을 편하게 여러 가지 흘리게 한 후 빠져나갈 수 없게 되었을 때 피의자로 전환하는 경우도 있다. 그때 가서 진술을 뒤집는 것은 불가능에 가깝다.

2012년 12월 19일, 나도 떨어졌다

대중은 천재이자 바보다. 나는 대중의 선택이 항상 옳다고는 믿지 않는다. 그래도 최소한 나라가 어려울 때마다 바른 쪽으로 결정해야 하는데…….

지난 대선을 취재하면서 몇 가지 흐름을 읽을 수 있었다. 2011년 서울시장 보궐선거에서 박원순 시장이 당선되면서 흐름이 야권으로 넘어왔다. 서울시장직을 차버린 오세훈의 공이 컸다. 그런데 야권의 기세는 4월 총선에서 무너지면서 내리막길을 걷게 된다. 줄곧 박근혜가 앞서 달렸다. 그런데 막판에 안철수 후보가 사퇴하면서 문재인 후보가 상승세를 타기 시작했다. 다급해진 박근혜 캠프는 계속해서 자충수를 뒀다. 박근혜 후보 유세장에는 사람이 모이지 않았다. 관광버스 4대가 따라다니며 사람을 채우고 있었다. 새누리당은 유세 사진을 조작해 광고로 만들어야만 했다. 그런 판세가 다시 넘어가진 않을 거라고 생각했다. 선거 날도 오후 5시까지는 좋았다. 문재인 후보 쪽 흐름이었다. 모든 출구 조사에서 문 후보가 앞서는 상황이었다. 〈조선일보〉도 기자들을 문재인 캠프 쪽으로 보내는 상황이었다. 방송사는 말할 것도 없었다. 그때까지 선거 방송을 하던 벙커는 축제 분위기였다. 사람들이 막판 투표를 독려하던 상황이었다.

그런데 5시 10분쯤 SBS 후배에게 전화가 왔다. 방송 3사 출구 조사에서 박근혜 대통령이 이겼다는 내용이었다. 지난 대선 때는 방송사들이 통합해서 출구 조사를 했다. 왜 그랬는지는 잘 모른다. 아무튼 박의 승리를 믿기까지는 10분 넘게 걸렸다. 연이어 KBS나 국정원 조사에서도 박이 이겼다는 소식이 들려왔다. 나도 모르게 얼굴이 굳어졌다. 사람들이 내 얼굴을 보고 충격을 받았다고 했다. 말은 못 했지만 불안했다. 출구 조사 결과를 받아들이기에는 충격이 너무 컸다.

2012년 12월 19일. 선거가 끝났다. 오후 7시가 조금 넘은 시각, 유시민, 박경철 선배와 우동을 먹으면서 개표 방송을 봤다. 서로 말이 없었다. 유시민 선배는 박근혜 시대를 씩씩하게 살아보자고 했다. 박경철 원장은 진심으로 내 걱정을 했다. "너 나가야겠다." 나는 괜찮다면서 숙소로 돌아갔다.

대선 당시에는 미행과 감시가 너무 심해서 숙소 생활을 했다. 가끔 집에 들어가면 집 앞을 서성거리는 사람들이 눈에 거슬렸기 때문이다.

우선 잤다. 열 시간 넘게 잤다. 일어나서 다시 잤다. 잠을 자다 깼는데 아팠다. 자고 일어나고 다시 자기를 반복했다. 먹지도 않았다. 뉴스도 보지 않았다. 신문 보기가 무서워서 또 잤다.

선거 다음 날을 그렇게 보냈다. 밤늦게 다급한 전화가 걸려왔다. 검찰의 높으신 분이었다. "너희는 잡는단다. 진우야, 너는 꼭 잡으란다."

대선 이틀 후인 12월 21일, 검찰이 〈나꼼수〉 수사에 착수했다는 기사가 났다. 검찰의 빠른 수사 속도에 "빠름 빠름 빠름"이라는 기사 제목이 나왔을 정도였다. 사람들은 나를 걱정하기 시작했다. 내가 대선에서 떨어진 것도 아닌데.

"나꼼수 수사 · 고소 소식에… '빠름 빠름 빠름'"

〈시사포커스〉 2012년 12월 21일 자

지난 18일 박근혜 새누리당 대선 후보의 동생 박지만 씨(54)가 박 후보 5촌 조카들의 살인 사건 관련 의혹을 보도한 〈시사IN〉의 주진우 기자와 인터넷 팟캐스트 방송 〈나는 꼼수다〉의 김어준 씨 등 5명을 명예훼손 및 공직선거법상 허위 사실 공표 혐의로 검찰에 고소한 사실이 밝혀졌다. (중략) 이어 20일 서울중앙지검은 "국가정보원이 감찰실장 명의로 〈나꼼수〉 진행자인 김어준 〈딴지일보〉 총수, 〈시사IN〉 주진우 기자, 김용민 PD 등 3명을 명예훼손 혐의로 고소했다"고 밝혔다. (중략) 고작 일주일 사이에 서울중앙지검에 〈나꼼수〉 관련 고소가 2건이나 접수되자 이 상황을 지켜본 누리꾼들은 매우 빠르게 진행된다는 반응이다.

나는 전리품 처지에 놓였다. 나는 갓 잡아 올린 싱싱한 횟감이었다. 박근혜 대통령 취임 선물로 바쳐지긴 싫었다. 나는 박근혜 당시 후보에게 분명히 대들었다. 주류 언론들이 입을 다물고 있어서 내가 나서서 떠들고 다녔다. 그것이 죄라면 어쩔 수 없이 감옥은 갈 수 있다. 하지만 가게 되더라도 이명박 정권일 때 끌려가고 싶지는 않았다. 끌려가더라도 취임식 끝나고 박근혜 정부가 들어선 후에 가고 싶었다. 기사를 못 쓰면 몸으로라도 권력이 기자의 입을 막으려고 애쓰고 있다는 메시지는 전해야 했다. 이것이 당시 내가 생각할 수 있는 최대한의 반항이었다. 소송이 시작되면 법리를 따지기도 전에 정권의 입맛에 맞는 논리로 검찰이 밀어붙일 게 뻔했다.

검찰에게 〈나꼼수〉를 잡는 것은 박근혜 대통령에게 충성을 보여줄 수 있는 좋은 카드였다. 이해한다. 검찰도 청와대에 무언가를 보여줘야 하지 않겠나. 검찰이 대통령에게 선물을 줘야 하는데 산삼을 캐주겠나, 호랑이를 잡아주겠나. 가장 좋은 건 미운 놈들을 제거해주는 거다. 우리를 잡아서 박근혜 대통령 취임식 선물로 올리겠다는 생각은 어찌 보면 당연하다. 이명박 전 대통령 주변인은 권력을 나눈 사람이라 부담스러울 것이다. 전두환 전 대통령을 치는 데도 주변의 부담이 적지 않으리라. 그런데 〈나꼼수〉 같은 경우는 깔끔하다. 대선 때 얼마나 박근혜 대통령을 괴롭혔나. 그래서 〈나꼼수〉 이야기가 바로 나왔다고 들었다. 우리를 잡으면 새 대통령의 원한을 풀어줄 수 있고, 이명박 '가카'도 좋아할 테고. 게다가 정치적 부담도 없다. 언론은 또 〈나꼼수)를 얼마나 미워했나. 진보 언론조차 우리를 좋아하지 않았다. 부끄럽지만 《정통시사활극 주기자》는 현직 기자가 쓴 최초의 베스트셀러 1위 책이다. 2012년 '알라딘'이 선정한 '올해의 책' 1위에다 '예스24' 선정 '올해의 책' 2위였다. 인문사회 분야 1위를 기록하기도 했다. 하지만 그 어떤 신문에서도 단 한 줄도 다뤄주지 않았다.

어쨌거나 대선 다음 날부터 〈나꼼수〉는 봐주지 않을 거란 기사들이 나오기 시작했다. 취임식 전에 잡아서 처리할 수도 있었다. 검찰이 서두를 것이다. 하지만 검찰의 템포에 맞춰 스텝 밟고 춤출 생각은 추호도 없었다.

결과가 어떻든 대선이 끝나면 해외에 잠시 나가 있으려고 세워둔 계획이 있었다. 맘껏 놀고 쉴 생각이었다. 그래서 준비해놓은 장기 해외 취잿거리가 있었다. 만약 문재인 후보가 당선됐다면 내 외유는 더 길어졌을 것이다. 외롭고 쓸쓸한 출국이었다.

03

도망자가 된 기자의
프랑스 체류기

유럽행 비행기에 몸을 실었다. 취재를 빌미로 열흘 정도 여기저기 돌아다닐 생각이었다. 아무 생각 없이. 그런데 독일에 도착하자마자 지독한 몸살이 덮쳤다. 사흘간 쓰러져 있었다. 그때 송영길 인천시장이 안부 전화를 걸어왔다. 무뚝뚝하게 생겼지만 정이 많은 선배다.

크리스마스는 스웨덴에서 보내고 체코로 넘어갔다. 그렇게 바람 쐬고 며칠 뒤에 한국에 가려고 했다. 그런데 한국에서 연락이 왔다. "대통령과 관련된 문제여서 이 건은 구속영장을 칠 수밖에 없는 상황이다. 운 좋게 1심에서 집행유예를 받는다 해도 2심에서 정형식, 김용기 같은 판사에게 걸리면 그대로 구속이다. 안 들어왔으면 좋겠다." "저는 죄가 없다니까요."

박지만 5촌 살인 사건 기사가 구속감인지 의문이었다. 살인 사건 수사가 이상하다는 의혹을 기사로 제기했을 뿐이다. 모든 게 경찰 수사 기록과 국과수 자료를 바탕으로 한 것이었다. 그런데 구속이라고? 그들은 진정 전리품을 원하는구나! 그때부터 고민이 시작됐다. 취재를 핑계로 바람 쐬러 나갔을 뿐인데, 더 많은 바람이 필요했다. 상황이 조금씩 바뀌었다.

연말에 김어준 총수를 프랑스 파리에서 만났다. 첫날은 지인의 빈 집에서 신세를 졌다. 집엔 가구도 TV도 없었다. 휑한 바닥에 매트리스만 깔고 잤다. 추웠다. 무엇보다 영화 세트장 같은 현실이 도망자임을 여실히 느끼게 해주었다. 파리에서 총수와 함께 사는 동안은 이사의 연속이었다. 처음에는 호텔에서 지내다가 체류 기간이 길어지자 주택을 빌려서 생활했다. 내 짐은 캐리어 달랑 하나. 그런데 패션에 관심이 많은 총수가 옷을 사들이면서 짐이 늘어났다. 총수가 돈 쓰는 데는 고기와 옷뿐이다. 나도 쇼핑을 좋아하는 편이지만 총수의 패션에 대한 열정에 비하면 1백분의 1도 안 된다. 시간개념이 없는 총수가 유일하게 늦지 않는 약속이 쇼핑 약속이다. 쇼핑 갈 때는 심지어 20분 일찍 나와서 자기가 탄 지하철을 타라고 닦달하기도 했다. 가장 싫었던 것은 이사할 때 그 많은 옷이 구겨지면 안 된다고 간이 옷걸이를 짊어지고 파리 시내를 활보해야 했던 일이다. 패션쇼 스태프들이 옷을 옮기듯 말이다. 누가 보면 의상실털이범 같았을 거다.

도망자 아닌 도망자 생활은 쉽지 않았다. 연예인도 아닌데 얼굴이 알려져서 마음 놓고 돌아다닐 수도 없었다. 파리 뒷골목에서 모자를 쓰고 지나가는데도 사인해달라는 사람이 있었다. 내가 파리에 있다는 소식을 듣고 친구 류승완 감독이 파리에 머물고 있던 동생 류승범을 보냈다. 승범이가 노천카페에서 맥주 한잔 하면서 파리 생활에 대해 조언해줬다. 며칠 지나 식당에서 우연히 만난 한 교민이 대뜸 "류승범 씨랑 같이 다니신다면서요?"라고 말을 걸었다. 외국이 더 무서웠다.

제대로 돌아다닐 수조차 없었다. 그래서 한국 슈퍼마켓, 한국 식당은 아예 가지 않았다. 괜한 말이 나올까봐. 해 질 무렵에 미술관에 가거나 혼자서 밤 산책을 하곤 했다. 루브르 박물관, 오르세 미술관은 열 번도 넘게 갔다. 그럴 때마다 총수는 "그림 본다고 고기가 나오냐"라면서 비난 했다. 야만적인 종육주의자……. 책 보고 산책하고 미술관 가고……. 그러면서 틈날 때마다 스위스에 가서 계좌를 뒤져보고 있었다.

총수는 아침에 스테이크, 점심에 스테이크, 저녁에 스테이크를 먹 었다. 다음 날도 그다음 날도. 프랑스는 고기 질이 좋고 저렴하다면서. 총수가 제일 먼저 배운 불어가 '앙트르코트entrecôte'와 '세냥saignant'이 었다. '등심스테이크'와 '설익은 고기영어로는 rare'라는 뜻이었다. 체류가 길어지자 먹는 것도 문제였다. 한식을 먹고 싶을 때는 김치를 많이 넣 고 라면을 끓여 먹었다. 거기다 달걀 모양을 흐트러뜨리지 않고 햇반 을 함께 넣어 먹었는데 우리는 이걸 '햇반 리조토'라고 불렀다. 라면 맛에 길들여진 김 총수는 '망명라면' 가게를 내자고 했다. 내가 하얀 와이셔츠 입고 라면을 끓이고, 자기는 카운터를 보겠다고 했다. 라면 집과 함께 낮에는 '주진우의 미술관 기행', 밤에는 '김어준의 육식 투 어' 등의 여행 상품까지 만들자고 했다. 김 총수는 소싯적에 잘나가던 여행 가이드여서인지 아이디어가 많았고, 가게 자리까지 보고 다녔다. 실제로 투자하겠다는 사람도 있다고 했다. 물론 나는 턱도 없다고 비 웃었다.

두 번은 미룰 수 있지만 세 번은 미룰 수 없다

김 총수는 장기전을 염두에 뒀다. 하지만 나는 법률적으로 구속할 만한 사안이 아닌 만큼 검찰 조사에 응하겠다는 생각이었다. 검사가 부르면 바로 들어갈 계획이었다. 그러는 사이 유럽의 여러 교민들이 망명을 권하고 정착을 돕겠다고 나섰다. 대한민국은 법치주의가 작동하지 않는 나라라면서 테러를 걱정하는 교민도 많았다. 외국 기자들도 귀국을 만류했다. 파리에 본부가 있는 '국경 없는 기자회' 간부는 프랑스에서 일자리와 비자를 주선하겠다고 했다. 김 총수는 우리 문제를 법률적인 문제가 아니라 지극히 정치적인 문제로 봤다. "사람들이 설마설마하는데 이 정권은 그 '설마'를 하는 놈들이다. 검찰은 박근혜에게 잘 보이려고 뭐든지 할 것이다. 구속영장은 2백 퍼센트 확실하다."

그런데 나는 밖에서 할 게 없었다. 나는 기자다. 궁금하면 가서 물어봐야 하는 사람이다. 현장을 두 발로 뛰어 확인해야 하는 사람이다. 기사를 써야 하는데 취재도 못 하고 외국에서 접하는 소식들은 피상적이었다. 상황이 복잡한 것은 알겠는데 기자로서의 정체성에 혼란이 왔다. 그 고민의 답을 내놓기까지 딱 백 일이 걸렸다. 스스로 굉장한 갈등을 겪었다. 밖으로 돌아야 하나, 뭘 해야 하나……. 무엇보다 도망간 것처럼 보이기 싫었다. 밖에서 의미 있는 일을 해볼까 하는 고민도 했다. 그것도 아니었다. 외국에서 국내로 목소리를 보내는 것은 내 스타일과도 맞지 않는 일이었다.

고민이 깊어만 가고 있을 때, 한국에서는 우리가 도망갔다는 기사가 났다. 정봉주 의원이 여기저기서 인터뷰한 것이 수구 언론의 먹잇감이 됐다. 그러나 내가 도망간 것도 아니고 검찰이 부른 것도 아니었다. 신경 쓰지 않았다. 법 테두리 안에서 검찰 수사에 응할 작정이었다. 다만, 들어가면 현실이 답답할 테니 조금 쉬었다 가겠다는 생각이었다. 마녀사냥의 전리품이 되긴 싫었다. 대선이 끝나고 〈나꼼수〉는 거짓 선동의 딱지가 붙었다. 명확한 팩트의 오류나 범죄 사실이 중요한 게 아니라 당시 정권의 기분에 따라 죄가 좌우되는 상황이었다. 그런 상황에서 얼쩡대다 검찰에 잡혀가긴 싫었다. 신임 대통령이 지켜보고 있는데 검사와 판사가 나를 구속하지 않는다는 건 대단한 용기가 필요한 일이었다.

시간을 좀 벌어야 했다. 상황 대응을 위해 바닥난 체력을 회복할 얼마간의 시간도 필요했다. 그런데 취임식이 끝났는데도 검찰에선 감감무소식이었다. 2월은 검찰 내부의 대규모 인사이동이 있는 달이다. 1, 2월은 검찰이 수사에서 손을 놓고 있었던 것이다. 우리가 "언제 가야 하냐?"고 되물을 정도였다. 2월부터는 본격적으로 스위스를 드나들며 박정희 전 대통령의 비밀 계좌를 취재하기 시작했다. 그때쯤 검찰이 움직이기 시작하더니 3월 중순부터는 언론 플레이를 시작했다.

2013년 3월 18일자 〈연합뉴스〉 기사다.

"서울중앙지검 공안1부(이상호 부장검사)는 해외 체류 중인 인터넷 팟캐스트 〈나는 꼼수다〉 패널 김어준 〈딴지일보〉 총수와 주진우 〈시사IN〉 기자에게 조속히 귀국해 검찰 조사를 받을 것을 통보했다고 18일 밝혔다."

또다른 기사를 통해 검찰이 이미 2월에 우리가 입국하면 처리할 수 있는 '입국 시 통보 조치'를 했다는 것도 알았다. 나는 어차피 집에 잘 들어가지도 않거니와 검찰, 법원 서류는 우리 집에 오는 가장 흔한 편지라 아무도 신경 쓰지 않는다. 그대로 쌓여 있다. 게다가 당시 나는 해외에 있었으니 확인할 길이 없었다. 기사를 보고 이재정 변호사에게 부탁해 검찰에 연락했다. 3월 말까지 취재를 마치고 곧 돌아갈 테니 날짜를 잡아달라고. 그런데 검찰은 막무가내로 출석요구서를 두 번이나 더 보냈다. 통상 두 번 출석에 응하지 않으면 수사기관은 긴급 체포에 나선다. 곧바로 구속영장이 청구되기도 한다. 구속영장을 청구하기 위한 뻔한 수순이었다. 변호사를 통해 불출석사유서를 제출했다. 검찰의 꼼수에 나름 명분을 쌓기 위한 방책이었다.

그때는 미국에 있었다. 미국 워싱턴에서 ICIJ(국제탐사보도언론인협회)가 확보한 조세 피난처 비밀 계좌를 취재할 계획이었다. 미국에서 맹렬하게 취재했다. 혹여나 마지막 취재가 될까봐 열심히 취재하고 있었다. 정말이다. 그런데 검찰이 바쁘게 움직였다. 공항에서 체포하는 그림을 그리는 듯했다. 취재도 중요하지만 수갑을 찬 그림을 보여줄

순 없었다. 잘못이 없는데 전리품으로 다뤄지는 게 싫었다. 권력의 횡
포 앞에 체포되는 불행을 내 모습으로 보여주기도 싫었다. 모양 빠지
는 건 더 싫었다. 또 어머니가 충격 받으실 수도 있었다. 어머니에게는
해드린 게 하나도 없었다. 그래서 취재를 중단하고 귀국해야만 했다.

    2013년 3월 31일 일요일 새벽, 한국에 들어왔다. 검사에게 통보한
대로 3월에 입국했다. 비행기를 탈 때부터 도착하면 유치장행일 거라
예상했다. 검찰에서 입국 통보를 요청했으니 공항 검색대에서 바로
공항 경찰에 인계되리라 생각했다. 드디어 도착한 인천공항. 기도하
고, 숨 한 번 크게 쉬고, 비행기에서 내렸다. 입국 시 문제가 발생할 것
같을 경우에는 공항에서 변호사의 도움을 받을 수 있다. 내 경우에도
친한 변호사가 대기하고 있었다. 그런데 아무도 없었다. 마중 나온 사
람들도 내가 생각보다 빨리 나와서 당황했다. 예상과 다른 상황이 펼
쳐지자 얼떨떨했다. 어쨌든 다행이었다.

    나중에 검찰 조사를 받는데 검사가 "어떻게 잘 알고 일요일 새벽에
들어오셨네요?"라고 비아냥거렸다. 알고 보니 일요일 새벽은 취약 시
간대라 경찰이 놓친 것이다.

    물론 입국 전부터 검찰 조사일은 변호사를 통해 미리 정해놓았다.
4월 초에 날을 잡아주면 출석하겠다고 3월에 검찰에 의견서를 제출했
다. 두 차례 출석 통보에 불응하면 세번째에는 긴급체포당할 수 있다.
영장실질심사 때 도주의 우려 운운하며 구속영장을 청구할 빌미까지
주게 된다. 그렇기 때문에 중간에 검사에게 불출석사유서 혹은 의견

서를 내고 적극적으로 수사에 응하겠다는 의사를 표현하는 것이 매우 중요하다.

그런데도 검찰은 기어이 내가 도망갈 우려가 크다고 사전구속영장을 청구했다. 정봉주 의원이 언론 인터뷰에서 '도망갔다'고 말한 것과 이미 김어준이 '도망가 있다'는 논리로 나를 밀어붙였다.

04 검사에게
전화를 받는다면

행동 지침1 **진짜 선수들은 여유를 찾는다**

2013년 7월, 박근혜 대통령 5촌의 화려한 사기 행각을 보도했다. 이상하게도 나는 박 대통령 5촌과 인연이 많다. 내 기사가 나가고 대통령의 5촌 조카는 구속됐다. 박 대통령 취임 후 첫번째 친인척 비리 구속 사건이었다. 의미 있는 기사였는데 다른 언론사에서 후속 보도에 나서지 않았다. 종편은 물론 공중파에서는 아예 보도조차 하지 않았다. 노무현 정부가 출범했을 땐 노건평 씨와 민경찬 씨 관련 기사를 썼다. 당시에는 언론이 파리 떼처럼 달려들었다. 〈조선일보〉와 〈중앙일보〉는 내 기사를 통째로 신문 2, 3면에 실었다. 이런 언론에 공정성을 기대하는 건 무리다. 아무튼, 이 기사를 취재할 때 겪었던 일이다.

박근혜 대통령의 5촌 조카 김병규 씨는 당시 사기 혐의로 도피 중이었다. 사기 행각이 한두 건이 아니었다. 그는 박근혜 대통령과의 친분을 과시하며 마음껏 사기를 쳤다. 고소장이 수북이 쌓였지만, 수사는 진척이 없었다. 검찰과 경찰은 아예 잡으려고도 하지 않았다. 내가 고소 피해자와 사기꾼을 찾아 다녔다. 한 보름쯤 지났을 때 김 씨가 여자친구 집에 숨어 있다는 정보를 입수했다. 여자친구가 일본에서 날리던 왕년의 톱 가수 계은숙 씨였다. 서울 성동구의 한 아파트 단지. 그런데 정확한 주소는 알지 못했다. 김 씨가 포르셰 카이엔을 타고 다닌다 해서 주차장을 모두 뒤졌다. 사기로 구입한 차였다. 그런데 주차장에는 카이엔이 없었다.

새벽 6시에 경비 아저씨를 공략하기로 계획을 짰다. 새벽 시간이 작전 성공률이 월등히 높다. 내가 물어보면 대답해주려는 사람도 입을 닫는다. 그래서 50대 아줌마 피해자를 내세웠다. 세번째 질문 만에 경비 아저씨에게서 아파트 동을 알아냈다. "택배 배달 왔는데요. 여기가 계은숙 씨 집인가요?" "여기 아니에요. 1005호예요." 초인종을 두 번 누르고 나서야 계은숙 씨 집을 확인했다. 7시가 안 된 시각이었다.

계은숙 씨 집 초인종을 눌렀다. 피해자 아줌마에게 "앞집에서 왔어요. 할 말이 있어요"라고 말하게 했다. 초인종을 누르자 한 할머니가 인터폰으로 대답했다. 아줌마는 각본대로 대사를 쳤다. 그러자 문이 조금 열렸다. 내가 바로 다리를 문틈에 집어넣었다. "김병규 씨 계시죠?" "그런데요." 잠이 덜 깬 할머니가 당황한 나머지 사실을 이야기했다. 잠시 후 사기범 김병규 씨가 모습을 드러냈다. 대기하고 있던 사진기자가 연신 카메라 셔터를 눌러댔다. 그러자 노련한 사기꾼은 밖에서 이러지 말고 집 안으로 들어오라고 했다. 얼마 후 계은숙 씨도 잠이 덜 깬 부스스한 얼굴로 거실로 나왔다. 수배범은 침착하게 "자, 다들 앉으세요"라고 하더니 그 자리에 앉아서 담배 다섯 대를 연신 피웠다. 아주 천천히. 호들갑 떤다고 될 일이냐면서 천천히 이야기하자고 했다. 순간 '와, 센 놈이다' 싶었다. 그러고는 피해자와 이야기하겠다면서 내게 자리를 비켜달라고 했다. 김 씨는 그 자리에서도 사기를 치려고 했다.

　선수들은 아무리 급박한 상황에서도 평정심을 유지한다. 여유를 확보해 반전을 노린다.

　거리에서 음란 행위를 한 제주지검장이 있었다. 그는 경찰이 오자 횡설수설하면서 경찰서에 끌려갔다. 만약 제주지검장이 당황하지 않았다면? 제주지검장이라면서 경찰서에 가지 않았더라면? CCTV를 지우라고 지시했다면? 주변의 입단속을 시켰다면? 그랬다면 '베이비로션 기사'는 나오지 않았을 것이다. 현직 검사장이 이 정도의 일을 덮는 것쯤이야 그야말로 식은 죽 먹기다. 김학의 전 법무차관은 성 접대 동영상이 나왔어도 무혐의였다. 피해자가 줄기차게 처벌을 주장하고 있지만 말이다.

　소환 전과 마찬가지로 조사 중에도 여유는 가장 중요한 덕목이다. 조급하게 결정하면 아무리 똑똑한 사람이라도 실수를 하게 된다. 담배 피우는 사람은 검찰 조사 때 유리한 면이 있다. 수사관도 담배 피우는 사람이 많은데 시간이 흐를수록 둘 다 금단현상이 온다. 위기의 순간에 "담배 한 대만 피우고 와서 답하겠다"고 하면 대부분 잘 들어준다. 여자일 경우 "화장실에 다녀오겠다"고 하면 보내준다. 중요한 사건일수록 한 박자 천천히 가야 한다. 검찰이나 경찰에서 조사를 받을 때 녹음하는 것도 한 방법이다. 복기를 위해서. 자기가 조사받는 내용을 녹음하는 것이 불법은 아니지만 검사나 경찰이 알면 엄청 싫어한다. 그건 감수해야 한다.

한때 연예인 마약 사건이 연달아 터졌다. 당시 형사들이 막무가내로 들이닥쳐 소변이나 머리카락을 채취해 갔다. 경황이 없어서 머리카락을 뽑아준 사람이 많았다. 단순히 심증만 가지고 왔다면 수사관의 요구에 응할 필요가 없다. 문을 열어주지 않아도 된다고 일러줬다. 법원 영장을 가져오면 그때 응하라고 했다.

전남 순천 송치재의 한 별장에 구원파 유병언 회장이 몸을 숨겼다. 2014년 5월 25일 오후 4시, 검찰 수사관이 들이닥치자 유 회장의 비서 신 아무개 씨는 영장을 가지고 오라고 버텼다. 수사관들은 하는 수 없이 영장을 발부받으러 돌아갔고, 영장을 가지고 온 시각은 밤 9시가 넘어서였다. 신 씨는 검찰에 체포됐다. 그러는 사이 유 회장은 다락방에 숨어들었다. 신 씨는 미국 시민권자다. 국내법을 꿰고 있을 가능성이 낮다. 유 회장 측근들은 검찰이 들이닥치면 어떻게 할 것인지에 대한 법률적 조언을 들은 것이 분명하다.

행동 지침 2　전화는 무조건 받는다

소환 통보에 불응하거나 검사나 수사관의 전화를 피하면 도주할 마음이 있다는 정황을 남기는 것이다. 구속의 가장 큰 사유가 도주 및 증거인멸의 우려 때문이다. 일단 검찰이 칼자루를 쥐었기 때문에 검사나 수사관의 심기를 건드릴 필요가 없다. 오는 전화는 반드시 받아야 한다. 전화를 무시하면 경찰이 체포영장을 들고 초인종을 누를 확률이 80퍼센트 정도 된다. 그러면 유치장에서 게임을 시작하게 될 수도 있다. 한번 들어가면 48시간까지는 영락없이 잡혀 있어야 한다.

조사를 미루고 싶을 때는 "바쁘니 다른 날로 잡아달라"고 하면 된다. 지병이 있거나 생계에 지장이 있다면 사정을 설명한 후 미루는 것도 한 방법이다. "병원 예약이 돼 있다", "지방 출장이 있다"라면서 "다시 날짜를 잡아주면 꼭 가겠다"는 답변이 검찰청에서 가장 널리 통용되는 공식이다. 만약 검사가 소환 일자를 미뤄주지 않으면 조사에 응할 수 없는 사유서를 서면으로 남겨놓는 것이 좋다. 그래야 긴급 체포영장이 떨어지지 않는다. 여유도 좋지만 법으로 정해진 절차는 반드시 지켜야 한다. 구속된 채로 재판을 시작하면 모든 게 어렵다. 증거를 모으기도, 증인을 찾기도. 재판을 치르는 동안 가족이나 주변 사람들도 어려움이 많다. 일단 구속되면 옥살이를 줄이기 위해 제대로 다투지도 않고 죄를 인정하는 경우도 종종 있다.

골치 아픈 일이 있으면 회피하고 싶은 게 당연하다. 그래도 검찰청에서 오는 전화는 다 받아야 한다. 요즘은 휴대전화 수신 위치가 확인되기 때문에 거짓말을 하면 안 된다. 지방 출장이 있다고 할 거면 진짜 지방에 다녀와야 한다. 어느 사건의 증인 세 명이 각자 다른 데 있다고 해놓고선 변호사 사무실에 모여서 입을 맞췄다가 휴대전화 위치 추적을 통해 들통 난 일이 있다. 정말 아플 때는 입원 증명서를 내고 한두 번 정도 미루는 것은 괜찮다. 단, 아프지도 않은데 아픈 척하면 괘씸죄에 걸려 불이익을 받는다.

2010년 서울시장 재보궐선거 때 나경원 후보 피부과 사건과 남편 김재호 부장판사의 기소 청탁 건을 보도했다가 고소당했다. 나경원이 직접 나서지 않고 나경원 선거대책본부가 소송을 걸었다. 처음엔 경찰이 불렀다. 너무나 명백한 사실이어서 나가기 싫었다. 괴롭히는 것 이외에는 아무런 목적도 없는 소송이었다. 결국은 서울지방경찰청에 끌려나갔다. 경찰 수사가 마무리되자 검찰에서 불렀다. 출석에 응하지 않았다. 전화는 잘 받았다.

"나오세요."

"싫어요."

"왜요?"

"가기 싫어요."

수사관의 재촉에 응하지 않자, 이번에는 이시원 검사가 계속 나오라고 전화를 걸어왔다. 그래서 이시원 검사에 대해 취재를 해봤다. 너무 '공안적'이었다.

서울지검 공안1부 이시원 검사는 서울시 간첩 사건 담당이기도 했다. 수사 당시 이문성 검사와 함께 국정원이 조작한 증거를 눈 딱 감고 재판에 제출한, 마음이 매우 넓은 분이기도 하다. 조작을 몰랐다면 바보다. 아니면 멍청이다. 재판 과정에서는 검사들이 위조 사실을 사전에 알고 있었다는 증언이 나오기도 했다. 이시원·이문성 검사는 재판에서 국정원이 위조한 자료를 대검찰청이 정식으로 입수한 것처럼 말하기도 했다. 마음 넓은 두 검사는 서울시 간첩 사건을 수사하고 부장 검사로 승진했다. 간첩 혐의로 기소됐던 유우성 씨는 무죄가 났는데도 말이다. 검찰은 참으로 신기한 조직이다. 결국 조작이 들통 나, 두 검사는 '정직 1개월' 처분을 받았다. 겨우. 이것이 대한민국이다. 이들이 법을 수호하는 파수꾼이다. 이것이 우리가 떠받드는 법이다.

나가기 싫었다. 내가 무슨 말을 해도 기소할 것이다. 머리 좋은 검사는 내가 무슨 말을 하면 꼬투리를 잡을 것이고, 증거를 내면 뒤집으려고 할 것 아닌가. 정치적인 검찰은 건너뛰고 법원에 가서 다투겠다고 마음먹었다. 그리고 속으로는 '전화기야, 울지 마라'라고 빌었다. 하지만 계속 전화가 왔다. 미루고 미루다가 결국 가기로 약속했다. 드디어 그날이 왔다. 그런데 그날은 정말이지 날씨가 너무 좋았다. 아침에 집을 나서다가 이시원 검사에게 전화를 걸었다.

"검사님, 오늘은 못 가겠네요."

"왜요?"

"하늘이 너무 예뻐서요."

그날 이후에도 전화벨은 쉬지 않았다. 사건 당사자인 "나경원, 김재호를 데려다가 조사했느냐"고 물었다. 역시나 여당의 거물 정치인과 현직 부장판사는 아무런 조사도 받지 않은 상태였다. "두 사람이 조사를 받으면 나도 조사받을 용의가 있다"고 미뤘다. 그런데 어느 날 검사의 전화가 왔다. 두 사람을 조사했다고 했다. "이제는 나오셔야겠네요." "그러네요." 이제 진짜 검찰청에 가야 하는 상황이 됐다.

다시 그날이 왔다. 아침에 또 전화를 걸었다.

"검사님, 사실은 제가 누구 말도 듣지 않고 살아왔습니다. 선생님 말도 안 듣고, 엄마 말도 안 들었습니다. 그런데 검사님 말만 들으면 우리 엄마가 얼마나 서운하시겠어요. 못 가겠어요."

결국 그날도 나가지 않았다. 나는 어떻게 됐냐고? 무혐의가 났다. 나는 죄가 없다. 검사는 내 진술에서 죄를 만들고 싶었을 것이다. 내가 가서 아무리 이야기를 잘했어도 나가지 않은 것보다 좋은 결과가 나오진 않았을 거다.

내가 무혐의라면 기소 청탁이 사실로 드러난 것이고, 나경원과 김재호가 나를 무고했다는 것 아닌가. 나경원이나 김재호가 고소했다면 사실을 알면서도 무고한 것이 된다. 그런데 법률가 부부는 선거대책본부의 이름으로 고소해 빠져나갔다. 선거대책본부가 기소 청탁이 사실인 것을 모르고 고소한 것이 된다. 나경원은 7·30 재보선에서 국회의원으로 다시 입성했고, 김재호 부장판사는 서울중앙지법 민사51부를 맡고 있다. 이곳은 승진 확률 1순위의 명당이다.

행동 지침3 증거 있는 놈이 이긴다

"진리가 너희를 자유케 하리라"라는 성경 말씀이 있다. 그러나 현실에서는 이 말이 통하지 않을 때가 많다. 경찰서나 법정에서는 더더욱 그렇다. 법정에서 나를 '자유케' 하는 것은 증거다. 검사와 판사는 당신의 '진실'을 따지는 사람이 아니다. 당신의 주장이 믿을 만한지,

주장을 뒷받침하는 증거가 있는지 따지는 사람이다. 재판은 증거 싸움이다. 증거 있는 놈이 이긴다. 결정적 증거가 있으면 재판은 끝. 그러나 영화에서처럼 결정적 증거가 담긴 테이프가 등장해 재판이 뒤집히는 경우는 거의 없다.

세상에 억울하지 않은 사람이 어디 있나. 모든 사람들이 판검사 앞에서는 억울하다고 한다. 내 이야기만으로 판검사의 마음을 움직이는 건 불가능하다. 내 목소리가 힘을 얻으려면 논리에 증거를 하나씩 붙여줘야 한다. 증거가 될 만한 조각들을 하나씩 모으는 작업이 필요하다. 꼼꼼하게 적어둔 가계부, 일기장, 메모는 증거로 인정되기도 한다. 나는 취재 수첩에 꼼꼼하게 잘 적어놓지 않아서 곤란을 겪곤 한다. 병은 알리라고 했다. 죄도 마찬가지다. 우선 주변에 조언을 구하라. 그리고 인터넷의 바다에서 자료를 건지고 또 건져라. 녹취하고 적어라. 이것은 기본이다.

사건이 났다. 그렇다면 당장 현장에서 증거를 확보하는 것이 좋다. 이때가 단서가 가장 많다. 일단 휴대전화의 녹음 기능을 켜라.

녹음기가 돌아가는 휴대전화를 들고 상대방과 대화하라. 이건 기본이다. 제삼자의 대화를 녹음하는 것은 불법이지만 내가 상대방과의 대화를 녹음하는 것은 문제없다. 증거로도 인정받을 수 있다. 목격자가 있다면 그 자리에서 목격자의 진술을 녹음하고 간단하게라도 진술서를 받아두는 게 좋다. 목격자에게서 유리한 증언을 끌어내진 못하더라도 최소한 나중에 상대방 쪽에 서서 위증하지 않게 하는 효과는 있다. 신분증이나 인감을 붙이면 더더욱 좋다. 결정적인 장면이 될 수도 있다.

예전에는 취재할 때 녹음기 세 대를 몸에 지니고 다녔다. 손에, 주머니에, 양말에 넣어 가지고 녹음했다. 그런데도 녹음이 잘 안 됐다. 그런데 요즘은 휴대전화 녹음기 성능이 정말 좋다. 이거 하나면 된다. 휴대전화로 녹음할 때는 '비행기 탑승 모드'로 해놓아야 안전하다. 내가 항상 쓰는 방법이다.

세월호 사건 때 진도 팽목항에서 만난 어느 사복 경찰이 불쑥, 엄청난 이야기를 했다. 당시 휴대전화로 녹음 중이었는데 중간에 그만 전화가 걸려오는 바람에 가장 중요한 부분의 녹음이 끊겼다. 경찰은 사라졌고, 특종도 날아갔다.

단, 휴대전화로 녹음하는 게 쉬워진 만큼 상대방이 당신의 말을 녹음하고 있을 가능성도 무척 높다. 소송이 걸려 있을 때는 녹취하려고 노력하는 만큼 쓸데없는 말이 녹음되지 않도록 주의하는 것도 매우 중요하다. 자신이 불리한 말을 해서 증거로 제출하지 못하는 녹취가 드물지 않다.

남편에게 상습적으로 폭행을 당하던 아내가 있었다. 남편은 술만 먹으면 아내를 구타했다. 남편에게 맞다가 딱 한 번 아내가 남편을 할퀴어 큰 상처를 남겼다. 남편은 병원에 갔고, 기록이 남았다. 폭력을 견디다 못한 아내가 이혼소송을 제기했다. 그런데 폭행 증거는 아내가 할퀸 자료뿐이다. 이거, 곤란해진다.

어느 유명 연예인 부부의 실제 사건이다. 남편은 평생 바람을 피웠다. 참다못한 부인도 맞바람을 피웠다. 딱 한 번. 그런데 남편이 사람을 붙여서 부인의 외도 증거를 잡았다. 그리고 터뜨렸다. 꼼짝없이 당했다. 그 후 세간의 평가를 보면 자명하다. 증거의 힘이란 그렇게 위력적이다. 엄청난 기업의 회장이 되실 분도 이렇게 이혼을 했다.

힘 있고 돈 있는 사람과의 소송은 어렵다. 특히 이혼소송은 굉장히 힘들다. 폭력에 시달려서 이혼하겠다고 한다면 준비가 필요하다. 꼬박꼬박 증거를 모아두지 않으면 이혼소송도 어렵다. 남편이 지속적으로 바람을 피웠다 해도 반성하면 이혼 판결이 잘 안 난다. 협의이혼이 아닌 이혼소송은 사유가 법적으로 엄격히 정해져 있다. 이혼의 책임이 있는 배우자(유책 배우자)는 이혼소송을 청구할 수 없는데 누구에게 책임이 있는지를 판단하기가 복잡하다. 외국에선 결혼생활이 파탄 나면 누구나 이혼 청구를 할 수 있는데 이를 '파탄주의'라고 한다. 우리나라 법정의 추세도 점점 파탄주의로 변화하는 중이라고 하는데, 최근에는 다시 이혼 사유를 좀 더 엄격하게 보려는 경향도 있다고 한다. 결론적으로 한국은 배우자의 폭력, 외도가 있다 해도 이혼소송에서 이기기가 어느 나라보다 쉽지 않다.

그 유명한 '십알단' 사건이 밝혀진 것도 알고 보면 이혼소송 때문이다. 2012년 대선 때 댓글 사무소를 운영하다 불법 선거 혐의로 구속된 십알단 목사가 있다. 그 목사는 사모님과 사이가 좋지 않아 이혼소송 중이었다. 정치인이 되는 것이 꿈인 목사는 이혼을 안 해주고 버텼다.

결국 사모님이, 목사가 국정원 돈으로 댓글 부대를 운영했다고 제보하면서 십알단 사건이 세상에 알려지게 됐다. 목사는 감옥에 갔고, 이혼했다.

행동 지침 4 **증인은 사람 목숨도 구한다**

증인은 재판에서 결정적이고 절대적이다. 재판을 받을 때마다 중요한 증인 한 명만 있었으면 하는 바람은 정말이지 간절하다. 2007년 12월, 대선 직전이었다. 주가조작·투자 사기로 물의를 빚은 금융 회사 BBK와 이명박 대통령 후보가 어떤 관련이 있는지가 초미의 관심사였다. 대선의 향배를 가를 태풍 같은 변수였다. 에리카 김은 동생 김경준을 이명박 전 대통령에게 소개한 인물이다. 둘이 설립한 BBK는 금융 사기를 벌였고 수많은 피해자를 만들었다. 미국 LA에서 에리카 김을 인터뷰했다. 짧은 기간이었지만 신뢰가 있었다. 얼마 후 그녀에게서 메모 한 장을 건네받았다.

"지금 한국 검찰청이 이명박을 많이 무서워하고 있어요. 그래서 지금 내가 제출한 서류 가지고는 이명박을 소환 안 하려고 해요. 그런데 저에게 이명박 쪽이 풀리게 하면 3년으로 맞춰주겠대요. 그렇지 않으면 7~10년. 그리고 지금 누나랑 보라(아내)에게 계속 고소가 들어와요. 그런데 그것도 다 없애고 다스와는 무혐의로 처리해준대. 그리고 아무

추가 혐의는 안 받는대."

서울지방검찰청 BBK 특별조사팀 조사실에서 김경준이 쓴 메모였다. 그의 사업 파트너 이명박은 8할쯤 대통령이 된 상태였다. 메모 내용이 사실이라면, 검찰이 이명박 후보를 보호하기 위해 중요 증인을 협박·회유한 것이다.

미국에서 기사를 내보냈는데 반응이 폭발적이었다. 곧바로 〈시사IN〉 서버가 다운됐다. 그리고 방송의 첫번째 뉴스가 신문 1면 머리기사를 장식했다. 귀국길에 신문을 폈더니 온통 그 이야기였다. 심지어 1면 하단도 내가 찍은 '메모' 사진이 걸려 있었다. 광화문에 나갔는데 대형 '메모' 사진으로 천막을 만들어 시위하는 사람들도 보였다.

왜 슬픈 예감은 틀린 적이 없나며 이승환 형이 노래했다. 곧 소장이 날아들었다. 최재경 서울지검 특수1부장(전 인천지검장) 등 수사 검사 10명은 자신들의 명예를 훼손했다며 〈시사IN〉과 나를 상대로 6억 원에 달하는 손해배상 소송을 냈다. 형사가 아닌 민사소송이었다. 명예를 훼손했으니 처벌해달라는 게 아니라 돈을 내놓으라고 했다. 검사들 영악하다. 기자를 상대로 형사소송은 별 의미가 없다. 내가 증거를 조작했거나 명백한 실수가 없다면 책임을 묻기 어렵다. 기자가 사익을 위해 보도한 것이 아니기에 처벌하기 어렵다. 그래서 민사소송을 택한 것이다.

사실 민사소송이 훨씬 까다롭다. 최근 명예훼손과 관련한 민사소송에서 배상 판결이 잘 나오는 경향이 있다. 지금까지 기자 생활 하면서 형사소송에서는 한 번도 진 적이 없는데 민사소송에서는 몇 번 졌다. SBS 계열사 사장이 법인카드로 불법 안마시술소에 다녔다. 상품권을 깡해서 비자금도 만들고. 검찰도 국세청도 나서지 않았다. 방송사 사장이라는 이유에서였다. 실명에 사진을 박아 기사를 냈다. 물론민·형사소송이 바로 들어왔다. 형사소송은 쉽게 이겼다. 10억 원짜리 민사소송에서는 2천만 원 배상 판결이 나왔다. 2퍼센트 패소한 셈이다. 대형 로펌 변호사들이 일부 승소를 얻어내기 위해 정말 악랄하게물고 늘어졌다. 재판에서 안마 얘기는 한 글자도 나오지 않았다. 그리고 기자라는 이름으로 사람들 뒷조사하고 괴롭히는 양아치로 몰고 갔다. "기자의 탈을 쓰고 취재라는 명목 아래 선량한 사업가를 괴롭히고있다." 법정 밖에서 상대 변호사에게 항의했다. 그러자 다음 재판에서변호사는 협박당했다고 판사에게 일렀다. 정말 때리고 싶었다. 나를질질 끌고 다닌 법무법인 화우의 노회한 늙은 변호사와 냉랭한 여자변호사를 생각하면 지금도 울컥한다.

다시 에리카 김 이야기로 돌아가자. 검찰에 소송을 당했을 때까지도 에리카 김과 누나 동생 하며 친하게 지내고 있었다. 고소 뉴스를 본에리카 김이 걱정 섞인 전화를 걸어오기도 했다. "한국 검찰은 참 이상해. 어떻게 '팩트'를 고소하니? 어머, 웃겨. 너무 걱정하지 말고 있어. 하하하하하." 변호사인 그녀는 재판에서 도와주겠다는 말도 여러번 했다. 그런데 점점 연락이 뜸해지더니 나중엔 전화가 닿지 않았다. 그리고 얼마 후 검사들이 재판에 진술서 한 장을 냈다. 에리카 김에게서 온 편지였다. 주진우는 자기를 속이고, 거짓말한, 나쁜 놈이라는 내용이었다. 뒤통수를 맞은 것이다. 감옥에 잡혀 있는 동생을 위한 어쩔 수 없는 선택이었을 거라고 생각한다. "에리카 누나, 다 이해해. 다 끝났으니 그때 갔던 멕시칸 식당이나 한번 가자."

자, 그런데 보자. 만약 내가 에리카 김과 평소 이야기한 내용을 아주 조금이라도 녹음해두었다면 그 진술서가 거짓이란 사실을 밝히는 것은 어렵지 않은 상황이었다. 그런데 녹취가 없었다. 이명박 정부 1년 차에 치른 1심 재판에서 나는 3천6백만 원을 검사들에게 배상하라는 판결을 받았다. 그리고 3년을 더 법정에 끌려다녔다. 그리고 2심에서 겨우 원고의 청구를 모두 기각하는 승소 판결을 받았다.

"이 기사는 △공공적·사회적 의미를 가진 사안에 관한 것으로 언론의 자유에 대한 제한이 완화되어야 하고 △국민의 감시와 비판의 대상이 되는 검사의 직무 수행에 관한 것으로 악의적이거나 현저히 상당성을 잃은 공격이 아닌 한 비판 기능이 쉽게 제한되어서는 안 되며 △해당 기자는 관련자로부터 직접 메모지와 녹음테이프를 받아 기사를 작성한 것으로 단순히 남의 말을 듣고 쓴 것이 아니라 존재 자체가 객관적으로 분명한 자료에 의해 기사를 작성한 것으로 허위의 사실을 공표하는 것이라고 할 수 없다."

대법원에서도 이겼다. 그런데 에리카 김의 진술이 있었다면 훨씬 쉽게 이겼을 것이다.

여기서 하나 짚고 넘어가자. 재판은 타이밍이다. 이명박 정부 초기에 BBK 관련 재판은 모두 유죄판결을 받았다. 그런데 정권 후반에 진행된 BBK 재판은 모두 무죄판결을 받았다. 정봉주 의원은 정권 초기에 1심과 2심에서 유죄를 선고받고 결국 감옥에 갔다. 정 의원은 지금도 후회한다. 재판을 빨리 끝내겠다고 무턱대고 검사들에게 달려간 것을.

행동 지침 5 증인과 증거는 늘 도망간다

2003년 12월의 일이다. 경기도 일산에서 한 벤처기업가의 초등학생 아들 두 명이 입에 피를 흘리며 숨진 채 발견됐다. 두 아들은 V 자로 누워 있었다. 그 가운데에는 독극물인 청산염 병 두 개가 놓여 있었다. 마치 보란 듯이. 누군가가 강제로 독극물을 먹인 것이다. 사건 발생 1년 9개월 만에 벤처기업가의 20대 내연녀가 범인으로 지목돼 구속됐다. 김 아무개 형사는 2년 가까이 휴대전화 통화 내역 수만 건을 조회해 살해 용의자와 공범을 붙잡았다. 지금은 사건이 발생하면 일단 휴대전화 통화 내역부터 조사한다. 하지만 당시만 해도 새로운 수사 기법이었다. 그리고 형사가 1년 넘게 살인 사건에 매달려 범인을 쫓아다녔다는 것도 높이 샀다.

데스크와 상의해 김 형사의 집념 어린 추적기를 기사로 썼다. 수사 과장과 김 형사는 나와 동행하며 수사 과정을 자세히 설명했다. 방대한 수사 자료와 증거들도 보여줬다. 그 앞에서 포즈를 취한 김 형사의 사진이 메인 컷으로 기사에 실렸다. 그런데 어느 날 밤 전화가 한 통

걸려왔다.

"저 ○○○예요."

"네?"

"저 ○○○인데 기억 안 나세요?"

"안 나는데요."

"일산에서 벤처기업가 아들 둘이 살해당했죠. 범인은 내연녀였고."

"아, 네. 기억나요."

"그 범인이 저예요."

"잘 지내셨어요? 그런데 어떻게 나오셨어요?"

"무죄니까 나왔죠. 한번 뵙죠."

"아, 네."

비가 흩뿌리던 날 밤, 강남구청 앞 스타벅스에서 그녀를 만났다. 만나기 싫었다. 무서웠다. 당시 모든 언론에서 그 사건을 다뤘다. 그런데 유치장으로 그녀를 면회 간 기자는 나밖에 없었다고 했다. 기사가 한줄이라도 나가면 나를 고소하겠다고 했던 그녀의 날카로운 목소리가 기억났다. 무죄로 나와서는 나를 잊지 않은 거다. 그때 취재를 조금만 슬슬 했다면⋯⋯. 나는 에스프레소를 시켰고, 바로 원샷 했다. 그녀는 자신이 벤처기업가와 형사의 조작으로 구속됐다가 재판에서 무죄를 받았다고 했다. 무죄를 받은 부분에 대해 탐사보도를 해달라고 했다. 만약 그녀 입장에서 기사를 쓴다면 고소하지 않겠다고 했다. 그녀가 음모에 빠졌다면 억울할 만했다. 나는 수사 기록을 다시 살펴보고 연락하겠다고 했다. 커피숍을 나서며 그녀가 말했다.

"눈이에요. 첫눈이에요. 눈이 오니까 좀 걸어요."

"비예요. 안 걸으면 안 되나요."

분명히 비가 오고 있었다.

수사 기록과 재판 기록 수천 페이지를 읽었다. 그런데 확신이 서지 않았다. 그때 〈시사저널〉 기자들이 삼성 기사를 썼다가 거리로 쫓겨났다. 그러고는 회사로 돌아가지 못했다. 결국 그 기사를 쓰지 못했다. 그러는 사이 소송은 한참을 달려가고 있었다. 그녀가 나와 김 형사를 고소했던 것이다. 살인범으로 지목했다가 무죄를 받았으니 돈을 조금은 물어줘야 하는 상황이었다. 나는 괜찮았다. 하지만 김 형사는 심각했다. 피의사실 공표죄는 벌금형이 없다. 유죄가 확정되면 김 형사는 옷을 벗어야 할 처지였다. 발을 동동 구르는 김 형사에게 변호사를 소개해줬다. 변호사에게 함께 가기도 했다. 나는 민간인이니 곤란한 부분은 내게 미루라고 했다.

재판이 시작되자 김 형사는 "주진우는 본 적도 없다"고 진술했다. 심지어 내가 소설로 기사를 썼다고까지 말했다. 자기 혼자 살겠다고 내게 사정없이 총질을 해댔다. 이해할 수 있는 일이어서 말을 아꼈다. 취재한 대로 기사를 썼다고만 했다. 결국 김 형사는 살아남았고, 나는 배상 판결을 받았다. 항소하려고도 하지 않았다. 어차피 나는 동료들과 〈시사저널〉에서 쫓겨난 상태였다. 〈시사IN〉으로 독립한 뒤에 〈시사저널〉 법무 담당자에게서 재판과 관련한 전화가 왔다. 그래서 한마디했다. "제가 잘못한 거예요. 돈 물어주세요."

무조건 증인을 확보하라. 여기에 사활을 걸어라. 위 사건에서 보듯이 명심해야 할 것은 나에게 유리한 증인은 늘 도망간다는 것이다. 누가 날 때렸다고 치자. 그 자리에 있던 사람들은 "저 사람이 잘못했네"라고 말한다. 그런데 막상 경찰서에 가서 "저 사람이 잘못했다"며 나서주진 않는다.

얼마 전에 아파트 단지에서 자동차 접촉 사고가 났다. 상대는 연세 지긋한 할아버지였다. 차 옆을 그대로 들이받아놓고는 자신은 30년 무사고니까 이번에도 잘못이 없다고 큰소리치셨다. 옆에 경비 아저씨가 있었다. 처음에는 "할아버지가 잘못하셨네요. 그냥 와서 받았잖아요"라고 말했다. 그런데 할아버지가 큰소리를 치니까 경비 아저씨는 들어가버렸다. 괜히 나섰다가 해코지당할까봐 말을 아낀 것이다. 증인에게 시간이 지난 후에 진술서를 써달라거나 재판에 나와달라고 하면 십중팔구 도와주지 않는다. 도움을 줄 증인은 확보하기 어려운 법이다.

목격자는 현장에서 바로 확보하는 것이 현명하다. 목격자가 매우 훌륭한 사람이어서 경찰서나 법원에 와서 진술을 해준다면 가장 좋다. 하지만 도망가게 되어 있다. 남의 일에 휘말리기를 꺼리는 건 당연한 일. 특히 상대방이 힘 있는 기관이나 회사라면 더더욱 그렇다. 이런 사건에서 증인이 증언을 번복해 재판이 뒤집히는 일은 빈번하게 일어난다. 그러므로 사건 현장에서 증인의 진술서나 사실 확인서를 받아두는 게 좋다. 증인을 모시고 변호사 사무실에서 공증을 받거나 인감증명서를 받는다면 완벽하다. 당연히 쉽지 않다. 그러니 자필로 간단한 확인서를 받거나 녹취를 해두면 증인이 반대편으로 달아날 위험을 사전에 막을 수 있다.

유리한 증인은 어여쁜 애인처럼 언제든 도망갈 준비가 돼 있다. 김 형사의 경우처럼 가장 가까이 있던 제보자와 증인이 나를 가장 곤란하게 만들 수 있다. 가까이 있는 사람이 말을 뒤집으면 재판에서 패할 확률이 1백 퍼센트에 육박한다. 그러니 증인은 있을 때 잡아둬야 한다. 녹취하고 진술서 미리 받아놓고. 재판에서든 생활에서든 가장 무서운 사람은 권력을 휘두르는 상대가 아니라 내 옆에 있는 사람이다. 나보다 낮은 자리에 있는 사람이 가장 무서운 법이다. 비서, 운전기사, 가정부. 항상 사건은 여기서 터진다. 나도 취재할 때는 일단 여기부터 쑤셔본다.

취재원 보호는 기자에게는 생명과도 같다. 증인을 끝내 공개하지 않아서 재판에서 진 경험도 있다. 제보자나 정보원 중엔 청와대, 국정원, 검찰 등의 고위 공직자가 많다. 확실한 정보원이고 녹취도 다 있다. 그렇다고 재판 결과를 위해 이들의 존재를 드러낼 수는 없다. 내재판에 나섰다간 불이익을 받기 때문에 증인을 서달라고 부탁할 수도 없다. 장사 하루 이틀 할 것도 아니지 않은가. 가끔, 이 나라에서 나와 친하게 지낸다는 게 무얼 의미하는지 생각해본다.

재판을 치르면 치를수록 증거와 증인은 부족하게 마련이다. 확보하는 데 한계가 있다. 그렇다면 왜 그렇게 믿게 되었는지 설명하는 것이 좋다. 합리적인 의심의 조각을 모으는 것도 좋은 방법이다. 판사가 증거 다음으로 좋아하는 것이 일관성이다. 진술의 일관성은 시작이자 끝이다. 증거가 희박한 사건일수록 일관성의 힘은 커진다.

2

과연 누구를
찾아가야 할까?

●

선
임

5촌 살인 사건으로 국민참여재판을 받을 때의 일이다. 재판 중에 한 배심원이 나를 보고 "돈이 많은가봐요"라고 툭 내뱉었다. 변호인석에 특검을 지낸 최병모 변호사를 비롯해 안상운, 한택근, 박주민, 이재정, 김필성, 김용민, 유창진 변호사 등등 초호화 변호인단이 앉아 있었다. 서류에 이름을 올린 변호사만 해도 16명이나 됐다. 돈을 많이 준 게 아니다. 표현의 자유가 억압되어서는 안 된다는 취지로 '민주사회를 위한 변호사 모임'(민변)의 주력 변호사들이 나서주셨다. 아무런 대가 없이.

취재할 때부터 5촌 살인 사건 기사의 파장은 짐작하고 있었다. 그래서 기사를 내기 전에 여러 명에게 보여줬다. 〈시사IN〉 고문 변호사인 법무법인 '지평'의 최정규 변호사와 구나영 변호사가 꼼꼼히 체크한 다음 기사를 내보냈다.

나는 주로 소송 걸릴 기사만 쓰다 보니 주변에서 많은 도움을 받는다. 든든한 '지평'의 고문 변호사들이 있고, 이번처럼 민변이 나서주기

< 출석 변경 의견 >

사건 형제 116906호

대의자 주 진우

주임검사

위 대의자의 변호인은 다음과 같이
출석 변경 의견을 드립니다.

다 음

변호인의 수사참여, 대의자의 업무일정
등의 사정으로 출인 수사에 연이은
차회 수사는 2013. 8. 15. (월)
로 지정하여 주실것을 요청 드립니다.
(출석에 최대한 협조는 하겠으나 다만,
위와같이 드리는 입장을 반영하여
일방적 출석 통보 방식으로 조사일자가 이후에
지지 않도록 부탁 드리는 바입니다)
2013. 8. 5.
위 대의자 변호인 한 13 지대림 변호 (인)
2163

도 한다. 아주 민감한 기사의 경우에는 자문해주는 현역 판검사 그룹이 있다. 그 뒤에는 나보다 더 꼼꼼히 따지는 히든카드도 있다. 지금까지 내가 버틸 수 있었던 힘이기도 하다. 그런데 재벌 회장이 아닌 이상 변호인단을 꾸리는 것은 불가능하다. 그래서 정성과 노력을 들여 나와 함께 싸워줄 변호사를 찾아야 한다.

01

아프면 의사에게,
골치 아프면 변호사에게

나에게도 실패가 있었다. 2002년 대선 때 이회창 후보의 부인 한윤옥 씨가 불법 대선 자금을 받았다는 제보를 받고 장부를 입수해 기사를 썼다. 이회창 선대위, 건설 회사, 종교 단체 등에서 민·형사소송 다섯 건을 걸었다. 기사를 한 번 더 썼다. 그랬더니 네 건이 더 걸렸다. 어찌된 일인지 검찰에 불려간 제보자는 검사에게 다른 이야기를 했다. 제보자는 검사가 무서웠다고 했다. 나중에 제보자는 "그 장부는 내가 임의로 만든 것이다"라고 말을 바꿨다고 했다. 거짓말을 해서 제보자가 얻을 수 있는 게 아무것도 없었다. 제보자는 바로 구속됐고 나도 괴로워졌다. 기사를 쓰려고 몇 달 동안 쫓아다니면서, 장부가 회사 컴퓨터에서 나왔고 회사는 특혜를 받았다는 증언까지 확보했다.

형사재판에서는 모두 무혐의가 났다. 그런데 민사에서는 힘겨웠고 배상 판결이 났다. 담당 변호사는 바빴고, 별로 성의도 없었다. 처음 조사받으러 갈 때도 "일단 가보시고 있는 대로만 이야기하세요"라고 했다. 혼자 검사 방에 들어가니 괜히 위축됐다. 어렸을 때 잘못한 것까지 생각났다. 회사에서 변호사에게 지불하는 돈이 쥐꼬리였다. 그래서 전화로 물어보는 것조차 죄송했다. 물어보고 싶은 것도 참고 또 참고,

연락도 뜸하게 했다. 4년을 끌려다니다 결국 쓰디쓴 패배를 맛보았다. 지금 돌이켜 보면, 그때 만약 제보자와 내가 변호사와 함께 검찰청에 가서 조사를 받았다면 쉽게 끝났을 재판이었다.

법적인 문제가 생기면 무조건 앞뒤 안 가리고 변호사부터 찾아야 한다.

'나는 결백하다', '내 이야기를 들으면 판사가 무죄를 선고할 거야', '내 사건은 내가 가장 잘 안다', 이런 마인드는 위험하다. 싸움 좀 한다고 UFC에 나가겠다고 하는 것과 같다. 법정에는 그곳에서만 통용되는 룰이 존재한다.

재판은 전혀 다른 세계의 언어로 진행된다

내가 한 일이니 남한테 물을 것 없다? 아니다. 조사나 재판에서 질문에 답하는 일은 전혀 별개의 문제다. 일단 소송이 걸리면 법률적인 도움을 받아야 한다. 외국어에 통역이 필요한 것처럼 법정에선 그들만의 용어가 있다. 내가 떳떳하다고 해서 재판에서 이길 수 있는 게 아니다. 재판은 그 사람이 선한지 악한지, 정의로운지 아닌지, 진실인지 아닌지를 가리는 게 아니다. 사안에 대해 법률적으로 타당한지, 입증 가능한지를 따지는 거다. 햄버거가 맛있는지가 아니라 빵에 오염 물질이 들었는지를 다루는 거다. 작은 쟁점 때문에 재판에서 지기도 한다.

재판에는 '진실'이 없다. 같은 사건인데도 당사자의 기억이 전혀 다를 수 있다. 좋은 변호사는 의뢰인의 말을 토대로 객관적인 증거를 맞춰본다. 증거를 통해 재구성되지 않으면 사실로 인정받기 어렵다. 변호사의 스토리와 검찰의 스토리 중 어떤 게 더 믿을 만한지 다투는 과정이 곧 재판이다. 따라서 어떤 변호사를 선임하느냐에 따라 승패가 갈린다. 그리고 담당 변호사가 얼마나 자기 일처럼 사건에 매달리느냐의 여부가 구속을 좌우하기도 한다.

재판을 그르치는 가장 흔한 예는 자기가 옳다는 확신만 갖고 검찰이나 법원에 가는 경우다. '법'과 '재판'은 전혀 고려하지 않은 채. 정봉주 의원은 씩씩하게 검찰에 제일 먼저 갔다가, 결국 씩씩하게 감옥에 갔다. 같은 혐의로 고발된 민주당 동료 의원은 무혐의 처분을 받았다. "BBK는 백 퍼센트 이명박의 소유다"라며 정봉주와 거의 같은 발언을 한 박근혜 대통령에 대해 검찰은 불기소 처분을 내렸다. "명예훼손의 의도가 없었다." 이게 검찰의 말이었다. 법이 그렇다.

법은 상식이어야 한다고 나는 믿는다. 하지만 상식대로 판단하거나 인터넷 검색 결과에 나온 대로 행동하는 것, 대단히 위험하다. 똑똑한 사람이 오히려 함정에 더 쉽게 빠진다. 건강에 관심이 많은 사람일수록 주위들은 얘기만 믿고 병원에 안 가고 버티다가 병이 더 악화되는 것과 같은 경우다. 그런 사람들은 병을 키워서 병원에 간다. 이들에게 꼭 이야기해주고 싶다. 어떤 음식이 간에 좋고 폐에 좋은지는 알 수 있지만 당신 스스로 당신 몸에 있는 병을 진단하고 치료할 수는 없다고.

재판도 그렇다. 재판은 어느 한쪽을 도덕적으로 평가하는 것이 아닌 법리적 싸움이다. 재판은 절대 도덕이나 상식, 선악에 근거하지 않는다. 무조건 법 조항과 증거에 입각한다. 넓은 강에서 어디를 어떻게 법률적으로 막고 다리를 놓을 것인지를 두고 벌이는 싸움이다. 당신의 억울한 사연을 법이라는 전혀 다른 언어로 통역해 검사나 판사에게 전해줄 통역관이 필요하다는 뜻이다. 아무리 당신이 똑똑해도, 아무리 돈을 쓰기 싫어도 소송에 휘말리면 당신 곁에는 변호사가 무조건 있어야 한다. 아프면 의사가 필요하듯이.

국선변호사를 찾아가라

변호사 수임료가 무섭긴 하다. 아깝고. 하지만 최악의 상황을 염두에 두고 계산기를 두드려보라. 훨씬 싸게 먹힌다. 그래도 무섭다면 국선변호사를 찾아가라.

류승완 감독의 영화 〈부당거래〉에서 살인 사건 용의자를 담당한 국선변호사(황병국)는 의뢰인을 향해 짜증을 폭발시킨다. "내가 이거 하고 얼마 받는 줄 알아요? 30만 원, 30만 원!" 과거에는 국가가 일반 변호사에게 건당 30만 원씩 주고 국선변호인으로 선임해줬다. 국선변호사가 무성의한 변호의 전형으로 불리던 때가 있었다. '오뚜기 1분 변호사'라고 불리기도 했다. 하지만 국선변호사에게 매월 8백만 원의 급여를 지급하고 국선 변호 사건에만 전념케 한 이후로는 상황이 달라졌다. 국선변호사들은 현장 경험이 풍부해 능력도 뛰어나다. 의뢰인들의 만족도도 매우 높다.

그런데 국선변호사를 선임할 수 있는 자격이 까다롭다. 미성년자이거나 70세 이상인 경우, 지적 장애가 심한 경우 등이다. 또 구속 이전에는 변호를 요청할 수 없다.

구속 이전에 변호사의 도움이 절실하다면 각 지방 변호사회가 운영하는 당직 변호사 제도를 이용할 수 있다. 수사기관에 의해 체포되었을 때와 같이 급히 변호인의 도움을 받아야 할 때 유용하다. 체포되거나 구속된 피의자가 경제적인 사정으로 사선변호인을 선임할 수 없는 경우에 저렴한 비용으로 변호인의 도움을 받을 수 있다. 지방 변호사회에 전화하면 변호사가 경찰서까지 직접 달려와 도움을 줄 것이다.

각 지방 변호사회의 전화번호는 다음과 같다.

서울 02-3476-8080	인천 032-861-2172	수원 031-216-0646
충북 043-284-9683	대전 042-472-3398	대구 053-741-6338
부산 051-508-8504	경남 055-266-0606	광주 062-222-0430

대한법률구조공단www.klac.or.kr, 02-532-0132의 문을 두드리는 것도 좋은 방법이다. 단, 도움을 받으려면 일정한 조건이 필요하다. 형사사건의 경우, 월평균 수입 2백60만 원 이하라든지, 국가 보훈 대상자라든지, 가정 폭력 혹은 성폭력과 관련된 형사사건의 구속 피의자라든지……. 생활이 어렵고 법을 몰라 스스로 법적 수단을 강구하지 못하는 국민이면 된다. 대한법률구조공단에 전화하면 친절하게 알려준다.

만약 변호사를 선임할 여유가 없거나, 나홀로 재판을 진행하겠다고 마음 먹었다면 '대한민국 법원 나홀로소송 pro-se.scourt.go.kr' 사이트가 도움이 될 것이다. 그리고 이 책을 두 번 읽어라.

중국집 임대인 이명박 씨

1994년부터 이명박 전 대통령 소유의 서초동 건물에서 '희래등'이라는 중국집을 운영하던 이 아무개 씨가 있었다. 서초동에는 고급 중국집이 드물었다. 그래서인지 장사가 잘됐다. 2000년 6월경, 이 씨는 건물주인 이 전 대통령을 찾아간다. 규모를 늘려서 장사하고픈 마음에서였다. 이 씨는 자신의 돈을 투자해 1층 건물을 2층으로 증축하겠다고 했다. 이 전 대통령은 흔쾌히 허락했다.

이 씨는 사재 6억 원을 들여 2층짜리 중국집을 만들었다. 공사비도 들이지 않고 소유 건물이 2층짜리가 되면서 이 전 대통령의 재산 가치가 상승했다. 그 세금까지 이 씨가 부담하는 조건이었다. 대신 이 씨도 믿을 구석은 있었다. 이 씨는 "이 전 대통령이 증축 비용을 회수할 수 있도록 10년가량 재계약을 해주겠다고 약속했다. 그래서 빚 6억 원을 들여 공사를 했다"고 말했다. "장기 임대계약을 해달라는 요청에 대해 이 전 대통령은 재산 관리 원칙상 불가능하다고 했다. 대신 법률상으로 보장된 2년 계약의 연장을 통해 상식적으로 장기 임대가 가능하게 하겠다고 했다."

문제는 2년 후에 일어났다. 2002년 건물 관리인이던 이 전 대통령의 처남 김재정 씨가 계약 기간이 만료됐다며 건물에서 나가라고 통보한 것. 재계약은 당연하다고 믿었던 이 씨는 반발할 수밖에 없었다. 못 나가겠다고 버텼다. 하지만 건물주는 식당에 쇠사슬을 채우고 영업을 막았다. 법원에선 가처분 결정이 떨어졌다. 설상가상으로 빚 독촉까지 거세지자 이 씨는 더는 버틸 수 없었다. 그때 김재정 씨가 1억 3천3백만 원을 줄 테니 건물을 명도하라고 제안했다. 이 씨는 합의서를 써주고 나올 수밖에 없었다.

얼마 후 '희래등'이 있던 자리에는 '강희제'라는 중국집이 들어섰다. 사장은 김재정 씨였다. 일부 주방 용품과 집기들은 그대로였다. 주방장을 비롯한 종업원도 절반은 그대로였다.

잘 키워온 중국집이 공중 분해되자 이 씨도, 이 씨 가정도 무너졌다. 이 씨는 신용불량자가 되었고, 빚에 시달리다 인도네시아로 쫓겨 갔다. 이 씨의 아내는 화병에 시달리다 저세상으로 갔다. 쉰도 안 된 나이였다.

2012년 인도네시아에서 전화가 걸려왔다. 아내가 죽자 원통해서 못살겠다는 이 씨의 전화였다. 몇 달 후 귀국한 이 씨를 만났다. 정서적으로는 유죄가 확실한데, 법적으로는 뾰족한 수가 없었다. 돈을 받고 건물에 대한 권리를 포기한다는 합의서를 써준 게 걸렸다. 그래서 나름대로 조언했다.

"변호사를 구해 민사소송을 거세요. 돈이 없으면 변호사비를 성공보수로 돌리는 조건으로 선임하세요. 하지만 재판에서는 분명히 질 거예요. 각서 때문에요. 대통령이 얽힌 사건이어서 판사들이 별로 따지지도 않을 거예요. 유명인의 경우 보통 소송을 하면 중간에 합의를 봅니다. 창피한 일이라면 말이죠. 재판이 진행되면 기사가 나올 거예요. 그 틈에서 마지막 기회를 노려보자고요. 그런데 그것도 불가능에 가까울 거예요. 가카는 절대 그러실 분이 아니잖아요. 돈에 관해서라면 한 치의 양보도 없는 분이잖아요. 억울한 것은 제가 조금이나마 방송에서 풀어드릴게요."

이 씨는 음식점 증축 비용 6억 원을 돌려달라는 소송을 냈다. 하지만 재판부는 이명박 전 대통령의 손을 들어주었다. "이명박 전 대통령이 원고의 사정을 알면서도 이를 이용하려는 의사가 있었다고 인정하기 어렵다. 이 씨가 건물을 넘길 당시 건물에 대한 일체의 권리를 포기한다는 합의서를 썼으므로 증축 비용에 관한 권리를 포기한 것으로 봐야 한다."

만약 이 씨가 중국집에서 쫓겨날 무렵 변호사에게 상담을 받았다면? 어쩌면 중국집을 지킬 수 있었을지도 모른다. 최소한 증축 비용이라도 돌려받거나.

강남에서 가장 뜨거운 재판

강남에서 떠오른 세기의 재판이 있었다. 2011~2013년까지 강남 할아버지와 아주머니 들 사이에서 초미의 관심사였다. 강남에 있는 단골 식당 앞 큼지막한 스포츠센터 회장의 이야기였다. 밥 먹으러 들를 때마다 조금씩 진행 상황이 업데이트됐다.

강남에서 대형 스포츠센터를 경영하는 60대 회장이 있었다. 물론 그에게는 가정이 있다. 그리고 그 옆에는 악기를 든 40대 여성이 있다. 둘은 곧 내연 관계로 발전한다. 집을 얻어주고, 매달 생활비로 5백만 원을 줬다. 회장은 한 달에 한두 번 성관계를 가졌다. 그러나 상속권 분쟁 등 복잡한 일을 피하기 위해 피임을 철저히 했다. 하지만 여성의 생각은 달랐다. 회장을 안심시킨 여성은 2008년 아이를 갖는 데 성공한다. 임신이 안정기에 접어들자, 여성은 회장에게 문자를 보냈다. "아이를 가졌어요." 회장은 화를 냈다. "중국에 있는 병원을 알아봐줄 테니 낙태하라"고 했다. 여성은 울기만 했다. 한편으로 회장은 변호사를 찾아갔다. 변호사는 아직 여성의 협박 의도가 분명치 않으니 모든 대화를 녹음하라고 조언했다. 물론 여성도 변호사의 조언을 구해 움직였다.

회장의 회유는 집요했다. 직접 하다가 안 되면 대리인을 내세워 여성을 구슬렸다. 처음에는 10억 원에서 40억 원까지 액수를 늘려가며 낙태를 요구했다. 그러나 여성은 백억 원은 줘야 한다고 버텼다. 회사 앞에 가서 일인 시위를 하겠다고 했다. 그러다 합의를 본 금액이 50억 원. 합의금이 통장에 찍힌 것을 확인한 여성은 5일 후 낙태 수술을 받았다. 낙태 사실을 확인한 회장은 변호사를 불러 고소장을 썼다. 낙태 3일 후부터는 문자 메시지를 보내기 시작했다. "입금된 돈은 경찰과 은행에서 지켜보고 있으니 움직이지 마라." "지금 빨리 내 통장에 입금하면 고소를 취하하겠다." 여성이 돈을 돌려주지 않자 회장은 공갈

혐의로 고소장을 제출했다. 여성이 재산을 노리고 계획적으로 임신한 뒤 낙태를 조건으로 협박했다고.

판결은 어떻게 됐냐고? 여성은 무죄를 받았다. 1심 재판부는 "비윤리적 행위라는 비난은 받을 수 있지만 협박했다고 볼 증거가 부족하다"라고 판시했다. "여성이 회장의 사정을 이용해 경제적 이득을 취했더라도 도의상 비난할 수는 있지만 공갈죄의 구성 요건인 '공포심을 일으킬 수 있는 정도의 해악'에 해당하지 않는다."

2심에선 회장의 재산이 쟁점으로 부상한다. 고소인 측에 선 검찰은 회장의 재산 규모가 2백억 원대라고 주장했다. 2백억 원대 재산가에게 50억 원은 너무 큰 액수라는 것이다. 반면 재산이 1천억 원일 경우 합의금 50억 원은 '공포를 느낄 만한' 액수가 되지 않는다. 회장의 변호사들이 재판을 완전히 다른 성격의 전투로 만들어버린 것이다. 회장의 재산 규모를 두고 양측의 치열한 전투가 벌어졌다. 결국 회장은 1천억 원대의 자산가임이 드러났다. 당연히 회장의 패. 2심 판결문의 일부다. "회장의 의사에 반해 임신했더라도 협박의 의도보다는 노후를 걱정하는 독신 여성의 자연스러운 본능으로 볼 여지가 있고, 여성이 먼저 돈을 조건으로 낙태를 요구하지도 않았다. 윤 씨가 '협박'이라는 말을 쓴 것도 감정이 격해져 우발적으로 한 것이고 신 씨 역시 '미친년, 겁 하나도 안 난다'라고 맞받았으므로 공갈죄가 성립하기 어렵다."

만약 회장이 돈을 보내지 않았다면 결과는 어떻게 됐을까? 낙태를 대가로 돈을 받는다는 계약은 그 자체로 무효다. 여성은 위자료를 청구하더라도 50억 원을 받기는 어려웠다. 어떤 부분을 두고 싸울 것인지에 따라 전쟁의 성격이 갈린다. 재판의 성패가 나뉜다. 회장의 변호사들이 재판을 완전히 다른 성격의 전투로 만들었지만 여성 측 변호사들이 잘 방어했다고 볼 수 있다. 여성이 조금만 성급하게 굴었어도 협박죄로 구속될 수도 있는 상황이었다.

02

고르고
또 골라라

변호사를 선임할 때는 나와 잘 맞는 사람인지 꼼꼼히 따지는 게 중요
하다. 셔츠 한 장을 살 때도 이곳저곳 둘러보고 색깔이며 가격을 따진
다. 변호사 선임은 위험에 빠진 인생을 구하느냐 마느냐의 기로에 놓
인 중대사다. 그런데 무턱대고 혹은 지인의 소개만으로 결정하는 경
우가 대부분이다. 좋은 변호사를 만나기까지 복잡하고 힘이 많이 드
는 건 당연하다. 가장 많은 노력이 필요한 선택의 순간이다.

　좋은 변호사를 만나기 위해서는 우선 여러 변호사를 만나보는 것
이 좋다. 상담료를 아끼지 말자. 변호사 1인당 한 시간에 10만 원에서
1백만 원 선이다. 로펌에 가면 여러 변호사가 들어와 명함을 주며 인
사한다. 그거 다 청구서로 날아온다. 만만치 않다. 개인 변호사 상담은
비싸봐야 시간당 30만 원 정도다. 당장은 비싸지만 충분히 값어치를
한다. 명심해야 한다. 상담료 아끼려다 초가삼간 다 태울 수 있다. 병
원은 여기저기 물어보고 다니면서 변호사는 따져보고 고를 생각을 못
한다. 변호사 앞에서는 말도 잘 못 하는 경우가 많다. 특히 형사사건
의뢰인은 위축돼 있는 경우가 많은데, 이걸 이용해 몸값을 올리는 변
호사도 있다.

성범죄의 경우 남녀 변호사 모두에게 상담을 받는 것이 좋다. 사건에 대한 접근법이 성별에 따라 완전히 다르기 때문이다. 사춘기 소녀가 산부인과 진료 중에 성추행을 당했다고 담당 의사를 고소한 사건이 있었다. 의사는 바로 구속되어 재판을 받았다. 재판 과정에서 의사는 여자 변호사를 추가로 선임했다. 여자 변호사는 여러 정황을 맞춰본 뒤 원고인 소녀가 거짓말을 하고 있다고 판단했다. 소녀가 주장하는 추행이 물리적으로 이뤄질 수 없는 상황이었다는 확신이 선 것이다. 여성의 몸에 대한 이해가 부족했던 남자 변호사와 검사는 이런 사실을 인지하기 어려웠다. 남자 검사는 "성범죄를 저지르는 자들은 모든 불가능을 가능케 한다"고 말했다고 한다. 여자 변호사는 법정에 마네킹을 가지고 나와서 소녀가 주장하는 행위가 물리적으로 불가능하다는 걸 입증했다. 결국 의사는 무죄 판결을 받았다.

변호사에게 다 털어놓아라

변호사를 선임했다면 믿어야 한다. 그리고 가까워져야 한다. 순전히 노력에 달렸다. 자기 상황을 다 털어놓아야 한다. 그리고 중간중간 진행 상황을 체크해야 한다. 변호사와 이야기하는 과정은 의뢰인 자신에게도 사건을 법률적으로 정리하는 예비 조사, 예비 재판 과정이다. 변호사에게 정확히 설명하지 못하면 검사, 판사 앞에서는 무너질게 뻔하다. 변호사는 상대편 검사가 약점을 어떻게 치고 들어올지 예측해서 방어하는 전문가다. 변호사에게 얘기하지 않았다가 검사에게 허를 찔려 당황하는 경우가 왕왕 있다. 그때는 아무리 유능한 변호사라도 손을 못 쓴다. 패배는 불 보듯 뻔하다. 의뢰인과 변호사의 신뢰가 깨지면 끝이다. 절대 원하는 결과를 얻을 수 없다.

'서울시 간첩단 사건'에서 간첩으로 몰린 유우성 씨 사건에 대해 처음에는 민변 변호사들도 반신반의했다고 한다. 그런데 유우성 씨의 진심 어린 고백이 변호사들의 마음을 먼저 움직였다. 이후에는 변호사들이 더 열심히 움직이기 시작했다. 장경욱, 양승봉, 김용민 변호사 등은 직접 중국까지 건너가 증거를 모았다. 김용민 변호사는 네 번이나 중국을 다녀왔다. 이러한 노력 덕분에 국정원과 검찰의 파상 공세를 뚫고 무죄를 이끌어낼 수 있었다.

변호사를 속이려고 해서도 안 된다. 그것은 심장병이 있는 사람이 심장병 전문의에게 거짓말을 하는 것과 똑같다. '이런 이야기까지 하면 나를 나쁘게 볼 것 같다', '싫은 소리 듣고 싶지 않다'라는 생각 때문에 잘못을 숨기는 사람이 있다. 의외로 많다. '내가 뭘 잘못했는지 증명해봐' 식의 태도는 검사를 만날 때 필요한 것이지 변호사를 만날 때의 자세가 아니다.

의뢰인은 '변호사에게 창피한 건 내 인생에 아무런 영향이 없다'는 생각으로 마음을 다잡아야 한다. 마누라한테 말 못 할 것도 변호사에게는 다 털어놔야 한다.

있었던 일들, 특히 불리한 부분은 수사 과정에서 드러날 가능성이 높다. 부분이나 조각이라도 나타나게 마련이다. 두렵거나 창피하더라도 변호사에겐 미리 다 이야기해야 한다. 그래야 불리한 조각이 느닷없이 드러나더라도 변호사가 잘 설명해낼 수 있다.

변호인이 필요한 이유 중에는 자기 합리화를 덜 하고 객관적으로 사안을 바라본다는 측면도 있다. 자기 합리화를 하다 보면 표창원 교수가 말한 범죄 심리의 4단계('이 정도 잘못은 누구나 해', '쟤가 더 나빠', '그렇게 큰 피해는 없었을 거야', '나는 어쩔 수가 없었어')와 유사해지는 것 같다. 자기 합리화가 자기 확신으로 변해 무너지는 경우를 많이 봤다. 보통 변호사를 찾아가면 자기 이야기를 해야 하는데, "나는 억울하다. 저놈이 나쁜 놈이다"라며 남 이야기부터 하는 사람들이 있다. 별로 도움이 되지 않는 태도다. 병은 알려야 하고 자기 죄는 더 많이 알려야 한다. 자꾸 알리다 보면 도움이 될 만한 끈을 발견하게 되고 때로는 도움을 줄 사람과 연결되기도 한다.

형사사건과 민사사건은 해법 자체가 다르다. 민사재판은 보상을 받아내려는 사람이 모든 걸 입증해야 하기 때문에 손해를 충분히 보상받기 어렵다. 그러나 형사재판은 내 말을 입증하는 게 아니라 검사의 논리에 구멍을 내는 싸움이다. 검사의 주장 중 말이 가장 안 되는 것 하나를 무너뜨리는 게 형사재판의 전략이다. 고소인이나 검사의 주장 중에서 객관적 증거와 다르거나 논리가 잘못된 부분을 가지고 전체적인 신뢰를 떨어뜨리는 것이다.

같은 논리로, 신뢰가 무너지는 일은 하지 말아야 한다. 자신의 결백을 증명하겠다며 증거를 조작했다가 들통 나는 경우가 있다. 법정 경험이 적은 사람들은 무죄를 증명하기 위해 증거를 이것저것 들고 온다. 그런데 열 개 중 한 개만 무너져도 나머지 아홉 개가 같이 무너진다. 한 개라도 증거가 조작된 사실이 밝혀지면 판사의 마음을 되돌리기 어렵다. 잘못 둘러댄 알리바이로 애인과 영원히 이별하게 되는 꼴이다. 뒤늦게라도 증거를 만들자는 변호사가 더러 있다. 굉장히 위험한 발상이다.

변호사는 조력자, 해결은 당신 몫이다

재판은 본인이 치르는 것이다. 그 누구도 당사자 자신만큼 절박하진 않다. 내가 고용한 변호사에게는 나 말고도 수십 명의 의뢰인이 있다는 것을 잊지 말자. 그러니 자신의 사건에 대해서는 스스로 공부를 해야 한다. 모르면 묻고 찾아보자. 자신의 사건과 비슷한 판례를 찾아보면 큰 도움을 얻을 수 있다. 판례는 '대한민국 법원 종합 법률 정보' 사이트http://glaw.scourt.go.kr/에 들어가 검색 창에 자기 사건의 죄명을 치면 관련된 판례들을 찾아볼 수 있다. 만약 이 사이트에 나오지 않는 판례를 직접 찾아보려면 대법원 법원도서관에서 판결문 검색 열람을 신청하면 된다.

또한 현재 자신의 사건이 어디까지 진행되었는지, 자신이 말한 서류를 변호사가 법원에 잘 제출했는지, 검사는 어떤 증인이나 증거를 신청했는지 알아보고 싶다면 '대한민국 법원 대국민 서비스' 사이트www.scourt.go.kr의 '나의 사건 검색' 창으로 들어가 법원, 사건 번호, 피고인의 이름을 치면 상세하게 알 수 있다. 확인했는데 부탁한 게 안 들어가 있는 것 같다면 화부터 내지 말고 변호사에게 좋게 말하자. "변호사님, 바쁘시죠. 저번에 말씀드린 건 잘 제출하셨나요?"

변호사를 선임했다면 최대한 변호사를 붙잡고 이야기해야 한다. 그 다음에는 자신의 이야기가 서면에 잘 반영되게 해야 한다. 변호사가 내는 서류에 의뢰인 자신이 한 이야기가 제대로 반영됐는지 꼭 확인해야 한다. 빠진 이야기가 있다면 변호사가 무슨 이유로 뺀 것인지도 물어봐야 한다. 재판을 백 번 가까이 치르면서도 내 이야기를 마음에 꼭 들게 알아서 서면에 반영해준 변호사는 만나지 못했다. 앞으로도 그럴 것이다. 내 밥그릇은 내가 챙겨야 한다.

한 중견 기업 회장이 있었다. 형사사건이 터지자 수십억 원을 주고 변호사를 선임했다. 매일 변호사에게 전화해 자기가 말한 내용이 들어갔는지 물어봤다. 서면을 받아 다시 꼼꼼히 확인했다. 회장님은 재판에서 원하는 결과를 얻었다. 이게 중요하다. 대개 변호사를 선임하면 알아서 해주겠거니 하고 제대로 확인하지 않는다. 모든 재판은 자기 자신이 하는 거다. 돈이 해결해주지 않는다. 가장 실속 없는 의뢰인은 변호사에게 매일같이 전화해 피곤하게 하면서도 정작 완성된 서면은 확인하지 않는 의뢰인이다. 변호사와 함께하는 일 중 가장 중요한 단계가 서류가 완성될 때까지 기다렸다가 꼼꼼히 체크하는 것이다. 변호사도 사람이기 때문에 의뢰인이 정성을 쏟으면 집중하게 된다. 변호사는 의뢰인과 한 배를 탄 사람이기 때문에 적절한 성공 보수를 거는 것도 변호사의 동기부여에 도움이 된다. 선물은 생각보다 더 큰 효과를 본다. 변호사를 춤추게 한다.

'의심스러우면 쓰지 말고, 썼다면 의심하지 말아야 한다(疑人勿用, 用人無疑).'

변호사를 선임할 때 딱 들어맞는 말이다. 사건 진행 중에 변호사에 대한 의구심이 들어 다른 변호사를 만나고 오는 사람들이 있다. 백이면 백, 다른 얘기를 한다. 지금 잘못 대응하고 있다고. 그러면 막 흔들린다. 우선 자기 변호사를 믿어야 한다. 변호사비도 시원하게 주고, 먼저 주고, 더 주고. 유명인 중에 변호사 수임료를 하도 떼어먹어서 변호사를 구하기 어려운 사람이 있다. 법조계에서 악명이 높아서 일을 맡아주었으면 하는 변호사들은 죄다 손사래를 친다.

물론 열심히 일하지 않는 변호사도 많다. 노력은 해도 변호사가 마음에 들지 않는다면 빨리 다른 사람을 알아봐야 한다. 특히 변호사가 내 무죄를 믿어주지 않는 것 같다면 심각하게 고민해야 한다. 쉽지 않다. 변호사도 만나는 것보다 헤어지는 게 더 어렵다. 법조인들 사이에서는 변호인을 바꾸면 문제가 있는 것처럼 비치기도 한다. 보통 1심까지 같이 해보면서 자신과 맞는지 안 맞는지 결정하는 것이 좋다. 다른 변호사로 바꾸기보단 한 명을 더 추가하는 것도 방법이다.

선임한 변호사를 바꾸는 데도 타이밍이 존재한다. 첫번째, 경찰 수사 종료 후. 두번째, 검찰 수사 종료 후. 세번째, 구속영장실질심사 때. 네번째, 1심 종료 후. 다섯번째, 2심 종료 후. 그런데 영장실질심사 단계에서 구속됐다면 반드시 변호인을 바꿔야 한다. 우리나라의 구속영장 담당 재판부는 꽤 똑똑하다. 가장 똑똑한 판사를 배치해두었다. 이 단계에서 구속이 됐다는 건 변론 방향에 문제가 있다는 것을 의미하기 때문에 변호인을 바꿔서 보강해야 한다.

단, 1심이 시작되어 진행 중일 때 변호인을 바꾸면 이미지가 나빠진다. 형사사건의 경우, 1심 진행 중에 변호사의 사임서가 들어오면 변호사가 사건을 포기했다는 인상을 주어 재판에 불리할 수 있다. 또 중간에 변호사를 바꾸면 착수금을 두 번 줘야 한다. 이전 변호사에게 준 착수금 중 일부를 돌려받기도 어렵다. 그러니 되도록 변호사 한 명과 처음부터 끝까지 함께하는 것이 좋다.

03

우리나라 의사들은 기본적으로 화가 많이 나 있다. 그리고 말을 무척 아낀다는 특징이 있다. 아파 죽을 것 같아서 병원에 갔는데 그림 같은 글자를 몇 자 적고는 "다음!"을 외친다. 화가 난 적이 한두 번이 아니다.

> 내 의사는 내 이야기를 잘 듣고 설명을 자세히 해주는 사람이 었으면 좋겠다. 무엇보다 실력이 뛰어난 의사였으면 좋겠다. 변호사도 그렇다.

의뢰인의 이야기에 귀 기울여주는 변호사가 좋은 변호사다. 좋은 변호사는 의뢰인에게 몇 가지 선택지를 주고 계속 상의해나간다. 재판 과정의 어려운 점을 미리 일러주기도 한다. 소송이라는 것은 정의를 밝히는 일이 아니다. 가치 판단을 내리는 일도 아니다. 증거를 모아서 상대방 논리의 약한 부분을 깨는 작업에 가깝다. 상대적으로 약자일 수밖에 없는 우리가 가장 많이 당하는 게 바로 이 부분이다.

〈시사IN〉 사무실 앞에 '소가 조아'라는 식당이 있었다. 점심때 김치찌개를 먹으러 가끔 들렀다. 그런데 빚 때문에 얼마 전 문을 닫았다.

사장님은 '소가 조아' 식당을 하기 전에 다른 곳에서도 식당을 했었다. 그런데 건물주가 식당 앞에서 대형 공사를 벌이는 바람에 식당이 폐업 상태가 됐다. 결국 6개월 만에 가게 문을 닫아야 했다. 사장님은 로펌을 찾아가 변호사를 선임했다. 그런데 소액 소송이어서인지 변호사가 별로 신경 쓰지 않았다. 변호사는 손해배상을 청구한 것이 아니라 공사가 정당하냐 아니냐를 따지는 소송을 걸었다. 결국 사장님은 패소했고 가게에서 쫓겨났다. 손해도 막심한데 소송비용까지 물어야 하는 처지가 됐다. 변호사를 찾아갔지만 만나주지 않았다. 변호사는 사무실에 있으면서 지방에 갔다고 거짓말을 했다. 전화조차 받지 않았다. 변호사에게 항의했더니 경찰에 신고했고, 경찰은 사장님을 끌어냈다. 변호사는 사장님의 재산에 압류까지 걸었다. 이게 바로 사람 잡는 소송의 기술이다. 사장님은 건물주보다 변호사가 더 악마 같다고 하소연했다. 그 변호사는 헛다리를 짚어서 재판에서 졌다. 내용을 따져보니, 다른 재판을 걸어서 이긴다 해도 실익이 없었다. 이렇듯 자기 변호사와 분쟁이 일어나면 답이 없다. 해줄 수 있는 게 별로 없다고 말해줬다. 사장님을 대신해 변호사를 혼내주겠다고 약속했다. 그날, 목이 쉴 정도로 변호사에게 욕을 했다. 참, 나쁜 변호사였다.

나쁜 변호사들의 몇 가지 유형이 있다.

첫째, 자기만이 이 사건을 해결할 수 있다는 변호사.

첫 상담에서 유죄다 무죄다 바로 결론 내리는 변호사는 위험하다. "확실히 내가 빼줄 수 있다", "누구누구에게 부탁하면 바로 해결된다"고 확언하는 변호사는 일단 의심해야 한다. 이런 유형의 변호사는 판결 전에 성공 보수를 요구하기도 한다. 혹은 사건 진행 과정에서 검사나 판사를 접대해야 한다며 돈을 요구하기도 한다. 담당 검사가 소나타 산 것을 보고 검사에게 차를 사준 게 자신이라며 의뢰인의 돈을 뜯는 변호사도 있었다.

제일저축은행 사건 때의 일이다. 검사가 변호사와 수사 내용을 미리 공유했다. 변호사는 저축은행 간부를 만나 자신을 선임하라고 했다. "너희 좀 있으면 압수 수색 들어간다." 며칠 뒤 압수 수색이 들어왔다. 그러자 당연히 저축은행 간부는 변호사를 생명줄로 여기고 선임했다. 수임료로 5억 원을 줬다. 그런데 그 변호사가 해결해줄 수 있는 것은 아무것도 없었다. 저축은행 간부는 결국 구속됐다.

둘째, 사건 내용이나 진행 상황에 대해 잘 모르는 변호사.

대개 이런 변호사들은 사건에 관한 이야기보단 담당 검사나 판사 이야기를 많이 한다. "어제 검사를 만났다"라는 말을 달고 산다. 아니면 주말에 검사와 골프를 쳤다거나. "그 검사는 절대 남의 말은 안 듣는다. 유일하게 내 말만 듣는다. 지난주에 부부 동반 골프 여행도 다녀왔다. 오직 나만이 이 문제를 풀 수 있다." 백 퍼센트 구라다. 그 자리를 박차고 나와도 된다. '부부 동반 골프'는 그쪽 업계에서 10년째 쓰이는 유행어다. 법조인들은 창의성이 많이 떨어진다. 가끔 보는 앞에서 검사에게 전화하는 장면을 연출하기도 한다. "김 검사, 요즈음 재미가 어때?" 김 검사는 검사 출신 변호사일 확률이 80퍼센트다. 사건을 맡고 있는 김 검사일 가능성은 10퍼센트 미만이다.

셋째, 자기 얼굴은 안 보이고 사무장만 내세우는 변호사.

주로 전직 검찰 출신 변호사들이 이런다. 변호사가 전화도 잘 받지 않는다. 사무장은 "우리 검사장님(변호사지만 여전히 검찰 재직 때 직함으로 부른다)은 아무하고나 말을 섞지 않는다"라고 말한다. 그리고 계약서 쓸 때만 잠깐 얼굴을 보여준다. 아무리 높은 자리 출신이고 유명하더라도 이런 변호사는 말짱 꽝이다. 사건을 안 챙기는데 어떻게 일이 해결된단 말인가. 검사 잘했다고 변호사 잘한다는 법 없다.

대검 중수부장까지 지낸 한 유명한 검사는 검찰 내사 자료를 몽땅 들고 나갔다. 그 약점을 빌미로 기업체를 협박했다. 그러고는 기업의 고문 변호사 자리를 몇 개 차지하고서 떵떵 큰소리치며 산다. 돼지상인데 얼굴에 탐욕이 덕지덕지 붙었다.

넷째, 브로커를 고용한 변호사.

이런 변호사에게 일을 맡길 경우 브로커가 의뢰인과 면담하고 재판도 브로커가 치를 가능성이 높다. 변호사는 브로커가 정리해준 내용만으로 재판을 진행하는 수도 있다. 변호사와의 면담을 회피하는 사무장이 있다면 일단 의심해보라.

다섯째, 재판에 안 나가는 변호사.

재판 안 나가고 서면 안 쓰는 게 벼슬이라고 생각하는 변호사가 많다. 젊은 판사들에게 가서 "존경하는 재판장님" 하기 싫은 거다. 변호사가 법정에 가기 싫어한다는 건 기본이 안 되어 있다는 말이기도 하다. 법정에서 설득력도 떨어진다. 이런 변호사 찾아가면 돈만 날리기 십상이다.

04

주기자의
변호사 선임 노하우

대부분의 사람에게 소송이나 검찰 조사, 재판은 인생에서 가장 시급하고 중요한 일이 된다. 나처럼 소송을 끼고 사는 사람은 좀 다르지만. 소송 하나로 인해 삶이 하루아침에 달라질 수도 있다.

그런데 나에겐 절체절명의 사건이 변호사에게는 40~50건의 일거리 중 하나라는 것을 명심해야 한다.

결국은 나 자신의 일이다. 변호사는 사건을 대할 때 나만큼 절실하게 자기 문제로 생각하지 않는다. 당연하다. 그렇다면 최선은 자기 자신도 공부하되, 내 일처럼 매달릴 '좋은 변호사'를 찾는 것이다.
'변호사 윤리강령 제1조'에 이런 구절이 나온다.

변호사는 인권을 옹호하고 사회정의의 실현을 사명으로 한다.

그냥, 책에 이렇게 나온다는 거다. 인권 옹호, 정의 실현, 약자 보호, 좋은 말이다. 잘 안 되고 있다는 말이기도 하다. 현실에서는 내 이야기에 공감해주고, 내 입장을 대변해주고, 나를 대신해 싸워줄 수 있는 변호사를 만나야 한다.

좋은 변호사의 첫번째 조건은 의뢰인의 이야기를 잘 들어주는 성실함이다. 선임한 변호사의 절반 이상이 담당 사건에 대해 잘 모른다. 벼락치기 식으로 판결문과 공소장만 보고 재판에 들어간다. 자기 사건처럼 열성껏 달려드는 변호사를 찾는 게 중요하다. 이야기를 나누면서 눈을 자주 맞춰보면 좋은 변호사인지 쉽게 가늠할 수 있다. 이야기를 나눌 때 눈빛이 반짝이면서 호기심을 보이는 변호사가 있다. 그들이 진짜다.

좋은 변호사는 무죄를 받아내야겠다는 생각이 들면 처음 조사받을 때부터 끝까지 사건 전체를 맡으려고 한다. 따라서 첫 상담부터 선고일까지 쭉 같이 있어줄 변호사를 선임하는 게 좋다. 아무리 유명한 전관 변호사를 쓰더라도 너무 바빠서 나를 만나줄 시간이 없다면 좋은 변호사가 아니다. 이름깨나 있거나 대형 로펌 소속 변호사라도 내 사건을 처음부터 끝까지 꿰뚫고 있지는 않다. 오히려 의욕 있고 젊은 변호사와 모든 문제를 상의하면서 해결하는 게 더 좋다.

요즘은 열정적으로 일하는 젊고 유능한 변호사가 많다. 비용 면에서도 훨씬 경제적인 선택이기도 하다. 아무리 전관예우가 있다 하더라도 유죄를 무죄로 만들기는 어렵다. 무죄를 받더라도 변호사 비용에 천문학적인 비용을 쓰고 가정이 파탄 나는 경우도 많다. 재판이 길어지면 경제적으로도 어려워지고 정신 건강에도 해롭다. 예민해져서 다른 일도 잘 안 된다. 일반적인 사건이라면 합리적인 비용 안에서 자기에게 맞는 변호사를 찾는 게 현명한 길이다.

만약 내가 재판을 해야 한다면 젊고 꼼꼼하고 성실한 7~10년 차 변호사를 고르겠다. 내 이야기를 편히 할 수 있고, 변호사도 의욕을 보이고. 항상 전화 통화가 되는 사람이면 무조건 맡기겠다. 자기 일처럼 꼼꼼하게 챙기는 변호사가 가장 좋은 변호사다. 그런 사람이 잘 이기고 죄를 잘 줄여준다. 민사소송도 마찬가지다.

대형 로펌보다 3, 4명이 하는 소규모 사무실에 진짜 유능한 변호사들이 포진해 있다. 이 선수들은 전문 분야가 확실해서 일 걱정을 안 한다. 이렇게 치열한 경쟁에서 살아남았다면 변호사로서의 능력은 검증된 것이다. 에너지 넘치는 젊은 변호사와 손을 잡고 처음부터 끝까지 가는 게 좋다.

05

그 많은 변호사를 쓰고도 왜 감옥에 가게 되었나

변호사를 알아봐달라는 사람이 많다. 하루에 전화 한두 통은 받는 것 같다. 그중에는 검사와 친한 변호사를 찾아달라는 사람이 제일 많다. 칼자루는 검사가 쥐었으니. 드물긴 하지만 변호사를 아예 찍어주는 검사도 있다. 그런 검사는 정말 나쁜 놈이다. 변호사 수임료의 일부가 검사한테 간다고 보면 된다.

1990년대에 〈모래시계〉라는 드라마가 있었다. '귀가 시계'로 불릴 만큼 히트한 국민 드라마였다. 드라마의 모델이 된 검사 홍준표는 정계에 진출했고, 지금은 경남도지사로 대권을 꿈꾸고 있다. 당시 조폭 두목의 실제 모델이 있었는데 바로 여운환 씨다. 여 씨는 '국제PJ파' 조폭 두목으로 옥살이를 했고, 전국적인 유명세를 탔다. 그런데 2013년 말, 여 씨는 《모래시계에 갇힌 시간》이라는 책을 냈다. 건달 생활에서 손 씻고 사업하던 사람을 홍준표가 조폭 보스로 만들었다고 했다. 이미 20년도 지난 사건, 재판도 끝이 났다. 여 씨는 말했다. "주 기자님, 인생이 억울해서 말입니다."

《모래시계에 갇힌 시간》의 일부분이다.(책에서 이용호 게이트의 주인공 이용호를 제외하고는 검사와 변호사는 가명을 썼다.)

이용호는 광주지검의 검사장을 지낸 유강일이라는 변호사를 선임하여 대응하고 있는 중이었다. 이용호가 유강일 변호사를 선임한 이유는 당시 서울지검 특수2부의 특수부장으로 있던 이종명 부장검사가 유강일 변호사와 동향이고, 유강일 변호사가 검사였던 시절 한때 유강일 씨 밑에서 이종명 부장검사가 근무한 적도 있었기 때문이었다. 이용호는 유강일 변호사를 통해 로비를 해서 기소 자체를 무효화할 작정이었다. 하지만 이용호의 의도와는 달리 긴급체포령과 압수 수색 영장이 떨어지고 만 것이었다. 일단 내가 보기에 유강일 변호사의 역할은 거기까지인 듯했다.

(중략) 이제 이종명 부장검사에게 가장 큰 영향력을 발휘할 수 있는 사람을 찾는 것이 우선 과제였다. 여기저기 알아본 결과, 신동섭 변호사가 적임자라는 판단이 들었다. 신동섭 변호사는 법무부 차관을 지냈고 훗날 김대중 정부 시절에 국정원장까지 지낸 인물로, 이종명 부장검사의 전주고등학교 선배이자 전주고등학교 출신 법조인들의 대부 격으로 알려진 사람이었다. 임영배 검사장은 그의 친조카가 이용호의 부하 직원이라는 이해관계가 얽혀 있었지만, 그렇다고 해서 그에게 손을 쓰지 않을 수는 없었다. 임영배 검사장을 설득할 만한 인물로는 김병준 씨가 적임자였다. 김병준 씨는 법무부 장관까지 지낸 인물로, 그가 검찰청장으로 있던 시절에 임영배 검사장이 대검 강력부장을 지냈던 인연으로 엮여 있었다. 당시 김병준 씨는 법무부 장관으로 재직하던 중 옷 로비 사건으로 옷을 벗고 이제 막 변호사로 새롭게 출발하려던 무렵이었다. 그런 김병준 씨를 임영배 검사장이 모른 척할 수는 없으리라는 판단이 섰다.

그리고 임도균 서울지검 3차장은 막역한 친구 사이인 이용호의 사업 파트너가 맡기로 했다.

(중략) 김병준 씨는 내가 보는 앞에서 임영배 검사장에게 전화를 걸었다. 그러고는 "임 공, 이 사건 내가 맡아도 되겠는가?" 하고 물었다. 임영배 검사장에게서 어떤 답변이 돌아왔는지 정확히 알 수 없었지만, 김병준 씨의 표정이 밝았다.

(중략) 이용호는 석방이 거의 불가능한 상황에서 느닷없이 풀려나서는 나더러 변호사 비용을 많이 썼다고 역정을 내고 있었다.

"임 공, 이 사건 내가 맡아도 되겠는가?" 전관 변호사들은 담당 검사와 상의한 후 변호인이 되기도 한다. 어처구니없게도.

맞춤형 변호사 선임에 대하여

변호사를 선임할 때의 포인트가 있다. 검찰 조사(혹은 경찰 조사) 단계에서 변호사를 선임할 것인지, 아니면 재판에서 선임할 것인지. 물론 돈 있는 사람들은 경찰 단계, 검찰 단계, 영장실질심사 단계, 1심, 2심 때마다 변호사를 선임한다. 그런데 검찰 단계만 해도 세분화된다. 담당 검사를 마크할 변호사를 살 것인지, 부장검사 라인을 잡을 것인지도 결정해야 한다. 차장검사도 있고, 지검장도 있다. 검찰 수사관 라인을 잡는 것이 효과를 보기도 한다. 큰 사건의 경우 검찰총장 라인을 잡기도 한다. 저축은행 사건도 그랬고 재벌가 사건은 주로 검찰총장 라인을 잡는다. 그런데 이렇게 세분화하자면 끝이 없다. 법원의 경우에도 주심 판사 라인과 부장판사 라인 중 어떤 것을 잡을지 선택해야 한다. 또 합의부일 때는 배석판사까지 있다.

정봉주 의원이 홍성교도소에 있을 때의 일이다. 이수호 교육감 후보가 보궐선거에 출마하면서 정 의원에게 지지 편지를 써달라고 부탁했다. 검찰은 감옥에 있으면서 선거운동을 했다고 정봉주를 선거법 위반 혐의로 기소했다. 정봉주가 미워서 벌인 일이다. 지금껏 감옥 간 사람이 편지를 썼다고 검찰이 수사에 나선 전례는 찾아볼 수 없다. 물론 정봉주가 빌미를 주었지만 말이다.

정 의원이 봉봉협동조합을 하겠다고 경북 봉화로 내려간 상태여서 경북 안동지청으로 사건이 배당됐다. 마침 잘 아는 검사가 있어서 일이 수월하게 풀리고 있었는데 정 의원이 욕심이 났던 모양이다. 무죄를 받아야 정치에 빨리 복귀한다며 서울 노원구에 있는 북부지검으로 관할을 옮겼다. 검찰 조사는 매끄럽게 받았다. 거기까지는 순조로웠다. 변호사를 선임할 때 판사와 가까운 사람을 선택하는 건 공식이다. 순수한 의도로 정 전 의원을 도와주겠다는 민변 변호사들이 있었고, 법리를 잘 다툴 만한 변호사도 있었다. 그런데 무죄를 받겠다는 일념으로 판사와 가장 가깝다는 부장판사 출신 로펌 변호사를 선임했다. 변호사의 추천을 세 단계나 거쳐서. 그 변호사는 꼼꼼하게 재판을 챙겼다. 판사의 절친도 맞고 실력도 있었다. 그런데 정봉주는 검찰의 구형보다 더 가혹한 판결을 받았다. 정 의원의 말이다. "알고 보니 담당 부장판사가 예전부터 그 변호사에게 콤플렉스가 있었더라고. 항상 변호사보다 뒤처졌거든. 에이, 새 됐어." 참, 세상일이란……

전관 변호사, 꼭 써야 할까?

변호사 열 명 중 아홉 명은 전관예우가 존재한다고 생각한다는 설문조사가 있다. 전관예우는 분명 있다. 당분간 사라지지 않을 것이다.

대형 로펌에서 전관 변호사 영입에 열을 올리는 것도 이 때문이다.

고소를 한 경우에는 전관이 유용하긴 하다. 법은 평등하지도 공정하지도 않다. 우리나라는 종합병원에 빨리 입원하려고 연줄을 찾고 '급행비'를 내야 하는 형편 아닌가. 형사 고소 사건을 진행하려면 검사 캐비닛의 수많은 사건 중 이 사건을 잡아야 하는 이유를 설명하고 테이블에 올려줘야 한다. 그래서 돈을 쓰기도 한다. 그러나 딱 거기까지다. 상대방을 구속시켜주겠다며 돈을 받는 변호사들이 많다. 다 사기라고 보면 된다. 검사가 괴롭힐 수는 있다. 하지만 없는 죄를 만들 수는 없다. 구속될 만한 사건이라 구속된 것이지 변호사가 능력을 발휘한 것이 아니다.

스스로 검사라고 생각해봐라. 판사라고 생각해봐라. 아는 사람의 사건을 봐준다고 체면이 서겠나. 그 사건을 잘라야 체면이 선다. 내 평생을 책임져줄 만큼의 돈을 주는 게 아니라면 절대 안 한다. 판사 입장에서도 아는 변호사라고 절대 봐주지 않는다. 실제로 판사가 판사에게 전화하기는 어렵다. 사건을 부탁하는 것은 더더욱 어렵다. 검사들끼리는 조금 덜 어렵다. 부인 나경원의 명예훼손 사건을 빨리 처리하라고 검사에게 직접 '기소 청탁'을 한 김재호 판사의 용기와 사랑이 놀라울 따름이다.

그럼에도 법률 소비자들의 머릿속엔 전관예우에 대한 생각이 박혀 있다. 그렇다 보니 만나기 어려운 변호사라며 전관 변호사에게 경외심을 갖기도 한다. 변호사가 의뢰인을 잘 챙겨주면 '새끼 변호사라 통화하기가 쉽구나' 생각해 오히려 얕잡아보는 경우가 많다. 고정관념을 버려야 한다.

골프장 사업을 하는 지인이 있다. 그는 개발 중인 골프장을 중견 기업에 팔았다. 그런데 계약 관계가 틀어져 소송과 맞소송을 이어가고 있다. 소송 하나가 끝나면 다른 건으로 소송이 이어진다. 사업하는 사람들에게 이런 일은 그리 드물지 않다. 특히 돈 있고 힘 있는 기업체가 개인을 말려 죽이는 방식이기도 하다. 그런데 이 지인분도 만만치 않았다. 건설 회사를 운영하면서 현직 새누리당 법사위원, 판사, 검사 등의 스폰서로 뛰었다. 특히 검찰 수사관들을 20년 넘게 용돈을 쥐어가며 챙겼다. 그는 송사가 벌어질 때마다 검사 사무실 직원과 판사 사무실의 직원을 연결해 접대했다. 거기서 얻은 정보로 전관 변호사를 고용했다. 이런 방식으로 열 번도 넘게 변호인을 선임했다. 그런데 재판이 마음처럼 풀리지 않았다. 지친 나머지 나에게 물었다. 내 대답은 명료했다.

"이 사건을 자기 사건으로 생각해 열심히 뛸 만한 젊고 똘똘한
변호사를 고문 변호사로 선임해 사건을 전담시키세요."

그는 그렇게 했다. 여전히 소송은 끝날 기미가 보이지 않는다. 하지만 이분은 소송 걱정으로부터는 자유로워졌다. 변호사 구하려고 로비안 해도 되고, 사건 내용을 다시 설명해줄 필요도 없다. 돈이 훨씬 적게 드는 것은 물론이다. 이렇게 소송이 이어질 경우에는 성실한 변호사를 한 명 찾아서 파생되는 사건을 같이 맡기는 게 현명하다. 전관이

든 아무리 좋은 라인이든 팩트가 부실하면 봐주려 해도 봐줄 수가 없다. 전관이 중요한 게 아니라 내 사건을 나처럼, 내 친구처럼 처음부터 끝까지 지켜봐줄 수 있는 변호사가 필요하다.

유명 로펌이 답일까?

변호사를 선임할 때는 사건에 따라, 상황에 따라 고려할 점이 많다. 변호사의 전문 분야도 따져야 한다. 물론 보통 사람들처럼 검사, 판사와의 학연과 지연 등도 고려 대상이다. 그 외에도 고려할 점은 수없이 많다. 그런데 주로 검사 출신보다는 판사 출신 변호사를 소개하게 된다.

로펌에 가면 법원장 친구니 검사장 친구니 하는 인적 네트워크가 작동하리라 생각한다. 하지만 절대 그렇지 않다. '김앤장' 같은 큰 로펌을 끼면 서면에 변호사 이름은 많이 넣어준다. 하지만 그 변호사들이 재판에 가지도 않고, 자기 이름이 올랐다고 생각하지도 않는다. 막내급 변호사는 조사 대동만 다니고, 재판정에서는 로펌의 막내급 변호사에게 절대로 말을 시키지 않는다. 그래서 사건의 맥락을 잘 모르는 중견급 변호사가 "이쯤에서 타협하자"고 제안하기도 한다. 그런데 일단 죄를 인정하면 구속될 수도 있다.

대형 로펌은 '팀'으로 움직이는데 금액에 따라 팀의 운용과 규모가 다르다. 팀 안에서도 주니어급, 시니어급 변호사가 몇 명 붙느냐에 따라 수임료가 천차만별이다. 요즘 일반 민사사건의 경우 중소형 로펌은 저렴하게 하는 경우도 있다.

로펌에 사건을 맡겼다면 '찍새'와 '딱새'를 구분해야 한다. 말만 잘하는 사람이 찍새다. 그들은 말을 앞세우지만 사건을 끝까지 책임지지 못한다. 그 사람의 딱새는 주로 주니어급(3년 차 이하) 변호사다. 대부분의 로펌이 이런 구조다. 찍새의 명망보다는 사건을 맡은 딱새가 어떤 사람인지를 봐야 한다. 연차가 낮아도 똑소리 나게 일하는 변호사가 있다. 주로 여자 변호사들이 '딱' 소리 난다.

명심할 것은, 변호사의 조력이 돈과 정비례하지는 않는다는 점이다. '김앤장', '바른' 같은 로펌에 간다고 문제가 무조건 정리되는 건 아니다. 그런데 왜 대형 로펌을 쓰느냐? 그건 위에다 '할 만큼 했다', '최선을 다했다'를 보여주기 위함이기도 하다. '김앤장'을 샀는데도 안 됐다면 어쩔 수 없는 것 아니냐, 이런 식이다.

변호사를 찾기 어렵다면 '민변'(민주사회를 위한 변호사 모임)을 찾아가 상의하는 것도 한 방법이다. 특히 시국 사건이나 권력기관과 얽힌 사건이라면 민변을 추천한다. 일단 민변 소속 변호사들은 가슴이 따뜻하다. 의뢰인 앞에 놓인 위험을 과장해서 돈을 뜯어내는 짓 따위는 하지 않는다.

현장에서 보면 변호사와 의사는 위험을 과대 포장하는 데 천재성을 발휘하곤 한다.

최소한 민변 소속 변호사라고 하면 그런 걱정은 안 해도 된다.

민변 변호사들은 공익적인 사건을 많이 다룬다. 공익적인 사건일 때는 적은 비용으로 변론한다. 반면 수임료를 많이 받는 일반 사건도 맡는다. 민변 변호사 입장에서도 돈을 많이 받는 사건에 신경을 더 쓸 수밖에 없다. 이 부분을 노리는 게 좋다. 민변 변호사들은 '김앤장', '세종', '광장', '바른' 같은 대형 로펌을 주로 상대하다 보니 대체로 실력이 쟁쟁하다.

그러니 마땅한 변호사를 못 찾겠다면 민변에 가서 상의하라. 단, 판검사를 찾아가 욕해주라는 요청은 변호사들에게 하지 마라. 시민단체에서 일하는 분들 중에서도 이런 요청을 많이 한다. 이런 건 내가 한다. 걱정하지 마라.

아닌 밤중에 법률상담소

억울한 사람들이 많이 찾아온다. 대개 엄청난 특종이라며 만나자고 하는데 99퍼센트는 하소연이다. 기자는 듣는 직업이다. 나는 하소연 듣는 것이 기사 쓰는 것 못지않게 중요한 기자의 역할이라고 생각한다. 그런데 하소연의 대부분이 법적인 문제다. 나서야 할 일이라는 판단이 서면 주변의 검사, 판사, 변호사, 경찰, 사업가 등 '그림자' 그룹과 상의한다. 내가 청하면 무조건 도와주는 그룹이다. 지인을 통할 것인지, 언론을 이용할 것인지, 소송으로 갈 것인지 전략을 세운다. 하는 일이 이렇다 보니 법조인들과 필연적으로 엮여서 살게 된다. 자연스레 누가 실력이 있고, 누가 일을 잘 처리할지도 알게 됐다.

운 좋게 큰 기사를 많이 썼다. 사고가 터지면 찾아오는 사람들이 많기 때문이다. 주변 사람들은 문제가 생기면 일단 나를 찾는다. 사람들이 들고 오는 제보도 대부분 법적인 내용이다. 이런 사람들만 일주일에 20~30명은 된다.

세월호 사건이 났을 때 유병언 회장 쪽에서도 조언을 구했다. 진상규명 차원에서 조언하기도 했다. 개인뿐 아니라 기업에서도 전화가 온다. 주로 대기업은 총수가 수사선상에 오르면 부리나케 달려온다. 검찰의 수사 동향, 검사의 성향 등을 살피고 어떤 변호사가 적임자인지도 묻는다. 무엇보다 언론 플레이를 어떻게 할 것인지에 촉각을 곤두세운다.

한 재벌 회장이 수사받을 때는 변호사들이 검사에게 말도 못 붙이고 있다고 말해줬더니, 변호사 라인 전체가 바뀌기도 했다. 또다른 재벌 회장의 경우, 변호사들이 회장 하나 살리려고 주변인 진술을 모두 조작했다. 검사가 단단히 뿔이 났다. 그 이야기를 했더니 대기업에서는 로펌이 '김앤장'이라서 어쩔 수 없다고 했다. 결국 괘씸죄가 적용되어 회장은 징역형에서 벗어나지 못했다. 검찰 고위 간부 출신이 조언을 구하는 경우도 있다. 이들은 주로 여론 동향과 언론 플레이에 대응하는 법에 대해 의견을 묻는다.

나는 공익적인 차원이거나 명분이 있는 사건이라면 앞뒤 안 재고 달려간다. 힘 있는 자 혹은 돈 있는 자에게 억울한 일을 당했다면 언제든 나선다. 그리고 경험과 인맥, 노하우를 총동원해 전략을 짠다. 이

분야에는 경험이 좀 있다. 나중에 로펌을 차리자는 법률가들도 많다.
그러면 나는 바로 싫다고 한다. 나중에는 놀아야 한다고.

06 이기는 전략을 짜라

변호사를 선임했다면 전략을 짜야 한다. 나의 죄를 객관적이고 냉정하게 분석하고, 목표를 분명히 해야 한다. 무죄를 따질 것인지, 구속을 피할 것인지, 벌금으로 막을 것인지…….

정신 바짝 차려야 한다. 외줄타기와도 같다. 범행을 자백해 구속되는 경우가 있고, 범행을 부인하다가 구속되는 경우도 있다.

유죄가 확실한 상황이라면 양형을 낮추고 구속을 피하는 데 최선을 다해야 한다. 무턱대고 무죄만 고집하면 반성하는 빛이 없는 사람으로 찍힐 수 있다. 검사나 판사에게 한번 찍히면 선입견을 벗기까지 오래 걸린다. 재판 내내 선입견과 싸우다 끝나는 경우도 있다.

현직 판사의 말이다. "죄는 미워하되 사람은 미워하지 말라고 했는데 거짓말하는 사람은 정말 밉다. 눈앞에서 들통 날 게 뻔한 거짓말을 하는 사람은 거짓말을 방어하기 위해 또 거짓말을 한다. 딱할 정도다. 그런 사람은 아무리 진실을 말해도 의심스럽다."

현직 검사의 이야기다. "법체계와 권위를 의심하고 반항하는 피고인에 대해 좀 거북한 생각이 있다. 그들은 자기의 죄를 외압이나 정치적인 것으로 돌리고 반성하지 않는다. 특히 검사들과 판사들은 주 기자처럼 건방진 사람을 싫어하는 경향이 있다."

일관성은 목숨과 같다

검사나 판사가 중시하는 것은 일관성. 일관성을 목숨처럼 지켜야 한다. 실제 재판은 준비하는 과정에 비해 아주 짧은 시간에 끝난다. 검사 혹은 판사를 대면하는 시간도 짧다. 진술이 왔다 갔다 춤추는 것이야말로 실패의 지름길이다. 법원 주변에는 이런 말이 있다.

'거짓도 일관되면 진실이 되고, 진실도 어긋나면 거짓이 된다.'

일관성의 최대 적은 거짓말보다 망각일 수 있다. 기억의 착오로 다른 진술을 하는 경우는 수도 없이 많다. 착각한 증언을 고수하다가 참사가 벌어지기도 한다. 자료를 꼼꼼히 보고 나름대로 정리하고 있어야 한다. 사소한 기억의 착오나 실수가 승부를 가르는 일은 김 씨 아저씨만큼이나 흔하다.

그리고 관련된 사실이 일반적인 분야가 아니라면 전문가를 찾아가야 한다. 검사나 판사는 전문성을 갖춘 사람들의 증언을 중시한다. 판검사가 모든 분야의 전문가는 아니니까. 전문가의 의견을 모아서 객관성을 확보하는 일은 검사나 판사를 설득하는 데 가장 효과적인 방법이다.

다른 한편으로는 죄를 줄이도록 노력해야 한다. 적과의 동침도 필요하다. 가능하다면 상대방과의 채널을 열어놓고 상황이 더 나빠지는 것을 막아야 한다. 서로 자존심을 꺾지 않아 신경전이 가열되면 원하는 재판 결과에서는 멀어지게 마련이다.

상대방이 있을 경우, 특히 피해자가 있을 때는 합의가 최선인 경우도 있다. 합의하는 데 노력을 아끼지 마라. 2010년 이명박 전 대통령 재임 시절, 청와대로 친자 확인 소송 소장이 배달됐다. 사건 번호 2010-드단-11503. 조 아무개 씨가 아버지를 찾는 소송이었다. 물론 상대는 이명박 대통령이었다. 몇 개월 후, 합의를 이유로 소송이 취하됐다. 이렇듯 합의는 문제를 해결하는 가장 조용한 방법이기도 하다.

합의를 하려는데 돈이 없다면 일부라도 갚는 것이 좋다. 그리고 조금씩 합의금을 갚아나가면 정상참작에 도움이 된다. 피해자가 연락이 안 되거나 피한다면? 공탁 제도를 활용하는 것이 좋다. 법원에 합의금을 공탁해 피해를 줄이려는 의지를 보이는 것이 효과적이다.

3

드라마를 원한다면
각본을 직접 써라

●

소
환

2013년 3월 31일 귀국했다. 그 뒤 4월 5일, 15일, 18일, 이렇게 3일에 걸쳐 검찰청에 끌려갔다. 세 번 가서 총 아홉 건의 소송과 관련된 조사를 받았다. 내 죄의 여부를 가리는 게 아니라 나를 잡기 위한 수사였다. 괴롭히기 위한 기획수사가 명백했다. 나는 변호사의 자문을 구해 법에 저촉되지 않는 선까지만 기사를 썼다. 그래서 이번 사건은 법대로라면 구속영장을 도저히 칠 수가 없다는 걸 확신했다. 하지만 사건은 죄와 상관없이 굴러갔다. 검사를 만나니 무조건 구속영장을 칠 거라는 생각이 들었다. 검찰은 맹렬하게 칼을 휘둘렀다. 때문에 묵비권을 선택할 수밖에 없었다.

피의자신문조서

수사 과정 확인서

구분	내용
1. 조사 장소 도착 시각	2013. 4. 5. 10:13
2. 조사 시작 시각	☐ 시작 시각 : 10:13
및 종료 시각	☐ 종료 시각 : 16:55
3. 조서 열람 시작 시각	☐ 시작 시각 : 16:55
및 종료 시각	☐ 종료 시각 : 17:00
4. 기타 조사과정 진행경과 확인에 필요한 사항[조사장소의 도착시각과 조사시작 시각에 상당	11:42 ~ 13:30

하기 위한 옥박지르기라고 생각합니다. 제가 하고 싶은 말은 문서로 제출하거
나 법정에서 다투겠습니다.

문 피의자의 가족관계 및 재산정도는 어떠하나요

답 재산은 별로 없고 돈도 잘 벌지 못합니다.

문 피의자는 정당 가입 및 활동사항은 어떠하나요

답 묵비권을 행사하겠습니다.

문 피의자의 현재 직업은 무엇인가요

답 묵묵부답

문 피의자가 기자로 있는 시사IN은 어떤 잡지인가요

답 묵묵부답

문 피의자는 대선 직후인 2012. 12. 22. 해외로 출국하였다가 2013. 3. 31. 입국한
것으로 확인되는데, 무슨 일로 해외로 출국한 것인가요

답 묵묵부답

문 당 검사실에서 피의자의 주거지로 2013. 3. 13.을 출석일로 1차 출석요구서를
발송하고, 2013. 3. 27.을 출석일로 2차 출석요구서를 발송하여 본인의 주거에
송달되었고, 2차 출석요구서는 피의자의 변호인인 법무법인 동화 이재정 변호
사에게도 송달되었는데, 2차에 걸쳐 출석요구가 있었음에도 출석하지 않은 이
유가 무엇인가요

답 집에서는 받지 못했습니다.

문 또한 1차 출석요구서를 발송할 당시 피의자와 함께 '나는 꼼수다'를 진행하였
던 김용민에게 전화하여 출석요구서가 발송된 사실을 알려 줄 것을 부탁하였

01

칼자루는
검사가 쥐고 있다

검찰은 박지만의 호위무사처럼 나를 몰아붙였다. 검사는 꽈배기처럼 꼬인 질문을 쏟아냈다. 검사 책상 위에 산더미 같은 서류가 두 덩이 쌓여 있었다. '이건 나를 잡기 위한 수사다'라는 생각이 들었다. 내가 결정적인 증거를 내놓으면 검사는 그걸 무너뜨릴 준비를 할 것이다. 내가 어떤 말을 하든 그 말은 나를 잡는 무기가 될 것이다. 저 방대한 조사 자료에 내 말이 녹아들어가 나를 찌르는 날카로운 무기로 만들어질 것이다. 나를 이렇게 불러대는 것은 내 말을 빌미로 뭔가 엮으려는 의도가 분명했다. 그들에게 무기를 줄 필요는 없었다. 그래서 묵비권을 행사했다.

물론 묵비가 쉽지는 않았다. 일이 터졌을 때 검사가 선처해주겠다고 하면 죄가 없어도 흔들리게 되어 있다. 검사나 경찰이 친절하게 편을 들어주는 것만 같다. 하지만 이때가 고비다. 무조건 변호사와 상의해보겠다고 해야 한다. 검사는 절대 봐주려고 먼저 제안하지 않는다. 생각해보자.

검사는 나의 억울함을 풀어주는 사람이 아니라 나를 잡으려는
사람이다.

원래 뇌물, 사기처럼 죄가 명백한 사건에서 처음부터 묵비를 하면
정상참작의 여지가 없다면서 더 혼난다. 명백하게 죄가 드러났을 경
우에는 이야기를 털어놓고 선처를 구하는 게 맞다. 유죄인지 무죄인
지 다퉈볼 여지가 있을 때도 전략이 확실하다면 적극적으로 말하는
게 유리하다. 하지만 검사가 편파적으로 수사한다는 느낌을 받을 때
는 묵비권을 행사하는 게 유리할 수도 있다.
　피의자 심문은 원래 수사에 있어 보충적인 거다. 스스로 잘못했다
고 자백할 사람이 몇이나 되겠나. 먼저 검사가 증거 조사를 하고, 보충
적으로 피의자를 불러 확인하는 차원에서 맞춰봐야 한다. 그런데 우
리나라 검찰은 피고인을 불러서 윽박지르듯 물어본다. 그리고 자신의
결백을 증명하라고 한다. 그게 현실이다. 사람에 따라서는 검찰청으로
소환되는 것 자체가 큰 벌이 되기도 한다. 검찰에 출두하지 않는 것도
일종의 특권이다. 일부 권력층은 안 부르고 수사를 종결하는 경우도
종종 있다.
　한 형사가 있다. 전직 구원파 신도였다. 세월호 사건이 터지자 내
가 취재 협조를 구했다. 그는 구원파와 유병언에 대해 조언해주었다.
이 형사를 통해 구원파의 핵심 관계자를 소개받기도 했다. 그런데 나
중에 검찰 수사관들이 그 형사를 체포했다. 내가 수배 중인 유병언 운
전기사를 인터뷰한 직후였다. 이 일과 그 형사는 무관했다. 구원파 취

재원은 그 형사 말고도 많았다. 그 형사는 경찰 정보를 빼돌려 유병언의 도피를 도왔다는 혐의를 받았다. 그런데 검사에게 끌려가자 형사가 이러쿵저러쿵 별소리를 다 했다. 검찰청에 다녀와서는 자신이 내게 보낸 문자를 보내달라고 했다. 그래서 호통을 쳤다. "형사가 조사를 그따위로 받습니까?" "평생 조사만 했지 조사를 받아봤어야죠. 검찰청에 끌려가니 아무 생각도 안 나더라고요."

조사가 직업인 사람도 정작 조사를 받으면 당황한다. 검찰청 철제 의자의 압박감도 상당하다. 결국 중언부언하다가 실수를 한다. 현직 검사도 피고인 철제 의자에 앉으면 머리가 멍해진다고 했다. 자신도 모르게 거짓말이 나온다고 했다. 서울중앙지검의 한 검사는 "검사나 경찰 잡는 것이 사기꾼 잡기보다 훨씬 쉬웠다"라고 말했다.

변호사도 예외는 아니다. 민주당 진선미 의원은 좋은 변호사다. 그녀는 여성의 친권을 진일보하게 만든 '최진실법'의 초석도 놓았다. 진 변호사는 내 사건도 여러 건 맡아주었고, 후에 국회의원이 되었다. 2012년 대선 기간에 댓글을 통한 국정원 직원의 부정선거 활동이 있었다. 국기 문란을 저지르는 현장에 야당 의원들이 갔다. 그런데 그것이 국정원 여직원 감금 사건으로 바뀌었다. 이것이 대한민국 법의 현실이다. 그 사건으로 진선미 의원은 검찰에 불려갔다. 변호사 출신인 진 의원이 조사를 받는데 엉망이었다고 한다. 동석한 이재정 변호사가 보기에 '명색이 변호사인데 저렇게 말을 많이 하면 안 되지' 싶었단다. 검사를 신뢰하고 너무 많은 이야기를 했다고 한다.

검사와 주고받는 이야기에 이런 대목이 있었다.

"사실 그 부분은 확인 안 한 거죠?"

"네, 그 부분만큼은 확인을 못 했네요."

조서에는 이렇게 되어 있었다고 한다.

"기초 사실을 확인하지 않고 방송한 것은 맞지요?"

"네, 확인을 하지 못한 것은 사실입니다."

조사를 받으러 가면 검사(혹은 경찰)가 칼자루를 쥐고 있다. 울트라 수퍼 갑이다. 그의 펜 놀림에 당신의 운명이 갈린다. 그래서 조금이라도 잘 보이고 싶어진다. 대개 이런 이야기도 하고 저런 이야기도 하고 말이 많아진다. 비굴해질 수밖에 없다. 나도 기자 초년병 때 그런 경험이 있었다. 그리고 나서 돌아오면 자존심이 상해서 몇 날 며칠 잠을 못 잤다. 분하고 또 분했다. 그렇다고 비굴했던 만큼 결과가 달라지지도 않았다.

그래서 검찰에 끌려갈 때마다 검사에게 조금이라도 잘 보여서 이익을 구걸하지 말자고 마음을 다잡는다. 일부러 시집을 들고 간다. 검찰청 철제 의자에서 시를 읽고 되뇌고, 틈틈이 기도한다.

02

침묵은
다이아몬드다

몇 년 전, 당시 검사였던 금태섭 변호사가 〈한겨레신문〉에 '수사 제대로 받는 법'을 기고했다. 제목은 "차라리 아무것도 하지 마라"였다.

> 고소를 당하거나 수사기관에 입건돼 피의자가 됐을 때 피의자가 취해야 할 행동 지침은 두 가지다. 첫째는 아무것도 하지 말라는 것이다. 충분한 정보를 갖지 못한 상태에서는 자신에게 꼭 유리한 행동만 하진 않는다. 수사기관에서 일한 경험이 있는 피의자도 섣부른 행동을 하다가 치명적인 실수를 하는 경우가 태반이다. 둘째, 변호인에게 모든 것을 맡겨야 한다. 사람들은 병에 걸렸을 때 의사를 찾아가면서도 수사를 받을 때는 스스로 무언가 해보려고 하는데, 이는 잘못된 태도다.

이는 기본이자 핵심이다. 검사의 아킬레스건을 건드리는 일이기도 하다. 천기를 누설한 죄로 금 검사는 옷을 벗어야 했다. 한 현직 지검장은 게임은 원래 불공정하다고 했다. "무죄추정의 원칙 같은 건 본래 없다. 수사기관이 조서를 공정하게 쓰지 않는다. 변호인이 피의자의 말을 적어와 그대로 조서로 만든다면 검찰이 받아들일 것 같은가?"

'아무것도 말하지 않는 것'에 버금가는 미덕은 '말을 적게 하는 것'이다. 불리하면 말을 아껴라. "잘 기억나지 않습니다." 수십 년 동안 청문회에서 왜 이 말이 가장 많이 사용되는지 생각해보라. 말이 많으면 쓸 말이 적어진다. 트집 잡힐 말이 늘어난다. 거짓말은 결코 해결책이 아니다. 진술 끝에 탄로 나는 경우가 대부분이다.

검찰청, 법원에 가면 침묵이 다이아몬드다. 모든 말이 덫이 되어 자신을 잡아챌 수 있다. 자기 말이 법적으로 어떤 의미를 가질지 개개인은 잘 알지 못한다. 웬만하면 말을 안 하는 게 낫다. 검사나 판사는 신도 아니고 억울함을 풀어주는 사람도 아니라는 걸 명백히 알아야 한다. 내 주장만으로 모두를 설득해낼 수 있는 전지전능한 사람이 아니라면 말을 아끼는 편이 신상에 좋다.

'참고인' 자격으로 불려갔어도 조심해야 한다. 졸지에 '피의자'가 될 수도 있다. 방송사의 한 PD 후배에게 전화가 왔다. 자기네 방송에서 진선미 의원이 국정원 댓글 사건에 대해 언급했는데, 이걸 가지고 국정원 여직원 김하영이 고소를 한 사건이었다. 내일 참고인으로 나오라는 검찰청의 전화를 받았는데 어떻게 해야 하냐고 물었다. 내 답변은 이랬다.

"오래된 일이네. 조사를 마무리할 때가 된 거다. 국정원 직원이 고소한 명분도, 검찰이 잡겠다는 명분도 부족해. 그냥 괴롭히겠다는 속셈이지. 조용히 하라고. 너를 참고인으로 부른다는 건 검찰이 그 국회의원을 잡고 싶은데 도와달라는 거다. 그러니 네가 가서 있는 그대로 말하더라도 안 가느니만 못하다. 네가 한 말 중에 한두 개만 가지고 꼬투리를 잡아서 기소하고 싶은 거다. 방송에서 의도를 가지고 허위 사실을 말해서 선거에 영향을 미치고 국정원 여직원의 명예를 훼손했다고 기소하고픈 거지. 국정원 요원이 선거에 개입하는 댓글을 단 국기 문란은 수사하지도 않고서. 기소되면 너는 재판에 다시 증인으로 나가게 될 거다. 네가 한 얘기가 검사에게 의미가 있는 말이면 반드시 가게 될 거다. 가령 '그 의원이 먼저 방송 출연을 원했다'라든지……

참고인은 조사에 응할 이유가 없다. 일단 내일 바쁘면 다음에 가겠다고 얘기해라. 조사를 받으러 꼭 갈 필요가 없다. 가지 않아도 아무런 처벌을 받지 않지만 가서 잘못 말하면 너도 처벌받을 수 있다. 다음에 또 연락이 오면 서면으로 대신하자고 해라. 그리고 한 번만 더 미뤄라. 그때쯤이면 시간이 흘러서 참고인이 용도 폐기됐을 거다. 꼭 필요하니 진술서만 써달라고 하거나 아니면 그냥 넘어갈 거다. 시간과 돈과 에너지를 검찰과 국정원을 위해 쏟고 싶지 않다면 갈 필요 없다. 검찰이 네 상사에게 PD가 조사에 응하지 않으면 처벌받을 수 있다고 연락할 수도 있다. 그럴 때는 '변호사들에게 물어보니 제가 괜히 잘못 말했다간 저도 처벌받고 팀장님도 처벌받을 수 있다고 하더라'고 답하면 된다."

후배 PD의 상사는 예상대로 검찰로부터 전화를 받았다. 준비된 멘트로 끝냈다. 결국 후배는 검찰청에 가지 않기로 하고 질문서를 받았다. "질문서를 읽어보니 심리검사 하듯 같은 질문을 반복해서 교묘하게 엮어놓았더라고요. 갔으면 정신없이 당했겠구나 하는 생각이 들었어요. 이 질문서에 답변 안 해도 되죠?"

후배는 서면을 제출하지 않았다. 검찰청 계장이 전화를 하다가 나중에는 검사가 나와달라고 직접 전화했다고 한다. 후배는 "드릴 말이 없다"고 말했다. 그 뒤로 검찰청에서 더는 연락이 없단다.

참고인 조사는 의무 사항이 아니다.

그래도 수사기관에서 계속 요청해오면 서면으로 진술할 테니 질문서를 보내달라고 하라. 그 질문서를 들고 변호사와 상의하면 수사가 당신을 잡으려는 것인지, 정말 순수하게 참고하고 싶어서인지 힌트를 얻을 수 있다. 참고인 조사라면서 출두해 진술할 것을 집요하게 요구한다면 당신을 잡으려는 의도일 가능성이 높다.

'말을 아끼는 것' 다음은 '약간 불리하더라도 진실을 말하는 것'이다. 상황을 있는 그대로 이야기하는 것이다. 박지만 5촌 살인 사건 재판에 내 쪽 증인으로 출석한 회사 후배 김은지 기자는 워낙 바른 친구다. 너무 바른 나머지 증인 심문 과정에서 내게 유리한 질문인데도 소극적으로 말했다. 내 편을 전혀 들어주지 않았다. 낙담할 수밖에 없었다. 반면 검찰 측 증인으로 나온 경찰은 검찰과 박지만 측 입맛에 맞게 입장을 맞춰서 대답했다. 살인 사건을 수도 없이 수사해서 잘 안다고 말할 때는 나도 믿고 싶어졌다. 그런데 시간이 갈수록 그 경찰의 오래 전 사건 기억이 너무도 정확해서 수상해졌다. 아주 세세한 것까지 알고 있었다. 심지어 자신이 수사하지 않은 것도. 경찰은 너무 장황하게 이야기하다 스텝이 꼬였다. 결국 재판에 나오기 전에 검사방에서 관련 자료를 읽고 왔다고 실토해야만 했다. 그래서 신뢰도가 땅속으로 추락했다.

검찰청이나 경찰서에 조사를 받으러 가면 처음에 주소, 주민번호, 학력, 소득 같은 것을 물어본다. 나는 학력은 "대학은 나왔습니다", 소득은 "얼마 못 법니다"라고 답한다. 그 다음이 전과다. 내 전과를 뒤져 보면 벌금 2백만 원이 있다.

노무현 대통령 시절 노건평 씨 기사를 써서 청문회가 열렸는데 그때 증인이 노건평, 문재인, 이호철(민정수석 비서관), 그리고 나였다. 당시 청문회는 너무 정치적으로 흘렀다. 노무현 전 대통령을 마구 두들겨 패는 데 이용했다. 새누리당(전 한나라당)에서 벌여놓은 판에 가고 싶진 않았다. 잘못을 지적하는 건 기자인 나의 임무지만 그들의 굿판에 내가 같이 장단을 맞춰줄 필요는 없었다. 그래서 청문회에 참석하지 않아 벌금 2백만 원이 나왔다. 이 전과가 내 조서의 첫줄에 나오는데, 이 부분은 검사들이 잘 안 쓰려고 한다. 참여정부 시기에 내가 노무현 대통령을 비판하다가 청문회까지 열렸다는 걸 감추고 싶은 거다.

03

반전 드라마는
없다

조사를 잘 받으려면 사건에 대해 잘 알고 있어야 한다. 그러기 위해선 변호사와 끊임없이 대화하는 게 중요하다. 확실하게 중심을 잡고 있으면 검사의 유도질문에도 잘 넘어가지 않는다. 검사가 어떻게 치고 들어올지 눈에 보인다. 판검사는 영리하고 예리한 사람들이다. 약점을 보이면 바로 그 지점을 파고 들어온다. 검사의 심문도 그 부분에 집중된다. 한편 판사는 영장실질심사나 재판 때 검사가 쓴 공소장의 약한 고리를 집중적으로 물어본다.

변호사가 해줄 수 있는 일의 범위는 법률적 변호에 국한된다. 모든 재판은 내가 치르는 나의 전쟁이다. 변호사가 알아서 잘해주겠지…… 이런 낙관적 기대는 통하지 않는다. 변호사가 서면은 써준다. 하지만 검사와 판사를 직접 상대해야 하는 사람은 나 자신이다. 변호인은 옆에 앉아 거들어줄 뿐이다. 그런데 거의 모든 피고인이 변호사가 제출하는 서면조차 제대로 읽어보지 않는다. 변호사가 써준 이야기와 법률 용어를 이해하지 못한 채 법정에 갔다가 판사가 "너희 변호사가 이렇게 썼는데 무슨 이야기냐"라고 물을 때 답변을 제대로 못 하면 재판이 꼬이기 시작한다. 첫 검찰 조사를 받기 전부터 변호사와 함께 철저히 준비해야 한다. 가장 중요한 절차다. 그 뒤부터는 사실상 요식행위다. 기소가 되고 검찰에서 발표를 하면 이미 끝이다. 문제가 터지고 조사받으라는 전화가 걸려오면 즉시 변호사를 찾아가야 한다.

법정에 반전 드라마는 없다. 기가 막힌 증인이 나와서 양심선언을 하고, 숨겨진 녹음 테이프가 발견돼서 죄가 갑자기 사라지는 경우는 영화 속에서나 일어나는 일이다. 누군가가 무죄를 받았다면 1차 조사에서 진술을 잘했고 진술을 뒷받침하는 증거가 있었기 때문이다. 그리고 일관성 있는 주장을 판사가 받아들였기 때문이다. 법정까지 가기 전에 검사를 설득해 기소가 되지 않는 게 가장 좋다. 재판에서 무죄를 받는 것보다 훨씬 쉬운 방법이다. 일단 기소되어 재판이 열리면 일이 복잡해진다.

만약 나를 잡겠다는 의지를 활활 불태우는 검사나 경찰이라면 관할을 바꿔달라고 신청하라. 관할을 자신에게 편한 곳으로 바꾸는 것도 시민의 권리다. 특수수사나 기획수사가 아닌 이상, 피고인 형사조사 단계에서 자기 주소지 관할로 옮겨달라고 하면 거부할 이유가 별로 없다. 이건 경찰 수사 단계에서 흔히 사용되는 수법이다. 친한 사람이 고향에서 경찰을 하고 있다면서 주소를 옮겨 고향에서 조사받는 사람을 본 적이 있다. 그는 기소유예 처분을 받았다. 시간을 버는 것은 소나기를 피하는 가장 좋은 방법이기도 하다. 주소를 옮기면 사건이 배정되는 시간을 벌 수도 있어 일석이조다.

04

묵비권과
비겁해질 권리

〈나꼼수〉 멤버들은 조사를 받을 때 거의 대부분 묵비권을 행사했다. 이를 두고 "비겁하다, 잘못이 없으면 당당하게 얘기를 하지"라며 댓글 부대가 움직이기도 했다. 묵비권은 '권리'이자 개인이 가진 유일한 '무기'다. 때로는 정말 필요한 법적 스킬이다.

　법을 잘 안다 해도 당사자가 되면 시야가 좁아진다. 변호사도 당사자가 되면 다른 변호사를 선임한다. 조사를 받으러 가면, 구성 요건에 맞게 검사나 조사관이 필요한 말만 가져다 엮어놓은 것이 잘 보이지 않는다. 이렇게 엉망으로 만들어진 조서를 가지고 재판에 가서 다투느니 차라리 묵비권을 행사하는 게 전략상 유리하기도 하다.

　기자는 안 만나주는 사람이 제일 어렵다. 그다음으로 어려운 사람이 말 안 하는 사람이다. 검사도 비슷하다고 한다. 검사는 묵비권을 구속시키고 싶어한다. 그래서 묵비권을 행사하면 불리한 부분은 묵비하되 유리한 부분은 증언하라고 꾄다. 그런데 그게 말처럼 쉽지 않다. 또한 불리한 사항에 대해서만 진술을 거부하면 검찰의 주장을 인정한다는 의미로 비칠 수 있다. 묵비권을 행사하면서 필요한 부분은 서면으로 제출하는 것도 한 방법이다. 진술서와 증거를 서면으로 대체하는 것이다.

묵비권은 법적인 권리지만, 검사는 물론 판사도 이를 나쁘게 보는 경향이 있다. 아직도 우리나라 판사는 조서가 어떻게 작성되는지 현실을 잘 모르는 탓이다. 대부분의 판사들은 '(조서에) 도장 다 찍었으면 당신이 한 말이 맞는 거네'라고 생각한다. 법률가들끼리는 검사가 국가와 정의 실현을 위해 일하는 사람들이기 때문에 법에 근거하고 있다고 생각한다. 검사가 거짓말을 하거나 증거를 조작할 리 없다고 생각한다. '서울시 간첩 증거 조작 사건' 때도 판사가 계속 "설마 같은 법조인끼리 그랬겠느냐"라고 반복해서 말했다고 한다. 일단 판사는 검사를 통해 나온 이야기는 어느 정도 신뢰한다.

> 법률가들끼리는 어느 정도 믿음이 있다. 일부, 아니 수많은 정치검사들이 '출세와 승진이 법과 양심보다 우선한다'라는 원칙이 있다는 걸 애써 감추려 한다.

정연주 사장이 KBS에서 쫓겨났다. 그를 물고 뜯은 건 검찰이었다. 서울중앙지검 조사부는 정 사장에 대한 체포영장을 청구하고 자택에서 그를 체포했다. 영장을 내준 판사도 수준이 똑같다. 정 사장은 언론 인터뷰에서 이렇게 말했다. "나에게는 검찰에 가지 않을 힘이 없으니 묵비권을 행사하겠다." "묵비권을 행사하는 건 좋은데, 피의자로서 정 사장님의 유리한 점 그리고 반박할 점만이라도 진술하는 게 좋지 않겠습니까?" 정 사장이 대답했다. "'정치검찰'과 다툴 이유가 없고, 다투고 싶지도 않다."

결국 검찰은 구속영장을 청구했다. 검사는 판사의 조정안을 받아들인 정 사장의 행위가 배임이라고 했다. 법원의 제안을 받아들인 행위가 불법이라는 것이다. 그렇다면 판사도 구속감인가? 애초에 사건이 성립되지 않았다. 유죄 판결이 목적도 아니었다. 기소 자체가 목적이었다. 정 사장을 괴롭히고 끌고 다니는 것이……. 정권의 하수인에게 말을 하면 무슨 소용인가?

살면서 나쁜 놈들 많이 만났다. 하지만 정치검사보다 더 나쁜 놈들은 보지 못했다. 그들은 법을 수호하기는커녕 법을 물어뜯고 있다. 양심이란 개념을 그들에게 기대하는 것조차 무리다. 정연주 전 사장의 수사는 서울중앙지검장 명동성, 1차장 최교일, 부장 박은석, 주임검사 이기옥·장성훈 라인에서 이루어졌다.

정 사장은 2년 넘게 재판에 끌려다녔고 당연히 무죄 판결을 받았다. 정 사장은 이렇게 말했다. "도무지 말도 되지 않는 재판 과정 자체가 고문과 가해의 연속이었고, 그것을 되풀이하는 것은 트라우마를 다시 끄집어내는 일이었다. 언론은 재판 전에 정치검찰이 던지는 먹이만 받아먹고, 재판 과정에는 도무지 관심조차 없었다. 무죄 판결이 나오니 아예 무시하거나 왜곡해버리는 이런 행태들……. 무죄를 받는다고 해서 상처가 치유되는 것은 아니다."

법률업은 고등 사기술에 지나지 않는다

1600년대에 태어나 삼권분립을 외쳤던 프랑스의 정치사상가 몽테스키외는 일찍이 권력의 속설을 간파했다. "권력을 가진 모든 자는 그것을 남용하게 마련이다. 그들은 권력의 극한까지 써먹는다."

법은 권력의 가장 강력한 무기가 되곤 했다. 이승만 대통령의 사법부는 진보당 사건을 만들어 정적 조봉암을 처형했다. 박정희는 쿠데타로 헌법을 파괴한 뒤 권좌에 올랐다. 인혁당, 민청학련 사건 등 사법 살인도 서슴지 않았으며 유신헌법을 무기로 영구 집권을 꿈꿨다. 전두환 정권은 계엄령을 선포해 광주에서 시민을 학살했다. 건국대 농성 사건에서는 학생 1천2백19명을 연행해 구속한 사례도 있다. 고문과 조작이 법의 장식품으로 애용되던 시절이 있었다.

지난날 독재와 법치 유린에 앞장섰던 인물들이 다시 권력의 정점에 올라앉아 있다. 권력자들에게 법은 힘이고 무기지만, 가진 것 없는 사람들에게는 족쇄가 될 수 있다. 법이 왜 생겼나? 권력자들이 부와 권력을 지키려고 만든 규칙이라는 측면을 간과할 수 없다. 강자들이 법을 집행하기 때문에 당연히 그들에게는 법이 중요하지 않다. 일반인은 법이 무서운데, 권력자에게는 법이 우습다. 특히 검사들은 '권력의 극한까지 써먹는다.' 검찰 간부들은 맘껏 성추행을 누릴 권리도 있다. '바바리맨' 전 제주지검장을 보라. 검사들은 잘못을 저질러도 좀처럼 심판을 받지 않았다. 최근 5년간 검찰 공무원의 범죄 기소율은 1.03퍼센트에 불과했다. '제 식구 감싸기'는 검찰이 세계 최고다.

2009년 10월, 대검찰청 연구관 류 아무개 검사는 서울 용산구 한남대교 남단에서 중앙선을 침범해 차량 세 대를 들이받는 사고를 냈다. 류 검사는 혈중 알코올 농도 0.055퍼센트로 운전면허 정지에 해당하는 음주 상태였다. 상갓집에서 술을 마신 뒤였다. 서울 용산경찰서 관계자는 "류 검사를 도로교통법 위반 혐의로 형사 입건해 사건을 서부지검에 송치했다. 지금은 서부지검에서 수사하고 있다"라고 말했다. 그런데 검찰 수뇌부는 2010년 2월, 류 검사를 서부지검 부부장으로 발령 냈다. 당시 한 수사 경찰은 "검찰이 수사를 하겠다는 건지 말겠다는 건지 모르겠다"라고 말했다. 결국 류 검사는 무혐의 처분됐다. 상대방의 과실로 둔갑해서. 지금 류 검사는 법무연수원에서 근무하고 있다. 매우 잘 지낸다.

2013년 성 접대 의혹으로 고소당한 김학의 전 법무부 차관도 있다. '성 접대 동영상' 파문이 일면서 경찰은 김 전 차관을 특수강간 혐의로 검찰에 송치했다. 그러나 서울중앙지검 강력부(윤재필 부장검사)는 무혐의 처분을 내렸다. "성 접대 의혹 관련자 64명을 1백40회 조사했지만 김 전 차관의 성 접대 의혹에 관한 증거를 찾지 못했다." 검찰은 '성 접대 동영상'에 대해서는 "범죄 사실의 입증 유무와 상관이 없다"고 밝혔다. 피해 여성이 처벌을 원하고, 동영상에서 김 전 차관이 노래를 부르다가 성관계를 갖는 장면이 뻔히 보이는데도 말이다.

2014년 들어 이 사건은 새 국면으로 접어들었다. 피해 여성이 별장 성 접대 이후에도 다른 곳에서 수차례 성관계를 강요당했다며 추가로 고소한 것이다. 검찰은 재수사 결정을 내렸다. 그런데 수사를 재배당

받은 사람이 앞서 무혐의 처분을 내렸던 서울지검 강력부(강해운 부장검사)였다. 강해운 부장검사는 김학의 전 차관의 직속 후배이기도 하다.

형사 고소는 범죄의 피해자가 수사기관에 범죄 사실을 신고해 법적 처리를 구하는 일이다. 형사소송법상 검사는 고소인 편에 선다. 검사가 힘 있는 자의 편에서 몰아붙일 때 서민은 힘들고 괴롭다. 반면 고소인이 온갖 증거를 들이대도 김학의 전 차관의 경우처럼 사건을 꽁꽁 덮어버리는 일도 드물지 않다.

그래서 대중이 김학의를 기억하는지도 모른다. 바바리 검사가 등장하자, 김학의 전 차관은 댓글의 지탄을 받았다. 이병헌 사건이 떠오르자, 다시 김학의 전 차관이 국민의 심판을 받았다.

또다른 이야기를 보자. 30년간 은행원으로 살아온 평범한 시민이 있었다. 하루는 그가 평소 관심이 있던 의료 민영화에 관한 동영상 하나를 블로그에 올렸다. 몇 달 전에 보려다 시간이 없어 일단 저장해둔 것이다. 그런데 어느 날 그의 사무실에 사람들이 들이닥쳤다. 그들은 자료를 빼앗고 주식도 빼앗고 대표이사 자리까지 빼앗았다. 영장도 없이. 헌법과 법률을 무시한 초법적인 일들이었다.

그다음은 검찰의 몫이었다. 그들은 피해자가 대통령 이명박이므로, 그의 정책을 비판하기 위해 만든 패러디물은 범죄의 증거라고 했다. 그래서 블로그에 영상을 올린 것도 중범죄에 해당한다고 했다. 훗날 민간인 사찰 문제가 논란이 됐다. 그래서 총리실 직원들이 검찰 수사를 받았다. 그때 검찰은 권력과 가까운 총리실 직원들에게 압수 수색

날짜를 미리 일러주고, 압수 수색에 나서서는 상자에 신문지만 채워서 나왔다.

국정원 여직원 김하영 씨가 불법 댓글을 달면서 부정선거운동을 하고 있었다. 현장에 야당 의원들이 들이닥쳤다. 여직원은 방문을 잠그고 나오지 않았다. 현행범이 문을 잠그고 들어앉아 있는데 경찰은 검거에 나서지도 않았다. 그런데 박근혜 대통령은 "여성의 인권을 침해했다"고 말했다. 검찰은 야당 국회의원들이 여직원을 불법 감금했다며 폭력 행위 등 처벌에 관한 법률상 공동 감금 혐의로 기소했다. 댓글을 단 김하영 씨는 기소조차 하지 않았다.

권력이 뒤에 있으면 사슴이 말(馬)이 된다. 국정원 댓글 사태에 대해 1심 법원은 전 국정원장 원세훈이 조직적 댓글 활동을 통해 정치에는 개입했지만 선거에는 개입하지 않았다고 판단했다. 선거철에 정치에 개입한 것이 선거 개입이 아니라는 것이다. 그럼에도 검찰은 판결에 분노하지도 않았다. 국민들이 어서 항소하라고 독촉하고 난리친 뒤에야 겨우 항소했다.

우리나라 법은 이렇다. 국정원, 국방부, 보훈처 등 정부기관이 나서서 부정선거운동을 해도 된다. 여당 의원들은 국가 기밀을 무단 유출하고 거짓을 떠들어도 된다. 검사는 성폭행을 해도 된다. 권력자들이기에 처음부터 무죄다. 하지만 반대편은 무엇을 하든 범죄자가 될 수 있다. 신문지 압수 수색이라니? 불법 감금이라니? 이 얼마나 뻔뻔한가! 이 얼마나 창조적인가!

예일대 헌법학 교수 프레드 로델은 그의 저서 《저주받으리라, 너희

법률가들이여!》에서 "법률업은 간단히 말해 고등 사기술에 지나지 않는다"라고 썼다. "법이라는 사기술에서 가장 애석하고도 기만적인 사실은 일반 대중이 그것이 사기술이라는 것을 모른다는 점이다. 지레 겁을 먹고, 어리둥절하고, 압도당하고, 무지한 상태에서, 그들은 자신들에게 제공되는, 아니 판매되는 것을 곧이곧대로 받아들인다."

압도당하지 말고 두려워하지도 말자. 용기를 갖고 법의 그물망에서 살길을 찾아보자.

검찰의 꼼수, 약식기소

죄가 있지만 범죄 혐의가 중하지 않고 피해자가 없을 경우, 검사는 재판까지 가지 않는 약식명령을 내린다. 예를 들어 불법 도박을 한 연예인 가운데 액수가 적은 연예인, 성매매 혐의로 조사를 받은 여성 연예인, 프로포폴을 맞은 연예인 등은 주로 약식기소를 통해 벌금형을 받는다. 복잡한 재판을 거치지 않으니 피의자 입장에서는 편리한 면이 있다. 우리나라 법은 검사 하기 나름이다. 기소할 수 있는 독점 권한이 검찰에만 있으니까. 약식기소도 검사가 마음먹기에 따라 봐주기용으로 악용될 수 있다. 권력층에게는 대충 조사하는 시늉만 하고 그냥 풀어주는 것이다. 지난 대선 때 뜨거운 쟁점으로 떠올랐던 'NLL(북방한계선) 논란' 사건에서 검찰이 취한 태도를 보자.

2012년 10월, 국정감사에서 정문헌 새누리당 의원은 노무현 전 대통령이 북한 김정일 국방위원장을 만나 NLL을 포기했다는 취지의 발언을 했다. 이른바 NLL 논란에 불을 당긴 것이다. 두 달 뒤, 부산 서면 유세에서 김무성 새누리당 대표도 노 전 대통령이 NLL을 포기했다고 성토했다. 기밀 서류의 알맹이를 줄줄 읽었다. 당시 박근혜 후보 측은 "노무현 전 대통령이 서해 북방한계선을 포기했다"는 내용이 회의록에 있다며 선거운동에 적극 활용했다. 전형적인 '색깔론' 공세였다. 새누리당은 물론이고 국방부와 국정원까지 문재인 후보를 겨냥한 정치 공세에 나섰다. 노 전 대통령이 NLL 포기 발언을 했다는 것은 사실이 아니다. 박근혜 대통령을 누나로 부른다고 알려진 새누리당 윤상현 원내수석부대표도 "2007년 남북정상회담에서 당시 노무현 대통령이 서해 북방한계선 포기 발언을 하지 않았다"고 말했다. 이는 나중에 공개된 회의록에서도 확인됐다.

대선 후 김무성 대표와 정문헌 의원은 검찰 조사를 받았다. 검찰은 정권 실세 김무성 대표를 무혐의 처리했다. 정문헌 의원은 벌금 5백만 원으로 약식기소했다. 국가 기밀 유출 혐의가 걸린 중대한 사건에서 검찰은 눈을 감았다. 일관성이 있다면 또 모른다. 야당한테는 언제나 눈을 부릅뜬다. 국회 한·미 자유무역협정(FTA) 특별위원회의 대외비 문서를 시민단체에 전달한 야당 의원 비서관을 검찰은 정식 기소한 바 있다. 비서관은 징역 9개월의 실형에 처해졌다. 약간의 반전이 있긴 했다. 2014년 6월, 법원은 검찰이 약식기소한 정문헌 의원 사건을 정식재판에 회부했다. 단순히 벌금형에 처할 만큼 경미하지 않다고 판단했기 때문이다.

약식기소와 관련해 또다른 예가 있다. 이병기 국정원장은 2002년 새천년민주당 대선 후보 경선에서 탈락한 이인제 후보(현 새누리당 의원)에게 탈당과 한나라당 입당을 권유했다. 이 후보가 이회창 한나라당 후보를 지지할 뜻을 내비치자 현금 5억 원이 든 상자 두 개를 건넸다. 이회창 후보의 정치특보였던 이병기 국정원장이 '차떼기 대선자금'으로 현역 의원을 매수한 것이다.

그때도 검찰은 이병기 국정원장을 약식기소했다. 그러나 법원은 '정치자금에 관한 법률 위반'(정치자금법) 혐의로 이병기 국정원장에게 벌금 천만 원을 선고했다. 벌금 천만 원은 정치자금법상 최고 벌금형에 해당한다.

우리나라에서는 법이 이렇다. 법은 만인에게 결코 평등하지 않다. 권력과의 거리에 따라 죄가 달라진다. 사람에 따라, 상황에 따라 법이 달라진다. 이것이 팩트다.

만약 약식기소가 억울하면 정식재판을 청구할 수 있다. 약식명령을 고지받은 지 7일 이내에 하면 된다. 혹시 더 불리해지지 않을까 걱정할 것 없다. 약식명령에서 받은 벌금형보다 더 높은 형을 받을 수 없도록 법이 보장한다. 이를 '불이익 변경 금지 원칙'이라 한다. 이병기 국정원장도 당시 정식재판을 청구했다가 철회한 후 벌금을 냈다. 너무 아는 척했다.

변호사가 꼭 필요한 이유

2012년 약식명령과 즉결심판을 포함한 형사사건 접수 인원은 166만 9천 7백 13명이었다(2013년 《사법연감》). 우리나라 인구가 5천 1백만 명가량이니 30명 중 1명이 형사사건에 연루된 셈이다. 정식재판에 넘겨진 사람은 37만 8천 명. 인구 1천 명당 6명꼴이었다. 형사사건 피의자 9명 중 1명 정도만 구속 상태에서 재판에 넘겨진다. 피의자를 구속하는 데 신중해진 만큼, 일단 구속한 뒤에는 잘 안 풀어준다. 구속적부심으로 석방되는 비율이 점점 줄고 있다. 구속된 피고인 가운데 체포·구속적부 심사를 통해 석방된 사람은 4백 47명. 그 가운데 변호인을 선임한 사람은 3백 25명이었다. 변호인의 조력이 필요하다는 것을 짐작할 수 있다.

2009년 2.51퍼센트였던 1심 형사재판 무죄 선고율은 2010년 8.8퍼센트, 2011년에는 19.44퍼센트로 늘더니 2012년에는 23.49퍼센트까지 증가했다. 1심 재판에 넘겨진 피고인 5명 중 1명이 무죄 선고를 받았다는 말이다. 이명박 정부에 들어서 검사가 기소권을 남용했다고 볼 수 있다. 법의 칼을 국민에게 함부로 휘둘렀다는 얘기다. 억울하게 재판을 받았거나 억울한 옥살이를 한 사람도 부지기수라는 말이다. 당신도 주인공이 될 수 있다.

05

실전 소환
행동 지침

행동 지침1 **변호인은 소환 전에 선임하라**

나의 결백은 검사가 밝혀줄 것이다? 변호사는 재판 때 구하면 된다? 떳떳하니 혼자 가도 된다? 있는 그대로만 진술하면 된다? 나도 처음에는 그런 줄로만 알았다. 참 멍청한 생각이었다.

병아리 기자 시절이었다. 형이 작은 조경 회사를 운영했다. 경기도 시흥에서 관급 공사를 하나 맡았다. 그런데 시청 하수도과 말단 공무원이 돈을 요구했다. 형은 돈을 줬다. 그런데 더욱더 노골적으로 돈을 요구했다. 형은 공무원에게 화를 냈다고 한다. 형이 고민하는 것을 처음 봤다. 그래서 하수도과 공무원을 찾아가 말했다. "그러지 마라. 정상적으로 처리해줘라. 안 그러면 정말 가만두지 않겠다." 공무원은 도망쳤다. 그래서 뒤에다 대고 '죽이네, 살리네' 욕을 해줬다.

얼마 후 광명경찰서에서 형의 회사를 뒤지기 시작했다. 별다른 게 없자, 형 회사의 협력 회사 사람들을 괴롭혔다. 알아보니 담당 경찰이 하수도과 공무원의 절친이었다. 경찰이 내게 전화를 걸어왔다. 씩씩대며 바로 달려갔다. 한 시간도 안 돼서 경찰이 슬슬 구슬렸다. 공무원도 살고, 형도 사업해야 할 것 아니냐며. 조용히 마무리하겠다며. 그러자고 했다. 이것저것 묻던 경찰이 조서를 만들었다. 경찰이 "형은 잘 처리해줄 테니 공무원이 잘리지 않도록 비리에 대한 언급은 빼자"고 했다. 나는 "알아서 하세요"라고 답했다. 중간에 욕을 할까도 했는데 형이 걸렸다.

마지막에 "기자가 공무원에게 욕을 하면 그 사람은 상당히 위협을 느낄 수도 있었겠죠?"라고 물었다. 나는 "그 사람이 무서웠다면 미안한 생각이 드네요"라고 답했다. "다들 원만하게 해결하도록 조서를 꾸몄으니 대세에 지장 없으면 이렇게 하죠." 경찰의 말에 나는 남자답게 지장을 꾹꾹 찍었다. 조서를 읽어보지도 않은 채. 그날 경찰은 뜨개질하듯 완벽하게 나를 엮은 것이다. 공무원이 돈을 요구한 맥락은 빼고, 기자가 공무원을 협박했다고 조서를 꾸몄다. 조서에는 내가 하지도 않은 말이 가득 담겨 있었다. 문장도 안 맞고 맞춤법도 엉망인 채로. 무혐의 처리로 끝이 났지만 경찰에게 속은 게 부끄러워서 한동안 얼굴을 들 수 없었다. 무턱대고 갔다가 완벽히 덫에 걸린 것이다. 그 생각만 하면 지금도 얼굴이 화끈거린다. 분이 풀리지 않는다.

몇 년 후, 광명경찰서를 찾았다. 그 경찰은 지역 유흥업소에서 뇌물을 받았다가 잘리고 없었다. 지금도 그놈은 패주고 싶다.

부끄러운 기억은 또 있다. 기자 초년병 시절은 정말이지 엉망이었다. 2002년 대선을 앞두고 한나라당 이회창 후보 관련 기사를 썼다가 고소를 당했다. 변호사 비용 때문에 회사에 말하기 미안했다. 그래서 검찰청에 혼자 갔다. 사실 변호사 선임은 재판 때 하면 되는 줄 알

〈별지 1〉

서울중앙지방검찰청

수 신   검사 이건령

제 목   변호인 참여 신청

허 가	불 허	거 부 사 유
		☐ 제2조 제1항 (1호) 　해당 ☐ 기타(　　　)

　　아래 피의자에 대한 정보통신망이용촉진및정보보호등에관한법률위반(명예훼손) 등 피의사건에 관하여 변호인의 신문 참여를 신청합니다.

피 의 자	성 명	우진의
	주민등록번호	
	직 업	기자 (ⅩⅩ일)
	주 거	
변 호 인	성 명	이재정
	주민등록번호	
	주거(사무소)	법가법인 동인
	전화번호 (FAX 번호)	02, 3482, 6195

※ 첨부 : 변호인선임신고서 1부.

2013. 4. 5.

　　　　신청인 : 변호사 이재정 ㉙

2073

2018

았다. 그런데 정작 변호사가 필요한 건 검찰 조사 때였다. 검사들은 수사의 달인이었다. 손짓, 발짓, 말의 뉘앙스만으로도 나를 꼼짝 못하게 만들었다. 내가 아니라 검사가 의도한 대로 진술서가 만들어졌다. "대세에 지장 없으면 그냥 찍으시죠." 몇 가지 바꾸려고 했더니 검사가 "별것 아닌데 그냥 가시죠"라고 말했다. 쩨쩨해 보일 것 같아 진술서를 제대로 읽지도 않고 도장을 찍었다. 그랬더니 대세에 지장이 많았다. 재판에서는 "이렇게 진술한 게 맞죠?"라고 몰고 갔다. "그런 의미가 아니다"라고 했더니 "진술을 번복하는 것이냐"라고 물었다. 그러니 "아니다"라고 말할 수밖에 없었다. 형사재판에서 무죄를 받는 데 굉장히 애를 먹었다. 이어지는 민사재판에서는 졌다.

변호사는 소환 전에 선임해야 한다. 거리낄 것 없다고 당차게 조사받았다가 후회하는 사람이 부지기수다. 처음 법적인 문제에 직면한 사람은 대부분 그렇다. 당황하게 마련이다. 처음에 변호사를 데려갈 생각 자체를 못 한다.

간혹 변호사를 만나기 어렵고 비용이 부담스럽다며 법무사를 찾아가는 사람도 있다. 법무사는 법정에 대리인으로 나갈 수는 없지만 서면을 대신 써줄 수 있는 자격이 있다. 영화 〈변호인〉에서 송우석 변호사가 등기 업무를 해서 법무사들이 시위를 하지 않나. 경험 많고 프로페셔널한 법무사도 있을 수 있다. 법원 직원들과 친분이 있어 오히려 변호사보다 정보가 많은 것처럼 보일 수도 있다. 그러나 변호사보다 법리적으로 뛰어난 법무사를 보지는 못했다. 법무사가 작성한 서면을 보면 내용 면에서 완성도가 떨어지는 경우가 많다.

검찰청에는 변호사와 함께 가라

> 만약 변호사를 선임할 기회가 단 한 번뿐이라면, 그 카드는 검
> 찰 조사를 받으러 갈 때 써야 한다.

검찰 조사를 잘 받는 것이 형사재판의 모든 과정 중에서 가장 중요
하다. 변호사는 검사 조사실에서, 경찰 조사실에서 가장 필요한 존재
다. 처음에 어떻게 조사를 받았느냐는 중요하고, 중요하고, 또 중요하
다. 우리나라에서 경찰 조사 단계에서 변호사를 선임하는 사건은 1퍼
센트 미만이다. 그리고 변호사를 선임해 검찰까지 가는 비율은 0.5퍼
센트 미만이라는 통계치가 있다.

2013년 한 해의 형사사건 발생 건수가 1백85만 7천 건이었다. 그
가운데 변호사가 경찰 조사 과정에 입회한 건수는 3천96건이었다.
0.17퍼센트, 1천 건당 두 건이 안 된다.

일단 변호사와 같이 가면 대접이 다르다. 막무가내로 윽박지르거나
협박하지도 않는다. 거대 권력기관 앞에서 내 편이 하나라도 함께 있
다는 생각이 안정감을 주기도 한다. 돈을 더 주고서라도 변호사와 검
찰청에 같이 가야 하는 이유다. 일단 조서가 검사가 원하는 대로 엮여
작성한 뒤에는 아무리 세고, 유능하고, 비싼 변호사를 고용해봐야 소
용없다.

부산저축은행의 구명 로비를 한 박태규라는 로비스트가 있었다. 박
씨의 운전기사는 "박태규 씨가 박근혜 대통령과도 만났다"라고 증언

했다. 실제로 박태규 씨는 김무성 새누리당 대표, 김문수 전 경기도지사, 안상수 전 한나라당 대표와 막역한 사이였다. 이는 언론에 크게 보도되기도 했다. 그런데 어느 날 박 씨의 운전기사가 〈나꼼수〉 행사장을 찾아왔다. 총수가 〈나꼼수〉 방송에 내자고 했다. 나는 언론에 나온 내용이어서 새로울 게 없다고 반대했다. 그런데 총수가 우겨서 짧은 방송을 만들었다. 그냥 박근혜, 박태규가 만났다는 이야기만 내보냈다. 방송 말미에 운전기사는 박태규 씨가 박지만 씨도 만났다고 했다.

방송이 나가자 당시 대통령 후보였던 박근혜 대통령이 직접 나서서 나와 김어준에게 소송을 걸었다. 박 대통령은 "박태규와 일면식도 없고 전혀 알지 못하는 사람"이라고 말했다. 별도로 박지만 씨도 소송을 걸었다. 민·형사 소송을 세트로.

검사들은 대단한 의욕을 보였다. 일단 표적은 운전기사였다. 운전기사의 진술을 무너뜨리면 우리는 자연스레 손에 잡힌다. 운전기사는 대구 출신이고, 박정희 전 대통령과 박근혜 대통령의 지지자였다. 그리고 자신의 이 발언으로 이득 볼 게 없었다. 자신만만했다. 검사를 만나 문제를 말끔히 해결하겠다며 혼자서 당당하게 갔다. 믿는 구석이 있다고 했다.

검사는 호락호락하지 않았다. 운전기사의 기억이 불확실한 부분을 집중적으로 파고들었다. 통화 내역을 조회하고 CCTV를 조사해도 둘의 동선이 겹치지 않는다고 했다. 검사가 박태규 씨를 불러 대질시켰는데, 박태규 씨는 운전기사에게 계속 욕을 했다. 검사는 방조했다고 한다.

운전기사는 당황했다. 진술이 흔들리기 시작했다. 그러자 비장의 무기를 꺼냈다. 박태규 씨의 지인이자 증권사 임원의 운전기사가 "박태규 씨가 우리 차에 탑승한 뒤 '박근혜 후보와 만났다'고 얘기하는 걸 들었다"고 말한 내용이 담긴 음성 파일을 검찰에 제출했다. 그런데 검찰은 통화 녹음 시점이 불명확하고 제삼자의 전언이라 증거가 되지 못한다고 배제해버렸다. 검사는 증권사 임원의 운전기사를 참고인으로 불러 '괜히 불이익 받지 말고 조용히 살라'는 취지로 다그쳤다고 했다. 박 씨의 운전기사는 "검사가 계속 거짓말을 했다고 하고 진술을 바꾸라고 했다. 20분 안에 진술을 바꾸지 않으면 구속시키겠다, 진술을 바꾸면 선처하겠다"고 말했다고 한다. 일반인은 여기서 당하기 쉽다. 그러나 운전기사는 진술을 바꾸지 않았다.

운전기사가 출장을 이유로 출석을 한 번 미루자 검사는 구속영장을 청구했다. "박근혜와 박태규가 만났다." 이 한마디에 구속영장을 청구한 것이다. 검찰이 명예훼손 사건의 피의자에 대해 구속영장을 청구하는 것은 매우 드문 경우였다. 검찰 관계자는 "대선 후보에 대한 흑색선전, 비방을 엄단하겠다는 메시지를 주기 위해 김 씨의 구속영장을 청구했다"고 말했다. 영장은 기각됐다. 이때 얼마나 마음을 졸였는지 모른다.

변호사의 조력을 받느냐 안 받느냐에 따라 상황이 어떻게 달라지는지 단적으로 보여주는 사례다. 결정적인 증거를 망쳐버린 케이스다. 증거도 적시적지에 꺼내야 한다.

검사는 증거를 무의미하게 만드는 데 프로다. 검사가 잡겠다고
작정했다면 처음부터 다 말할 필요 없다.

당당하고 결백하다고 무죄가 아니다. 또 만약 검사의 말을 듣고 운
전기사가 말을 바꿨다면 운전기사는 백 퍼센트 구속이었다.

그러면 이 사건의 팩트는 무엇일까? '박근혜와 박태규는 만난 적이
있다.' 그러나 운전기사가 기억하는 그날은 아닌 것 같다. 박태규는 검
찰 조사와 법정 진술에서 박근혜 대통령을 만났다고 했다. "2007년
한나라당 대통령 후보 경선 기간에 본인이 만든 '취구회'라는 골프 모
임 멤버인 대한민국 대표 언론사 편집국장, 보도국장 15명 정도를 함
께 모아놓은 자리에서 10년 이상 친분이 있는 김무성 당시 한나라당
최고위원의 소개로 박근혜 대표를 만났다. 한정식집 '두마'에서 같이
식사를 했는데 박 대표가 편집보도국장들에게 술을 일일이 따라주었
으나 본인은 술을 마시지 않았다."

운전기사는 어떻게 되었을까? 그는 이 사건과 절도죄가 병합되어
집행유예 판결을 받았다.

조사받을 때 챙겨야 할 권리, 변호인 참여권

운전기사가 변호사의 법률 자문을 받고 검찰에 출석했다면? 변호사와 함께 조
사를 받았다면? 2년 넘게 검찰청과 재판정에 끌려다니지 않았을 것이다. 구속
여부를 불문하고 수사기관의 조사를 받는 사람은 변호인의 조력을 받을 권리가

있다. 누구든, 언제든.

법률 전문가가 아닌 일반 시민은 자신이 맞닥뜨린 사건의 법률적 의미를 잘 알지 못한다. 혐의 내용이 형법상 어떻게 문제가 되는지 알 리 없다. 자신에게 유리한 진술과 불리한 진술을 판단하기 어렵다.

담합은 공정거래법 위반으로 형사처분을 받는 사안이다. 그런데 대부분의 사업자들이 '그 정도도 안 하고 어떻게 사업하나'라는 인식을 갖고 있다. "내가 무슨 잘못이냐? 내가 유죄면 이건희도 구속해라." 이렇게 호기를 부리면 구속 영장 바로 나온다. 내가 잘못이라고 생각하는 것과 법적인 문제는 다르다.

변호사가 움직여서 죄인이 뒤바뀐 경우도 있다. 한 매니지먼트사 사장이 있었다. 사장은 신인 여배우와 술을 마신 뒤 관계를 가졌다. 그 뒤 사장은 일주일에 두세 번씩 여배우를 호텔로 불렀다. 여배우는 사장이 자신의 미래를 좌지우지할 수 있는 사람이라 거부할 수 없었다고 한다. 형법상 '업무상 위력에 의한 간음'으로 처벌될 수 있는 범죄다. 여배우는 죽고 싶었다. 사장은 여배우가 고소하려는 낌새를 채고 대형 로펌으로 달려갔다. 변호사의 코치를 받은 사장은 여배우에게 "사랑한다", "나랑 결혼해줘"라는 문자를 보내기 시작했다. 그리고 둘이서 호텔에 간 내용과 증인들을 만들기 시작했다. 여배우는 고소했고, 경찰 조사가 시작됐다. 여배우는 억울했다. 하지만 사장에게는 준비된 증거와 증언이 많았다. 경찰은 이를 근거로 여배우를 몰아세웠다. 오히려 계약을 파기하려는 연기자로 몰리고 있었다. 가해자와 피해자가 뒤바뀐 상황이었다.

그 상황에서 여배우가 나를 찾아왔다. 나를 보더니 일단 울었다. 경찰 조사를 챙겨 보니 사장의 법률적인 준비가 완벽했다. 사장은 담당 경찰에게도 이미 손을 쓴 상태였다. 오히려 여배우가 계약 파기에 대한 배상금을 물어야 할 지경이었다. 결국 매니지먼트사 사장의 절친한 선배를 찾았다. 사장을 죽이니 살리니, 업계에서 '사장과 여배우'라는 공청회를 열겠다느니 협박하다시피 했다. 결국 사장과 여배우의 사건은 계약을 파기하고 아무에게도 법적 책임을 묻지 않는 것으로 정리됐다.

장애인, 아동, 노인, 여성, 외국인 등 사회적 약자들은 심리적으로 위축돼 조사를 받는 것조차 쉬운 일이 아니다. 변호사의 조력을 받을 수 없다면, 방어권을 보장한다는 차원에서 피의자가 신뢰하는 사람과 함께 조사를 받을 수 있다. 신뢰 관계가 있는 사람에는 피의자의 가족이나 친구, 시민단체 상담원 등이 해당한다 (검찰 조사에 나도 몇 번 피의자와 신뢰 관계가 있는 사람으로 나서려고 한 일이 있다. 그런데 거절당했다. 검사와 신뢰 관계가 없어서인 모양이다).

행동 지침 3 검사를 믿지 마라

검사나 수사관을 절대 믿지 마라. 긴장하고 또 긴장해야 한다. 검사와 친해졌다고, 그가 내 마음을 이해해줬다고 생각하면 절대로 안 된다. 피고인은 조금만 친절하게 대해주면 넘어가기 쉽다. 극한 상황인 만큼 믿고 싶은지도 모르겠다. 검사가 과도한 친절을 베풀거나 "형이라고 불러라"라고 말하면, 구속이 임박했다고 생각해야 한다.

한 사업가가 조사를 받고 있었다. 사업가가 내게 말하기를 "상황이 좋아졌다. 검사가 내 주장을 백 퍼센트 받아들여 무죄를 받을 거다"라고 했다. 그런데 검사를 만나보니 "그거 백 퍼센트 구속이야"라고 말하더라. 사업가의 변호사는 사업가가 불리한 말까지 하는 바람에 재판이 힘들어졌다고 했다.

검사는 확실하게 잡았다는 판단이 서면 너그럽게 대한다. 연쇄살인범 유영철이 조사받을 때도 "영철아, 너 뭐 먹고 싶냐?" 하며 형사들이 삼겹살을 구워주었다. 그리고는 미제 살인 사건을 유영철에게 떠안겼다. BBK 사건 때도 김기동 검사가 김경준에게 "형이라 부르라"면서 잘해줬다. 검사의 휴대전화로 미국에 있는 가족들과 통화도 하게 해주었다. 확실한 게 걸렸다는 뜻이다. 이제 우울한 일만 남은 거다.

검사는 피의자의 무죄를 밝히려고 노력하는 사람이 아니다.

검사나 경찰이 가장 좋아하는 것은 피의자의 자백이다. 형사소송법에는 "자백이 피고인에게 불이익한 유일한 증거일 때는 자백만 가지고 유죄를 선고하지 못한다"고 되어 있다. 자백은 독립적인 증거가 되지 못한다는 얘기다. 하지만 자백을 하면 그다음부터는 피고인이 모든 걸 증명해내야 한다. 때문에 국내 수사에서는 자백을 최고로 여긴다. "옆방 부하는 이미 자백했다", "혼자만 버티느라 거짓말한 것 때문에 너만 불리해진다"라며 연기하기도 한다. 여기서 더 나아가 "직장에서 잘리게 하겠다", "사업을 못 하게 하겠다" 등 협박으로 이어지는 일도 비일비재하다. 고문은 거의 사라졌지만, 자백을 받아내려는 수사관들의 노력은 회유, 협박, 거짓말 등으로 이어지고 있다.

가장 치사한 수법이 검사가 검사실에서 가족을 만나게 해주는 것이다. 그런데 그전에 검사가 피의자 부인에게 약을 친다. "좋은 분인데 꾐에 빠져서 이게 무슨 꼴이냐. 얼른 나가야 하지 않겠냐." 그 약발로 부인은 "검사님이 하자는 대로 하자"고 울면서 피의자에게 부탁한다. 옛날에 잘못한 다른 사건을 들추거나 친인척 등 주변 사람들을 괴롭히기도 한다. 조사 도중에 "아버님 어머님은 뭐 하시냐", "아버지 통장을 가져와봐라"라고 말해서 피의자를 위축시키는 일도 있었다.

어느 정도 잘못이 있거나 무죄를 입증하기 어려울 때는 변호인과 상의해 '딜'을 해야 할 수도 있다. 그러나 무죄 입증 가능성이 있을 때는 이기적일 필요가 있다. 결국은 자기가 잘돼야 가족도 잘돼는 거다. 주변 사람들이 힘들어해도 거기에 흔들려 무너지면 회복하기 어렵다. 보통 사람이 검찰 조사를 받는 것은 엄청난 압박과 스트레스다. 그렇다고 당장 그 자리를 모면하려 해서는 안 된다. 밥 잘 먹고 버텨야 한다. 일단 구속되면 그 뒤에는 돌이키기 힘들고 자칫 완전히 망가지는 수가 있다. 법률적인 경험이 많은 사람들을 만나보고 변호사와 상의해야 한다.

검사들의 흔한 거짓말

검사는 과장하고 왜곡하는 데 선수다. 거짓말도 종종 한다. 간첩도 만들어내는 대단한 능력자들이다. 5촌 살인 사건 재판에서 검사가 최종 의견을 진술했다. 이 부분에서 이건령, 권성희, 최행관 검사가 왜곡한 부분 몇 가지만 추려보겠다.

사례1 **"피고인들은 두 달 전에 사놓은 칼은 아예 사용하지도 않았다고 말한 것입니다. 이것은 명백히 허위 사실입니다."**

나는 박용철을 살해하는 데 사용됐다고 지목된 칼에서 박용수의 지문이나 DNA가 발견되지 않았다고 했을 뿐이다. 내 기사는 이랬다. "사건 현장에서 발견된 박용수 씨의 가방에서 회칼이 나왔다. 정작 그 칼에서는 박용수 씨의 지문이나 DNA가 검출되지 않았다. 또 숨진 박용철 씨의 혈흔이 나온 다른 한 칼은 범행 장소에서 60m 떨어진 개천에서 발견됐지만 역시 박용수 씨의 지문은 없었다."

사례2 "증거 조사 과정에서 본 바와 같이 박용철 살해 사건 당시 현장에서 사라진 휴대전화는 본 건과는 전혀 관련이 없습니다. 박지만의 지시 여부가 녹음된 휴대전화 자체는 없습니다."

살해 사건 현장에서 휴대전화 한 대가 사라졌다. 오직 그것만 사라졌다. 박용철 씨 부인도 이 점이 가장 의심스럽다고 했다. 그래서 기사에 이렇게 적었다. "박 씨는 일반 휴대전화와 태블릿PC를 썼다. 일반 휴대전화의 행방이 묘연하다. 박 씨의 사라진 휴대전화에 관심이 모이는 까닭은 박 씨의 발언 때문이다. '(박지만 회장의) 정용희 비서실장이 나에게 '박지만 회장님 뜻이다'라고 이야기한 것을 증인이 녹음한 테이프가 있다. ……테이프라고 할 것도 없고 증인이 핸드폰에 녹음해놓은 것이 핸드폰을 바꾸면서 캐나다에 가져다놓았다.'"

검사는 신이 아니다. 박지만의 지시가 녹음된 휴대전화가 없다는 것을 어떻게 아는가? 어떻게 증명할 것인가? 검사가 왜 그렇게 오버하는지 모르겠다. 무엇을 가리고 싶은 것인지……. 특히 국민참여재판 중에 검사가 거짓을 말하는 것은 재판 결과를 왜곡하기 위한 악의적인 행위라고밖에 생각되지 않는다.

사례3 "휴대전화 분실은, 휴대전화 자체가 아예 없었습니다. 그리고 박용수의 칼이 아닌 다른 칼에 의해 살해된 것 또한 아닙니다. 박용수의 칼에 의해 살해되었습니다."

죽기 직전까지 휴대전화가 두 대였다는 것은 여러 사람의 진술로 드러났다. 한 대가 사라졌다. 그런데 휴대전화 분실이 없다니? 박용수의 칼에 의해 살해된 것인지는 알 수 없다. 피가 묻은 칼에서 박용수의 지문이나 DNA가 발견되지 않았다. 그 칼이 박용수의 칼인지도 밝혀지지 않았다.

검사의 거짓과 왜곡 때문에 재판 중 예정에 없던 한택근 변호사(민변 회장)가 나서야 했다. "검사 측, 즉 '대한민국의 수사를 전담하는 검사가 이야기하는 것은 상당 부분 사실일 것이다?' 그것은 일반인의 오해입니다."

검사의 덫에 빠지지 마라

수사 때 검사나 경찰이 흔히 쓰는 수법이 있다. 검사가 "그랬던 것 같지 않나요?"라고 모호하게 물으면, "그랬던 것 같아요"라고 애매하게 대답하게 된다. 그러면 안 된다. 이런 질문은 나에게 불리한 사실을 확인하는 과정이라 생각하면 된다. 기억이 안 나는 일은 기억이 안 난다고 해야 한다. 긴가민가한 내용도 검사(경찰)의 물음대로 대답해줘서는 안 된다.

또 한 가지 흔한 수법이 있다. 나는 "아"라고 말했는데 수사관이 "이건 '어'라고 한 거죠? '어'라고 씁니다"라고 은근슬쩍 진술의 뉘앙스를 바꾸는 것이다. 이런 경우도 많다. 그럴 때는 단호하게 항의해야 한다. 수사관이 "사소한 것까지 다 바꾸려 하냐"며 안 바꿔주려 들 경우, 그것은 결코 '사소한 것'이 아닌 거다. 만일 끝까지 잘못된 진술을 바꿔주지 않으려 하면, 마지막에 진술 조서를 검토한 후 자필로 '진술을 바꾸려 했는데 안 바꿔줬다'고 써야 한다. 그러면 그 진술 조서의 효력은 날아간다. 계속 화내고 승강이를 벌이면 자기 쪽으로 끌어오는 걸 포기한다. 그쪽에서도 조심한다.

2000년대 초반까지만 해도 검사들이 많이 때렸다. 요즘은 예전처럼 검찰에서 폭력을 쓰진 않는다. 소리를 지르거나 다른 잡범을 불러 다그치면서 주눅 들게 만드는 것도 수사의 한 기법이다. 서류 뭉치로 머리를 한 대 때린다거나 '앉았다 일어나기'를 열 번 시키는 검사도 있었다. 자존심을 무너뜨리는 거다. 한 국회의원이 검찰청에 끌려갔다. 검사는 "의원님 오셨습니까? 잠깐만 계세요"라고 하고는 사라졌다. 퇴근 시간쯤 돌아와 내일 다시 오라고 했다. 그다음 날도 검사는 인사를 하고는 사라졌다. 사흘째가 되자 국회의원이 먼저 "검사님, 내가 다 얘기할게"라고 말하면서 조사가 시작됐다.

고도의 심리전이다. 그래서 검찰청에 들어가는 날이면 나는 아침에 구두끈을 매며 기도한다. 검사에게 잘 보이려고 고개 숙이느니 차라리 싸우겠다고.

> 자기 기준, 자존심을 잃어버리면 절대 안 된다. 검사나 경찰은 내가 낸 세금으로 일하는 공무원이라는 사실을 잊지 말고 당당하게 대면해야 한다. 강하게 나가면 이상하게도 검사가 공정한 척한다.

검사가 편파적이지 않다는 것만도 어딘가.

자진 출두해 조사를 받는 피의자는 수사 도중 언제든지 수사 중단을 요청할 수 있다. 집에 갈 수도 있다. 만약 조사를 받다가 검사나 형사가 다그치고 몰아세우면 "영상녹화실에서 조사받겠다"라고 요구하라. 혹 몸을 건드렸다거나 폭언을 했다면 자리에서 일어나 곧장 집에 가라. 만약 수사기관이 집에 못 가게 막으면 이는 강제수사에 해당한다. 그러려면 체포영장이 필요하다. 영장이 없다면 불법체포에 해당한다.

편파적인 검사에겐 화를 내라

박정희 전 대통령의 사자 명예훼손 사건으로 안형준 검사가 나를 소환했다. 안 검사는 검찰 내에서도 잘나가는 검사였다. 내곡동 사저와 관련해 이명박 전 대통령 일가 모두에게 무혐의를 내린 인자한 검사다. 나와는 이래저래 인연이 있었다. 안 검사가 법보다는 정권에 더 가까워지려고 노력하는 사람이라는 판단이 들었다.

처음엔 묵비권을 행사했다. 그런데 묵비권을 행사하기조차 어려웠다. 안 검사는 내게 인간적인 모멸감을 줬다. 질문 자체로 깐족거렸다. 작전을 걸듯 계속해서 비아냥거렸다. "그렇게까지 대단하신 기자라면서요?", "기자 몇 년 하셨어요?", "기자가 이런 것도 확인 안 하고 기사를 쓰시나요?", "기자는 아무나 하나 보네요?" 처음엔 화가 나서 묵비하겠다는 사람에게 왜 이러시냐고 대거리를 좀 했다. 그래도 계속 약을 올리기에 나가겠다며 자리에서 벌떡 일어섰다. 같이 간 이재정 변호사가 "지금 나가면 이 수모를 다시 겪어야 해요! 앉으세요!"라고 소리를 빽 질렀다. 변호사가 세게 나오니 나갈 수는 없었다. 변호사의 입장도 생각해야 했다. 옷을 탁탁 털고 다시 앉았다.

그런데도 안 검사의 비아냥거림은 계속됐다. 계속해서 "기자가 이것도"를 붙였다. 옆에 있는 수사관은 변호사가 물어보지도 않고 물을 마셨다고 신경전을 벌였다. 화가 끓어오르는데 검사가 다시 "기자가 이것도 확인을 안 했네, 이런 것도"라고 말했다. 폭발했다. "그래, 기자 새끼는 이 모양이다. 검사 새끼들은 얼마나 잘했냐? 검사는 얼마나

잘나서 누구는 다 무혐의 주고, 누구는 쥐 잡듯이 잡나!", "이런 ×××
×, ×××!" 검사를 보고는 소리를 지르고, 벽을 보고는 욕을 했다. 괴
성은 몇 분간 계속됐다. 검사와 수사관들이 땡땡 얼어붙었다. 그러고
나서 나는 조사를 안 받겠다고 변호사에게 말했다. "그래요, 가요." 이
재정 변호사가 짐을 챙겼다. 검사 방을 박차고 나왔다. 분이 안 풀려서
복도에서도 계속 욕을 했다. 검사들 다 들으라고. 내가 일어나 욕했을
때 안 검사의 그 비굴한 눈빛을 잊을 수가 없다.

검사들은 자기들이 항상 칼자루를 쥐고 있으니 피의자나 참고인을
깔보는 경향이 있다. 구박하고 괴롭히는 검사도 있다. 이해력이 떨어
지는 검사도 많았다. 사람 말을 못 듣는 건지, 안 듣는 건지……. 검사
방에서 피의자에게 성을 접대받은 검사가 있었다. 돈을 받고 해결사
로 나선 검사도 있었다. 벤츠 승용차를 받고 사건을 봐준 검사도 있었
다. 검사들의 도덕성, 별 볼일 없다.

검사들은 국민의 세금을 받으며 공익을 위해 봉사하는 '공무원'이
라는 마음이 없는 것 같다. 그래서 군림하려 든다. 그런 검사 앞에서
홀로 당당해지기란 쉽지 않다. 검사한테 밉보이면 나뿐만 아니라 친
인척까지 피해를 입지 않을까 하는 생각이 드는 것도 당연하다. 하지
만 부당한 공권력에 의해 비인간적 처사를 당했을 때는 참을 필요가
없다. 물론 그 자리에서 화를 냈다간 불이익을 당할 수도 있다. 하지만
비굴해진다고 반드시 이익을 얻는다고 장담할 수도 없다. 오히려 수
사관한테 자기가 원하는 대로 유도할 수 있는 사람으로 찍히면 이용
당하기 쉽다. 그래서 변호사와 같이 가라는 거다. 옆에서 중심을 잡아

주면 자기 이야기를 다 할 수 있다.

검찰청을 박차고 나오고 얼마 뒤에, 이재정 변호사에게 전화가 왔다. 검사가 진술서 하나만 내달라고 했다고. 그걸로 끝내겠다고. 검사가 먼저 꼬리를 내린 거다. 그런데 진술서도 내지 않았다. 나중에는 검사가 이러이러한 내용으로 간략하게 보내달라고 사정을 했다. 얼마 지나지 않아 안 검사는 미국으로 연수를 갔다.

물론 내 행동이 절대로 정답은 아니다. 조사를 받을 땐 늘 주의해야 한다. 검사나 수사관이 내 말을 이해하지 못할 수 있다. 이해하지 않으려 할 때도 있다. '이런 것도 모르면서 무슨 수사를 하나?' 하는 생각이 들면 자기도 모르게 태도가 불량해진다. 수사관은 그 미묘한 변화를 금방 알아챈다. 수사관을 화나게 하면 불리해지는 건 피의자다. 진술조서를 고칠 때 크게 상관없는 사소한 맞춤법이나 오타를 지적하는 사람도 많다. 검사나 수사관이 가장 싫어하는 것 중 하나다. 그걸 굳이 탓하지 않는 것도 센스다.

만약 검찰의 조사가 편파적이라는 확신이 들면 진술거부권을 행사하라. 수사관이 반말을 하거나 인간적인 모멸감을 주면서 압박 수사를 하면 화내야 한다. 검찰도 바탕은 공무원이라 민원형 인간을 무서워한다. 인간적인 굴욕까지 참아가며 조사에 응할 이유는 없다. "지금 소리 지르신 겁니까? 반말 하시는 겁니까? 협박하시는 거예요?"라고 되물으며 강하게 나가야 한다. 그렇지 않으면 끝없이 당한다.

조사 중에 모욕감을 느꼈다면 조서를 작성할 때 꼭 언급해서 기록으로 남겨야 한다. 그래도 참을 수 없을 때는 중간에 일어나서 집에 가도 된다.

물론 변호인과 잘 상의해야 한다. 검사나 수사관한테 대놓고 욕을 하거나 위력을 행사해선 안 된다. 공무집행방해죄로 바로 잡혀갈 수도 있다.

어느 검사의 남다른 취향

성적 취향에 대해서는 별로 언급하고 싶지 않다. 바바리가 좋다는데…… 베이비로션이 좋다는데……. 피해자가 있다면 법에 맞게 처리하면 된다. 보통 이런 사안은 초범일 경우 벌금형이 선고되는데 검찰이 미적거리다가 기소유예를 줬다. 애초부터 수사는 문제투성이였다.

2014년 8월 13일, 김 아무개 제주지검장이 음란 행위를 한 혐의로 체포됐다. 14일, 풀려난다. 15일, 언론이 보도한다. 그러자 15일, 대검이 곧바로 이준호 감찰본부장을 비롯한 감찰팀을 제주도에 급파한다. 수사팀이 경찰 기록과 CCTV를 분석한다. 음란 행위를 확인한다. 또렷하게 보인다. 그러자 대검 감찰팀은 슬그머니 물러난다. 이준호 감찰본부장은 이렇게 말했다. "감찰 착수 여부는 경찰의 조사를 조금 더 지켜본 후 진행하기로 했다." 대검 고위 관계자는 "수사기관의 수사가 진행 중인 사안에 대해서는 원칙적으로 감찰 조사를 하지 않고 있다"라고 밝혔다. 그렇다면 대검은 감찰팀을 왜 파견했나? 그들은 무엇을 위해 제주도에 갔나? 경찰이 애초에 수사하고 있지 않았나? 검찰은 덮으려고 노력했을 가능성이 높다. 진실은 자주 빛을 보지 못한다. 특히 검찰이 눈을 감으면. 하지만 행위를 하는 장면이 너무 또렷해 포기해버린 거라고 생각한다.

김 지검장은 18일 사표를 냈다. 법무부는 사표를 수리하고 청와대는 사인을 해줬다. 그리고 김 지검장은 면직 처리됐다. 법무부는 "철저히 수사하게 해서 수사의 공정성과 신뢰성을 높이고자 하는 것이다"라고 말했다. 에이, 말도 안 된다. 검찰이 수사를 언제 그렇게 공정하게 했다고. 언론은 그걸 말이라고 써준 다. 대검찰청의 비위 사건 처리 지침에 따르면, 정식재판에 회부되어 기소 결정 된 검찰 공무원의 경우 해임 또는 파면의 중징계를 내리게 되어 있다. 또 대통령 훈령에는 중징계 사안인 경우 사표 수리에 의한 면직을 허용하지 않는다. 이것은 공무원에게는 굉장히 중요한 대목이다. 잘리느냐, 사표를 내고 나가느냐는 하늘과 땅 차이다.

김 전 지검장의 사표는 수십억 원짜리다. 김 전 지검장은 사표를 냈으니 우선 검찰의 감찰을 받지 않아도 된다. 그리고 연금을 받을 수도 있고 무엇보다 변호사 개업도 가능하다. 징계에 의해 면직되거나 해임되면 몇 년간 변호사로 개업할 수 없다. 관심이 좀 사그라지면 경찰 조사에서 가장 가벼운 처분을 받고 흐지부지될 가능성이 매우 높다. 그러고는 전관예우라는 날개를 달고 떼돈을 벌 가능성이 높다. 주변 브로커들이 "불쌍하게 나와서 후배들이 지검장님 사건은 무조건 챙겨준다"며 영업하고…….

검찰은 비판을 모르는 조직이다. 그런데 사표 수리에 대해 내부 성토가 나올 만큼 심각한 사안이었다. 창원지검 임은정 검사는 내부 통신망에 "법무부가 대통령 훈령을 위반한 것으로 보입니다. 당당한 검찰입니까, 뻔뻔한 검찰입니까, 법무부(法務部)입니까, 법무부(法無部)입니까?"라고 물었다. 특히 '은정'이라는 이름을 가진 여성은 용감하고 정의롭다. 그래서 걱정된다. 그 조직은 정의로운 분이 힘들어지는 사례를 많이 보여줬다.

김 전 지검장은 2014년 신년사에서 이런 말을 했다. "제주도민 여러분께 다가가는 바른 검찰, 따뜻한 검찰이 되도록 더욱 노력하겠습니다. 특히 고위 공직자 등 사회 지도층 비리에 대해서는 더욱 준엄하게 법을 집행하는 한편, 국민들이 보다 안심하고 생활할 수 있도록 성폭력을 비롯한 강력 범죄에는 엄중히 대처하겠습니다."

다가올까 무섭고, 노력할까 두렵다.

거짓말탐지기에 겁먹지 마라

거짓말탐지기도 조심해야 한다. 거짓말탐지기가 제대로 작동하는지 시험해본 적이 있다. 대체로 잘 맞히지만, 마음먹고 거짓말을 하면 바로 틀렸다. 거짓말탐지기는 증거 능력이 없다. 단, 사람을 압박하기에는 굉장히 좋은 도구다. 거짓말탐지기의 메커니즘은 사람의 평소 상태의 심전도와 거짓말할 때의 심전도를 비교하는 것이다. 오류가 많다. 수사기관에 가면 자기 이름만 불려도 떠는 사람이 있다. 그래서 거짓말탐지기는 질풍노도의 시기인 미성년자에게는 쓰지 못한다.

성범죄 사건을 조사할 때도 범죄 행위를 노골적으로 말하면 그 자체로 자극을 받아 탐지 결과가 달라질 수 있다. 외국에서는 성범죄 사건에서 거짓말탐지기를 쓸 때 성기를 '그것'이라고 지칭하는 등 자극적인 용어는 바꿔서 말하는 규정이 있는데 우리나라에는 이런 규정이 없다. 이 밖에도 심리 상황, 피로도, 범죄의 성격에 따라 결과가 천차만별로 나올 수 있다. 대법원은 거짓말탐지기의 증거 능력을 부정하는데, 문제는 탐지 결과가 거짓으로 나오면 압박을 받아 자백할 때가 많다는 거다.

대법원 판결 내용이다. "거짓말탐지기의 검사 결과에 대하여 사실적 관련성을 가진 증거로서 증거 능력을 인정할 수 있으려면, 첫째로 거짓말을 하면 반드시 일정한 심리 상태의 변동이 일어나고, 둘째로 그 심리 상태의 변동은 반드시 일정한 생리적 반응을 일으키며, 셋째로 그 생리적 반응에 의하여 피검사자의 말이 거짓인지 아닌지가 정확히 판정될 수 있다는 세 가지 전제 요건이 충족되어야 한다. 특히 마지막 생리적 반응에 대한 거짓 여부 판정은 거짓말탐지기가 검사에 동의한 피검사자의 생리적 반응을 정확히 측정할 수 있는 장치여야 하고, 질문 사항의 작성과 검사의 기술 및 방법이 합리적이어야 하며, 검사자가 탐지기의 측정 내용을 객관성 있고 정확하게 판독할 능력을 갖춘 경우라야만 그 정확성을 확보할 수 있는 것이므로, 이상과 같은 여러 가지 요건이 충족되지 않는 한 거짓말탐지기 검사 결과에 대하여 형사소송법상 증거 능력을 부여할 수는 없다."(대법원 2005년 5월 26일 선고 2005-도-130 판결 등)

행동 지침 7 마지막 한마디는 강렬하게 하라

모든 조서의 마지막 물음은 "더 할 말이 있습니까?"로 끝났다. 거의 "없습니다"로 마무리한다.

그러나 마지막 물음에 열심히 답해야 한다. 검사나 수사관이 내게 유리한 질문을 하지 않았기에 말할 기회가 없었던 사항을 열심히 적어야 한다. 내 입장에서 스토리를 만들어갈 수 있는 유일한 기회다.

수사 과정에서 있었던 불편한 일들도 적자. 나는 주로 이렇게 했다.

"아침부터 저녁까지 조사받느라 너무 힘들었다. 내 직분을 다했을 뿐인데 범죄자 취급을 하고 편파적으로 몰아가는 게 기분 나쁘다. 하고 싶은 이야기가 많은데 검사가 한쪽으로만 보는 것 같아서 안타깝다. 법정에서 제대로 이야기하고 싶다."

재판을 위한 사전 포석이다. 판사들도 마지막 답변은 꼭 읽어본다고 한다. 마지막 답변을 하지 않는 것은 비장의 카드 한 장을 버리는 것과 같다.

행동 지침 8 진술 조서는 눈총 받을 때까지 확인하라

병아리 기자 때다. 2002년 대선 때 한나라당으로부터 소송을 당했다. 어리바리했다. 흰 남방에 검정 바지를 입고 공손한 척했다. 그런데 조사가 시작되고부터 검찰 수사관에게서 적개심이 느껴졌다. 기사 제보자가 말을 바꾼 상황이니 유죄가 확실하다며 나를 다그쳤다. 나를 깔봤다. 수사 수법의 하나인 것 같았다.

지금 같았으면 묵비권을 행사하거나 가만히 그 자리를 벗어났을 것이다. 그때는 화도 내지 못하고 태도만 점점 나빠졌다. 수사관이 담배를 피우자, 나도 다리를 꼬고 껌을 씹기 시작했다. 내가 팔을 괴니 "어디서 팔을 괴냐"며 내 팔을 슬쩍 건드렸다. 나도 눈을 부릅뜨고 "이씨!"까지 뱉었다. 조금만 더 도발하면 한판 붙을 생각이었다.

그런데 대들었더니 태도가 조금 달라졌다. 결론은 이미 정해진 목적지로 나를 몰아갔다. 조사가 밤늦게까지 이어졌다. 내일 다시 오기 싫은 마음에 그날 좀 더 조사를 받기로 하고 심야 조사에 응했다. 조사가 끝난 후 조서를 확인해보니 제멋대로였다. 나에게 유리한 부분은 하나도 없고 불리한 부분만 잔뜩, 그것도 굉장히 나쁜 뉘앙스로 적혀 있었다. 고쳐달라고 했더니, 검사가 "대세에는 지장이 없고, 조서를 다시 쓰려면 내일 또 와야 한다"고 말했다. 자신이 그 부분은 염두에 두고 감안해서 처리하겠다고 했다. 그 말을 믿고 싶었다. 무엇보다 얼른 검찰청을 떠나고 싶은 마음이 굴뚝같았다. 그냥 도장을 찍었다. 법원에서 다투면 되니까 괜찮을 거라고 생각했다.

엄청난 착각이었다. 검사나 수사관은 죄가 있는 쪽으로 몰아가는 데 최고 전문가들이다. 그들이 당신의 억울함을 풀어주기 위해, 당신이 예뻐서 땀 뻘뻘 흘리며 몇 시간씩 애쓰는 게 아니다. 같은 사건으로 걸린 다른 재판들은 쉽게 무혐의 판결이 났다. 그런데 그 재판은 계속 끌려다니다가 겨우겨우 무죄를 받았다. 귀찮다고 몇 분 일찍 검찰청을 나선 결과는 가혹했다.

곽노현 전 서울시교육감은 서울대 법학과 출신에 법학과 교수였다. 법률 지식은 판검사들보다 해박하다. 곽 전 교육감은 "난 잘못이 없는데 왜 묵비를 해?"라고 말했다. 그리고 헌법 수업 강의하듯 장황하게 진술했다. 검사가 하나를 물으면 두세 개를 대답했다. 그러고는 제대로 살펴보지 않고 조서에 도장을 찍었다고 한다. 1심 재판에서 판사가 물으면 곽 전 교육감은 "그런 취지로 진술한 게 아니었다"라고 대답했다. 판사는 "조서가 그런 취지로 읽히는데 확인을 안 해보셨냐"고 다그쳤다. 그런데 곽 전 교육감이 재판중에 조서를 살펴보더니 한 증인이 담배를 피우다 한 이야기가 조서에 적혀 있다고 말했다. 검사가 발끈했다. 그래서 심문 과정을 촬영한 영상을 다시 보기로 했다. 그 과정에서 검사가 조서를 짜깁기한 전모가 드러났다. 30분 전에 한 질문에 30분 후에 한 답변을 엮어놓은 식이었다. 검사의 부정행위를 확인하고는 판사가 충격을 받은 모양이었다.

조사가 끝나면 조서를 확인한다. 뉘앙스가 다르면 아예 지워달라고 해야 하는데 시정을 요청하는 게 쉽지 않다. 변호사와 함께 가지 않으면 말도 꺼내기 쉽지 않다. 조서를 보고 고쳐달라고 하면 "정확하지는 않지만 이런 취지 아니었습니까?", "대세에 지장은 없습니다", "수사관들도 고생했는데"라고 말하곤 한다. 서로 낑낑대면서 몇 시간 동안 고생한 게 아까워서 적당히 타협하고 오는 경우가 많다. 조서를 꼼꼼히 검토할 자신이 없으면 깔끔하게 묵묵부답하고 오는 게 낫다.

조서는 자칫 감옥행 열차표가 될 수도 있다. 조서는 당신이 말한 그대로 수사관이 타이핑해놓은 녹취록이 아니다. 단어나 표현의 뉘앙스가 조금씩 바뀌어 있지 않은지 확인해야 한다. 대다수 사람들이 집에 가고 싶은 마음에 이 과정을 소홀히 한다. 단골 가게 드나들듯 조사를 받는 나도 조사실에 가면 빨리 벗어나고만 싶다. 검찰청에는 이상한 기운이 흐르는 것만 같다. 매우 지치고 피곤해진다. 그래도 마지막까지 버텨야 한다. 꼼꼼히 확인해야 한다. 체력이 달리면 잠시 쉬었다가 조서를 보겠다고 해야 한다. 몇 시간이 걸려도 무방하다. 여기서 무죄냐 집행유예냐 구속이냐가 갈린다. 한순간의 작은 실수로 인생이 달라지는 사람이 많다. 그런 순간에 혼신을 다하지 않는 건 삶에 대한 직무 유기다.

조서를 오래 검토하면 검사나 수사관이 쪼잔한 사람 취급하며 무엇을 툭툭 던진다. 이거 작전이다. 그럴수록 더 천천히 조서를 살펴야 한다. 이것은 권리이자 책임이고 의무다.

> 고 노무현 전 대통령은 대검찰청에 끌려가 조사받은 후 2시간 40분 동안 조서를 검토했다고 한다. 그게 치사한 행동인 양 검찰은 언론 플레이를 했다. 사악했다.

조서가 완성되면 마지막에 본인이 도장을 찍는 절차가 있다. 수정이나 보완 요구를 거부하거나 혹은 조서 자체가 미심쩍다면 지문 날인이나 서명을 거부해도 된다. 그래야 조사의 진정성을 다툴 수 있다. 만약 피고인이 재판에서 경찰의 진술 조서를 부인하면 경찰에서 작성한 조서는 증거 능력을 인정받지 못한다. 하지만 검찰에서 작성된 진술 조서는 그 자체로 증거 능력을 인정받는다. 검찰에서는 아무렇게나 대답해 괴로운 상황을 우선 모면하고 재판에 가서 다투자고 마음 먹는 사람도 있다. 하지만 법정에서 말을 바꾸면, 피의자의 법정 진술이 거짓이라고 주장하는 데 근거가 되기도 한다.

검사나 판사는 문장을 어렵고 복잡하게 써서 쉽게 이해하지 못하게 하는 경향이 있다. 또 극도로 긴 문장을 구사해 어지럼증과 호흡 곤란을 유발하기도 한다. 조심해야 한다.

행동 지침 9 자신을 이겨라

정몽헌 현대 회장이 대북 송금 문제로 검찰 조사를 받다가 사옥 밖으로 몸을 던졌다. 안상영 부산시장은 구치소에서 목을 맸고, 박태영 전남도지사도 한강에 몸을 던졌다. 검찰 수사 과정에서 모멸감을 느낀 나머지 돌이킬 수 없는 선택을 하는 사람이 적지 않다. 2008~2012년까지 검찰 수사 중에 자살한 사람이 33명에 이른다. 수사 과정에서 자존감이 무너졌기 때문이다. 자존심을 지키고, 자신을 이겨야 한다.

검찰 소환을 앞두고 정신과 전문의 정혜신 선생님을 만났다. 선생님은 이렇게 말했다. "지금껏 진우 씨답게 살아왔으니 절대 그 당당함을 잃지 마. 언론을 보니 상황이 안 좋게 돌아가는 것 같다. 그래도 자존심을 굽히면서까지 구속을 피하려고 하지는 마. 자존심까지 다치면 회복이 더 어려워. 감옥에 가도 화병이 생겨서 몸과 마음이 더 상한다. '내가 할 일을 하다가 간다'라고 마음 굳게 먹고 받아들여."

검사의 전투적인 태도를 보니 구속영장 청구는 불 보듯 뻔했다. 만약을 대비하지 않을 수 없었다. 조사를 앞두고 법륜스님을 찾아갔더니 스님이 말했다.

"(감옥에) 갔다 와라. 그동안 바쁘게 살았는데 가서 좀 쉬어라."

"저 많이 쉬었어요. 안 바빴어요. 가기 싫어요."

"시대가 너를 원하는데 가기 싫다고 해서 안 갈 수 있겠냐."

"저는 잘못이 없어요."

"알아. 그런데 너만 억울해? 흔쾌히 갔다 와. 다녀오면 넌 스타가 될 거야."

"저는 스타가 되기 싫어요."

"네가 잘해서가 아니라 시대가 그걸 원한다. 너에게 차려진 밥상이라 생각하고 받아들여라. 억울하지만 억울해하지 마라."

"억울한데 왜 억울해하지 말라고 하세요?"

"구속을 피하기 위해 '이번에 봐주면 앞으로 절대 떠들지 않고, 싸우지 않겠다'고 약속할 자신이 있느냐?"

"그건 못 하죠."

"저들이 원하는 건 그것일 수도 있다. 기쁘게 가라."

그러고는 위안이 될 거라면서 《금강경 강의》와 《기도》 등 스님이 쓰신 책 몇 권을 주셨다. 크게 위로는 안 됐다.

가수 이은미 누나가 따뜻한 밥 한 끼 사주겠다고 불렀다. 아무래도 구속될 것 같은 예감이 들었다고 한다. 맛있게 먹었다. 웃으며. 속으로는 많이 울었다. 예전에 검찰에 끌려다니며 조사받을 때 돌아가신 김근태 선배가 위로를 많이 해줬다. 김 선배는 고문을 당하면서까지 야만의 시대를 고발한 분이었다. 이런 분들 때문에 우리가 이만큼 민주주의의 혜택을 누리는 거다. 나는 멋대로 떠들고 욕도 많이 하지 않았나. 그리고 고문도 받지 않고. 그렇게 생각하니 크게 억울하지는 않았다. 내가 밉긴 미울 거야……

나는 검찰청이나 법원에 가는 날이면 구두끈을 매면서 '비굴해지지 않게 해주세요'라고 기도한다. 또 법관이 법을 따르고 법만을 두려워하는 사람이기를 기도한다. 권력과 승진이 아니라. 판결이 있는 날에는 '오늘 돌아올 수 있을까'라는 생각에 두렵기도 하다. 그럴 때면 다시 기도한다. 자존심에 상처 받지 않게 해달라고. 당당하고 멋지게 들어가게 해달라고. 행여나 울지 않게 해달라고…….

한 지인은 독실한 기독교 신자다. 그런데 검찰청을 동네 슈퍼 드나들듯 뻔질나게 다닌다. 물론 그의 잘못이다. 이분은 기도를 열심히 한다. 검사가 '마귀', '사탄'이라며. 이분은 결과가 잘못됐을지언정 결코 무너지지 않았다. 비리 목사들 대다수가 이 작전을 구사하고 있다.

4
판사 앞에
홀로 서다

●

구속영장

2013년 5월, 검찰 조사를 받을 때였다. 늪에 빠진 듯 무기력했다. 그런데 미국 워싱턴에 있는 지인에게서 급히 오라는 연락이 왔다. 귀국 직전 워싱턴에서 조세피난처에 재산을 은닉한 권력자들에 관해 취재를 했는데, 국제탐사보도언론인협회를 통해 계좌를 넘겨받을 수 있을 거라는 전갈을 받은 것이다. 우리나라 대부분의 언론사가 취재에 매달리고 있는 사안이었다. 그런데 그 단체를 돕는 교수들이 내가 정권으로부터 탄압받는 언론인이라는 점을 높이 샀다고 했다. 한명숙 전 국무총리의 추천서도 신뢰도를 높이는 역할을 했다고 한다. 그 자료만 입수하면 권력자들의 비리를 파헤치는 기사를 열 개쯤 쓸 수 있겠다는 계산이 섰다. 대선 이후 현장 기자로서 부족했던 부분도 한 방에 메울 수 있었다. 가슴이 쿵쾅거리기 시작했다. 잠도 오지 않았다.

전화를 받자마자 급히 떠날 채비를 했다. 바로 다음 날 떠날 생각이었다. 이런 경우엔 바로 일을 마쳐야 한다. 큰일일수록 변수가 생기는 법이다. 비행기표를 끊었다. 사실 내게 출국 금지가 내려진 것을 알고

186
187

서울중앙지방검찰청

수신자 수신자 참조

(경유)

제목 출국금지요청(주진우)

서울중앙지방검찰청
(02)530-3114)

제 2013-1304 호

2012형제 116906호.   2013. 5. 9.

받 사	기 각

수 신 : 서울중앙지방법원장   발 신 : 서울중앙지방검찰청

제 목 : 구속영장청구(사전)   검 사 이 건 리

피	성 명	주진우		심 판	불심판
	주 민 등 록 번 호	[가려짐]	심판여부		
의	직 업	언론인	심판기위	20	
자	주 거	[가려짐]			
변 호 인		동화법무법인(담당 변호사 : 이재정), 법무법인 지평지성 (담당 변호사 : 박영주, 최정규, 구나영)			

위의 피의자에 대한 명예훼손 등 피의사건에 관하여 동인을 서울구치소에 구속하고자 2013. 5. 16. 까지 유효한 구속영장의 발부를 청구합니다.

범죄사실 및 구속을 필요로 하는 사유	별지 기재와 같음
필요적 고려사항	■ 범죄의 중대성 □ 재범의 위험성 □ 피해자 · 중요참고인 등에 대한 위해 우려 □ 기타 사유 ※ 구체적 내용은 별지와 같음
7일을 넘는 유효기간을 필요로 하는 취지와 사유	
둘 이상의 영장을 청구하는 취지와 사유	
재청구의 취지 및 이유	
발부하지 아니하는 이유	

위 등본입니다.

판 사 2013 년 5 월 14 일

서울중앙지방법원

법원주사 전수

접수 2013. 05. 09   11659   5/14 A10:30

서한 321른

영장 필

있었다. 검찰이 내게 일러주지 않았지만 그 정도의 정보력은 있었다. 그래서 검사에게 출국 금지를 며칠만 풀어달라고 요청할 셈이었다. 그런데 감이 좋지 않았다. 혹시 몰라 검사 방에 전화를 걸었다. "취재 차 미국에 다녀와도 되나요? 매우 급하고 중요한 취재입니다."

이건령 검사는 대답 대신 바로 사전구속영장을 청구했다. 내가 도 망치려 한다는 이유에서였다. 사전구속영장이란 죄질이 중하고 도주 우려가 있으니 재판 전에 미리 감옥에 넣어야 한다는 의미다. 죄질이 중하다니? 도망이라니? 어안이 벙벙했다. 시간이 없었다. 영장실질심 사까지는 딱 나흘. 김어준 총수와 나는 검찰이 구속영장을 칠 거라고 예상은 했지만 우리 변호사들은 구속영장 청구는 법률상 절대 불가능 하다고 호언장담하던 때였다. 법과 상식은 통하지 않았다.

구속영장 청구보다 기사를 놓친 것이 더 마음 아팠다. 분했다. 후에 〈뉴스타파〉가 자료를 입수해서 큰 반향을 일으켰다.

01

윤창중의 알몸을 쫓다
맨몸이 되다

그 와중에 2013년 5월 7일 윤창중 사건이 터졌다. 박근혜 대통령과 함께 미국 워싱턴을 방문한 윤창중 청와대 대변인이 대학생 인턴을 성추행했다가 급거 귀국했다는 첩보가 날아들었다. 윤창중은 기자 시절부터 여러 면에서 악명이 높았다. 박근혜 대통령과의 친분 덕에 요직에 오르더니 기어이 사고를 치고야 말았다.

성추행을 당한 인턴 학생의 가까운 지인이 연락을 해왔다. 사고가 있었다고. 제보하겠다고. 당시 윤창중은 홀로 귀국한 상태였다. 대형사고라는 것을 직감했다. 취재 과정에서 워싱턴 사교계에서 교분이 두터운 분에게 부탁했다. 은밀하게 알아봐달라고. 워싱턴에 사는 지인에게도 연락했다. 그런데 이분이 재미한인여성 온라인 커뮤니티인 '미시USA'에 글을 올렸다.(한국에 '82쿡'이 있다면, 미국에는 '미시USA'가 있다. 언론이 갈팡질팡할 때도 이분들은 중심을 잃지 않는다. 시대의 지성 '미시USA'와 '82쿡' 누나들께 경의를 표한다.)

글이 올라오면서 사건이 세상에 알려졌다. 청와대도 더이상 국내 언론을 통제하지 못했다. 더불어 특종도 날아갔다. 만약 그때 워싱턴행 비행기에 탔더라면? 조세피난처 기사와 윤창중을 한꺼번에 정리할 수 있었을 텐데……. 지금도 분하다. 검사가 밉다.

그래도 취재는 멈추지 않았다. 멈출 수 없었다. 피해 여성이 걱정됐다. 국가 간의 문제이고, 권력자들의 일이었다. 아무리 미국이라지만 피해 여성의 인권을 보호하자고 외교 문제를 일으키진 않을 게 뻔했다.

구속영장이 청구된 상태지만 마음은 윤창중 사건에 가 있었다. 궁금해서 참을 수가 없었다. 영장실질심사 이틀 전, 윤창중이 기자회견을 한다고 했다. 서면을 쓰다가 발을 동동 굴렀다. 윤창중 기자회견에 다녀올까 말까, 차에 시동을 켰다가 끄고는 다시 사무실로 돌아왔다. 그러다 결국 기자회견장으로 달려갔다. 꼭 물어보고 싶은 게 있었다.

회견은 막바지로 치닫고 있었다. 윤창중은 자신은 아무 잘못도 없지만 박근혜 대통령에게 미안하다고 했다. 피해자에게는 사과를 하지도 않았다. 그래서 질문 하나를 던졌다. "속옷 차림이었습니까? 알몸이었습니까?" 윤창중은 "속옷"이라는 단어를 입에서 꺼내다가 기자회견장을 급히 빠져나갔다. 질문 한 방에 기자회견이 끝났다. 호텔 방으로 인턴을 부른 윤창중은 알몸으로 피해 여성을 맞았다. '속옷', '알몸'은 윤창중이 청와대에서 조사를 받을 때 사용한 단어였다.

윤창중의 알몸에 정신이 온통 팔려 있을 때, 내 소송 연대기의 가장 큰 위기가 찾아왔다.

재판의 변수는 곳곳에서 터지게 마련이다. 우리 인생처럼. 변수에 얼마나 효과적으로 대응하느냐가 재판의 성패를 가르기도 한다.

나를 도와주던 변호인단은 크게 두 그룹이었다. 〈시사IN〉의 법률 자문이자 지금껏 내 사건을 모두 맡았던 법무법인 '지평'과 〈나꼼수〉를 돕던 민변 변호인단. 5촌 살인 사건은 '지평'이 맡고, 박정희 전 대통령에 대한 명예훼손 사건은 민변이 맡기로 했었다. 그런데 영장실질심사를 앞두고 변호인단의 의견 대립이 점점 심해졌다. 심사일이 다가올수록 갈등은 커져만 갔다. 결국 영장실질심사 하루 전날, 갈등이 폭발하고야 말았다. 민변 변호인단의 한 변호사가 한쪽에서 모두 맡는 것으로 정리해달라고 했다. 우여곡절과 울음 끝에 민변이 변론을 맡는 것으로 정리됐다.

애초에 한 가지 사안을 두고 두 그룹이 사건을 나눠 맡은 것 자체가 문제였다. 재판은 전쟁이다. 어떤 전략과 전술을 쓸지는 장수마다 다르다. '지평'은 법리에 강하다. 법리적으로 정말 냉정하고도 꼼꼼하게 잘 따져서 싸운다. 조용환 변호사는 노무현 대통령 탄핵 때 문재인 의원의 부탁을 받고 판결주문判決主文을 썼던 분이다. 최정규 변호사와 구나영 변호사는 하나같이 어렵다고 했던 BBK 재판에서 열 명의 최정예 검사를 상대로 승리로 이끌어냈다. 두 분은 오랫동안 같이 재판을 다니며 나를 지켜준 분들이다.

민변 변호사들은 표현의 자유를 수호하기 위해 〈나꼼수〉의 법률 자문을 맡았다. 실력도 좋은 유능한 변호사들이다. 다만 굉장히 바쁜 변호사들이기도 하다. 당시에는 이석기 내란음모 재판과 국정원 간첩 조작 사건에 매달리느라 내 사건에 신경 쓰지 못하고 있었다. 그래서 '지평' 변호사들이 키를 잡고 갈 거라 생각해 마음을 편히 먹고 있었다.

그런데 믿었던 '지평'이 떠나버렸다. 영장실질심사 준비를 하러 모이면 변호인단 간의 갈등을 조율하느라 시간을 다 보냈다. 윤창중은 하필 왜 그때 사고를 쳤는지, 관련 취재를 하느라 내 정신은 또 그쪽에 팔려 있었다. 변수가 여럿 겹치면서 영장실질심사 준비는 제자리걸음이었다.

결국 영장실질심사 전날까지 아무런 준비를 하지 못했다. "못 하겠다"는 변호사에게 나는 이렇게 말했다. "변호사님, 지금까지 도와준 것만으로도 정말 미안하고 감사합니다. 한 점 원망도 없습니다. 더 바랄 것도 없고요. 내일은 혼자 갈게요." 진심이었다. 여기까지가 끝인가 싶었다.

나는 오히려 마음이 편안해졌다. 시험을 포기한 수험생같이……. 수업을 땡땡이친 양 해방감도 있었다. 마음을 비우는 데는 도움이 됐다. 아들 녀석 학교에 처음으로 찾아갔다. 담임 선생님이 뉴스를 보고 상황을 잘 알고 계셨다. 선생님이 따뜻하게 안아주셔서 큰 힘이 됐다.

영장실질심사 전날 저녁, 재판 준비는 안 하고 송별회에 갔다. 문성근, 양정철, 탁현민과 조촐하게 송별회를 했다. 일본에 있는 프랑스 친구 필립이 와주었다. 〈르몽드〉 기자인 필립은 프랑스 망명을 주선해보겠다며 안타까워했다. 파리에 머물 때도 찾아와 심각하게 권하던 이야기였다. 한국에 가면 구속될 것 같다고. 그 자리에 모인 모두가 구속될 거라고 예상했다. 판사가 법대로만 판단하기에는 대단한 용기가 필요할 거라고 했다. 눈 딱 감고 구속영장을 발부하면 5년간 출세가도를 달릴 텐데 그걸 마다할 사람이 몇이나 되겠냐며. 눈 안 감고도 할 수 있는 일이라고 했다.

자정이 넘은 시각, 좋아하는 형과 한강변을 걸었다. "들어가 있는 동안 마음 다스리고 책도 좀 쓰고. 가족들 돈 걱정은 하지마. 지금 월 급 받는 것보다 나을 테니……."

영장실질심사는 크고 높은 벽이다. 뛰어넘기가 만만치 않다. 다시 는 경험하고 싶지 않다. 무섭다. 그만큼 중요하다. 영장실질심사는 모 든 재판 과정 중 준비가 가장 많이 필요한 단계다. 영장실질심사를 맡 은 판사는 사건을 한 번에 파악한다. 단시간에 검사의 말과 피고인의 말 중 어느 것이 더 신빙성이 있는지를 검증한다. 사실상 1심이다. 구 속 여부를 결정하는 자리이고, 그 결과는 1심 선고와 직결된다. 여기 서 불구속이 나오면 나중에 1심에서도 구속될 확률이 매우 낮아진다. 반대로 구속되면 유죄가 나올 확률이 매우 높아진다고 보면 된다. 특 히 서울중앙지방법원 영장실질심사부의 판결은 결정적이다. 영장 담 당 판사는 판사들 사이에서도 가장 유능한 에이스 판사들로 구성되어 있다. 사법부 내에서 그 권위를 상당히 인정받는다. 따라서 그들의 판 결은 본심에도 직접적인 영향을 끼치게 된다. 일단 구속되면 '죄가 있 으니까 구속됐겠지'라는 선입견이 전방위적으로 작용한다. 심지어 변 호인에게도 좋은 인상을 주기 어렵다.

구속 상태에서 재판을 받는 것은 너무도 불리하다. 구속 상태에 있 어도 판결이 확정될 때까지는 무죄로 추정된다. 하지만 이상하게도 수의를 입고 구치소에 있다 보면 죄인 몰골이 된다. 정신도 지극히 피 폐해진다. 무죄인 사람마저 내가 죄가 있는 게 아닐까 생각하게 된다.

오직 밖으로 나가고 싶은 마음에 무엇이든 타협하고 무엇이든 자백해 벗어나고 싶은 충동에 사로잡히게 된다. 한 구속 수감자는 "어렸을 때 저지른 사소한 잘못이라도 불고 나가고 싶었다"라고 말했다. 사건에 관해 가장 잘 아는 당사자가 변호인을 수시로 만날 기회가 없으니 향후 변론 과정에서도 크나큰 어려움을 겪게 된다.

가장 중요한 재판인 만큼 도망가거나 변호사에게 대충 맡겨서는 안 된다.

영장실질심사는 서면부터 답변 연습까지 꼼꼼한 준비가 필수적이다. 변호사에게 판사 역할을 맡기고 예행연습을 해보는 것이 좋다.

예행연습이 절대적으로 필요하다. 재벌가 회장들 모두 그렇게 한다. 너무도 중요한 절차인 만큼 영장실질심사를 받을 때 변호인이 없는 경우 나라에서 국선변호인을 붙여준다. 국선변호사가 실력자인 건 앞에서 언급했다. 국선변호인의 경력을 인정받아 로펌에 가거나 판검사로 가는 사례도 많다. 다만 영장실질심사 때는 사선변호인을 선임해 방어하는 게 좋다. 돈이 없으면 빚을 내서라도. 영장실질심사는 길어야 일주일, 대개 2, 3일 내에 변호사가 내용을 다 파악해 모든 준비를 마쳐야 한다. 그런데 국선변호인은 보통 일이 너무 많아서 한 사건에 집중하기 어렵다. 때문에 영장실질심사에 국선변호인을 쓰면 구속될 확률이 높다.

남경필 경기도지사의 아들인 남 병장은 후임병을 뒤에서 껴안거나 손등으로 바지 지퍼 부위를 치는 등 성추행한 혐의를 받았다. 다른 후임병의 턱과 배를 일곱 차례에 걸쳐 총 50회 폭행했다는 혐의도 받았다. 죄질이 중한데다 언론에 크게 보도되면서 구속이 불가피해 보였다.

그런데 두 번의 영장실질심사에서 구속영장이 기각됐다. "피의자의 범죄행위가 장기간에 걸쳐 지속적으로 발생하기는 했으나 피의자가 범행을 자백한 점, 피해자가 처벌을 원하지 아니하는 점, 범행의 정도가 아주 중하지 아니한 점 등을 고려할 때 증거인멸 및 도주의 우려가 없다." 영장실질심사에서 남 병장은 국선변호사 대신 사선변호사를 요청하면서 예상보다 시간이 걸렸다는 기사가 나왔다.

1심 재판에서 군 검찰은 "남 병장은 약자인 후임병에 대해 수회에 걸쳐 아무런 죄의식 없이 범행을 저지르고 법정에서도 용서를 구하는 모습을 찾아볼 수 없다"며 징역 2년을 구형했다. 비슷한 혐의로 기소된 군인들은 구속된 데 반해 남 병장은 집행유예 2년을 받았다. 사선변호사들이 시간을 끌었고, 영장실질심사에서 구속영장을 기각시킨 것이 결정적이었다. 남경필 경기도지사의 정치생명에도 말이다.

02

기약 없는
길을 나서다

영장실질심사일은 2013년 5월 14일이었다. 전날 잠을 이룰 수 없었다. 내일 집에 돌아온다는 기약이 없었다. 트위터에 심경을 남겼다.

봄입니다. 밤입니다. 봄날엔 놀아야 하는데. 봄밤엔 걸어야 하는데… 어떠세요?
저는 오늘 법원에 갑니다. 그리고 못 돌아올 수 있습니다. 시대가 그렇습니다.
어쩔 수 없죠. 걱정 마세요. 잘 다녀오겠습니다. 금 같은 봄 되세요. 꾸벅.

아침에 일어나 평소와 똑같은 얼굴로 가족들에게 말했다. "오늘은 좀 늦어. 결정이 12시 넘어 나는데 도와준 사람들하고 밥 먹고 나면 새벽 3시 넘어야 들어올 거야. 뉴스에서 영장실질심사라고 심각한 것처럼 떠들지만 아무것도 아니야. 걱정하지 말고 먼저 자고 있어."

검찰청에 수도 없이 끌려가고, 재판을 수도 없이 받았다. 그래서 우리 집에서 내가 재판을 받는 것은 뉴스도 아니다. 가끔 아들과 텔레비전을 보다가 내 뉴스를 접하곤 한다. 주로 검찰에 끌려간다는 소식이다. 좋은 내용은 하나도 없다. 그래도 우리는 태연하다. 재판 하루 이틀 받나……

내 사건은 법적으론 별일이 아니지만 정치적인 문제였다. 들려오는 얘기로는 박지만의 한 선배가 "구속영장을 발부하면 시끄러워지기만 하는데 뭐 하러 그러느냐"고 말렸다고 한다. 하지만 박지만은 주진우는 꼭 잡아야 한다고 길길이 날뛰었다고 한다. 검찰은 박지만의 애인인 양 나를 괴롭혔고, 재판은 박지만의 의중대로 흘러가는 듯했다.

검찰에 소환될 때마다 오늘 나서면 당분간은 집에 못 들어올 수도 있겠거니 생각한다. 그날은 더욱 그랬다. 신발 끈을 묶으면서 '오늘은 정말 기약할 수 없는 길을 나서는구나' 생각했다. 집에 돌아오는 건 내 바람이기도 했다. 판결이 자정 넘어 끝나기를 기도했다. 영장실질심사가 일찍 끝난다는 건 구속시키고 마감 뉴스에 내보낸다는 의미였다. 영장실질심사가 늦게 끝날수록 판사의 고민도 크다는 뜻이었다.

'만약 잘못되더라도 울지 말아야지…… 당당하고, 환하게 웃어야지…….' 서울중앙지법 앞에는 많은 기자들이 나와서 취재하고 있었다. 어떤 친구들은 신나 보였다. 외신 기자도 많았다. 당시 〈뉴욕타임즈〉, 〈르몽드〉를 비롯한 여러 외신에서 구속영장 청구가 부당하다고 보도했다. 다음은 2013년 5월 12일 자 〈뉴욕타임스〉에 실린 "South Korea Seeks Journalist's Arrest in Defamation Case(한국에서 언론인이 명예훼손 혐의로 구속영장이 신청됐다)"라는 제호의 기사 번역문이다.

검찰이 12월 대선을 앞두고 유력 대선 후보의 남동생이 한 친척의 살인에 관련되어 있을지 모른다는 확인되지 않은 의혹을 보도한 것에 대해 선거법 위반 혐의로 한 한국 기자에 대한 구속영장을 신청했다고 기자의 변호인단이 일요일에 밝혔다. 일요일에 공개된 기소장에서, 검찰은 주진우 기자가 "당선을 막을 목적으로" 여당 후보인 박근혜의 남동생의 "명예를 훼손"하고 "허위 사실을 유포"하는 기사를 쓰고 팟캐스트를 만들었다고 말했다. 박근혜는 근소한 차이로 당선됐고 2월에 취임했다. 그녀의 집무실에 언급을 요청했으나 즉답을 하지 않았다.

전 정부 또한 정치인들의 명예를 훼손하고 허위 사실을 공표한 혐의로 방송 프로듀서들과 블로거들에 대한 형사 고소를 추진했다. 국제 인권 단체들은 이러한 행태가 정부 비판자들을 위축시키는 결과를 가져온다고 비난했다.

"제 죄는 권력을 가진 자들이 좋아하지 않는 의문을 제기한 것입니다. 그들은 저를 바퀴벌레처럼 싫어하고 짓밟아버리고 싶어합니다"라고 주진우 기자(39)는 최근의 인터뷰에서 말했다. 법원이 화요일에 그의 구속 여부를 결정할 예정이다. 주 기자는 〈나는 꼼수다〉라는 풍자적인 정치 팟캐스트의 공동 진행자로서 전국적인 명성을 얻었다. 그 이름은 이명박 전 대통령을 조롱하는 별명을 연상시킨다. 2011년에 시작된 이 팟캐스트는 한국의 종교, 경제, 정치 지도자들 몇몇에 대한 부정행위 의혹을 제기했다. 이 팟캐스트 방송은 마치 미국 젊은이들이 'The Daily Show With Jon Stewart'를 받아들이는 것처럼 주류 언론 매체에 대한 신뢰를 잃은 한국인들이 열광하는 가운데, 애플의 아이튠즈에서 세계에서 가장 많이 다운로드된 정치 팟캐스트 중 하나가 되었다.

팟캐스트 방송은 12월 선거 이후 중단되었고 검찰은 또다른 진행자인 김어준을, 주 기자와 비슷한 혐의로 수사받는 것을 회피하기 위해 해외에 체류 중인 것에 대해 고소했다. 주 기자는 유력 시사 주간지 〈시사IN〉에서 근무 중이다. 12월 선거에 앞선 그의 기사와 팟캐스트에서, 그는 박 후보의 5촌 조카가 서울의 한 산에서 죽은 채 발견된, 2011년의 잘 알려지지 않은 사건을 재조명했다. 박 후보의 또다른 5촌 조카는 나무에 목을 매단 채 발견되었다. 경찰은 목을 맨 5촌 조카가 사촌을 살해하고 자살했다고 결론지었다. 기사에서, 주 기자는 박 후보의 남동생인 박지만의 매형이 박지만이 자신을 청부 살해하려 했고 이를 위해 죽은 채 발견된 5촌 조카를 고용했다는 주장을 해서 박지만과 매형 사이에 벌어진 법적 투쟁을 언급했다. (매형은 박 대통령과 소원한 여동생의 남편으로, 결국 이후에 재판에서 지고 박지만을 중상한 대가로 복역했다.)

주 기자의 기사는 경찰 수사에 의문을 제기하며 산에서의 살인이, 희생자가 그들을 위해 증언하지 못하게 하기 위한 음모와 관련이 있을지도 모른다는 매형과 그 변호사의 의혹을 인용했다. 그들은 또한 경찰이 스스로 목매달았다고 단정한 남자에 대해서도 살해 가능성을 제기했다. 박지만은 주 기자를 대선에 영향을 주기 위해 허위 사실을 유포했다는 혐의로 12월에 고소했다. 그렇게 해서 검찰 수사가 시작되었다.

국제 언론 자유 옹호자들 —'국경 없는 기자회'와 UN의 의사표현자유 특별보고관 프랑크 라 뤼Frank La Rue를 포함해— 은 명예훼손이 형사법상의 처벌 대상이 되는 한국 사회에서 반대 의견에 대한 포용력이 부족한 것에 대해 우려를 표해왔다. 주 기자의 변호사인 이재정 변호사는 주 기자의 구속 가능성에 대해 "표현의 자유를 억압하는 독재 정부에 지배당하는 후진국이 아니고

서는 이런 식의 행위는 있을 수 없다"고 말했다. 고려대 법대 박경신 교수는 허위 사실 유포로 공인의 명예를 훼손한 혐의로 사람들을 형사 기소하고 그들을 체포해서 재판도 받기 전에 구속하는 것은 "국제적 인권 기준"에 위배된다고 말했다. 박 교수는 그러한 검찰 기소가 공적 감시자로서의 언론 매체의 역할을 방해한다고 밝혔다. 특히 명예훼손 혐의로 고소된 피고인들이 자신들의 주장이 사실이라는 것을 입증하도록 요구받기 때문에 더욱 그렇다.

많은 보수파 한국인들은 〈나는 꼼수다〉의 진행자들이 풍자를 빙자해 무책임한 발언을 방송하고 인격 살인을 저지르고 정치 파벌 형성을 조장했다고 비난한다. 하지만 때로 이 팟캐스트는 굵직한 뉴스를 찾아냈다. 이 방송은 12월 선거에서 야당 후보들의 평판을 실추시키기 위한 비밀 인터넷 활동에 한국 정보기관이 개입되어 있다는 의혹을 초기에 보도한 매체 중 하나다. 지난달, 경찰은 최소 두 명의 정보기관 요원이 그러한 활동에 연루되어 있었다고 발표했다. 검찰은 그 후 수사를 확대하고 해당 정보기관 본부를 불시에 수색했다.

내외신 신문을 통틀어 최장문의 기사였다. 프랑스 대표 시사 주간지 〈렉스프레스〉에서도 많은 페이지를 할애해 "박근혜 정부가 언론인의 목을 조르고 있다"고 했다. 같은 사안을 두고 우리나라 언론들은 대부분 "박지만 씨의 명예를 훼손한 혐의로 구속영장을 청구했다"고만 보도했다.

검찰이 구속영장을 청구한 데 대해 고려대 박경신 법대 교수가 〈한겨레신문〉에 칼럼을 실었다. 비록 좋은 일은 아니었지만 훌륭한 법학자가 나에 대한 글을 쓴 것을 보니 영광스러웠다.

주진우의 구속영장청구서를 읽어보았다. 나의 손은 아직도 벌벌 떨리고 있다. 결국 이렇게 될 수 있구나. 죽으면 끝이구나.

〈시사IN〉의 주진우와 김은지는 박근혜의 동생 박지만의 명예가 달린 중요한 재판에서 원래 박지만 쪽 인사가 박지만에게 불리한 증언을 하려고 하다가 변사하였다는 의혹이 있다고 보도하였다. 박지만 쪽 심복이었으면서도 그에 대해 불만을 표하다가 갑자기 죽어버려 그 증인이 추가로 증언하였다면 박지만에게 불리할 수 있었던 재판이 결국 1, 2, 3심 모두 그에게 유리하게 끝나버렸다는 것이다. 이렇게 하면서 주진우와 김은지는 죽음과 재판 둘 다에 대해 의혹을 제기해버린 셈이 되었다.

그런데 검찰은 그 재판에서 박지만 측이(물론 형사사건이므로 형식적으로는 검찰이) 이겼으므로 박지만의 말만 참이고 그 재판에 나올 가능성이 있다고 주진우가 예측한 반대 증언(박지만이 범죄행위를 교사했다는 내용의 녹음이 있다는 증언)은 모두 거짓이라고 전제한다. 그러고는 주진우는 그런 증언을 보도하였으니 허위 사실을 공표했다며 구속영장을 청구하였다.

이 얼마나 무서운 논리인가. 〈시사IN〉은 "법원 판결이 증인의 죽음 때문에 잘못 나왔을 수도 있다"고 보도했는데 검찰은 그 기사의 진위를 바로 그 법원 판결을 잣대로 결정하였다. 실제로 영장 청구의 근거라는 것들이 바로 주진우가 증인이 살았다면 바로잡았을 수 있었다는 바로 그 법원 판결이다.

결국 내가 엄청난 비밀을 법원에서 증언하려다가 살해당한 후 진실과 반하게 판결이 나버리면 아무도 내가 하려는 증언이 무엇이었는지 세상에 밝힐 수 없다는 것이다. 나의 죽음의 진실을 밝히려는 사람은 곧바로 나의 재판 상대방의 명예훼손죄를 뒤집어쓰게 되기 때문이다. 결국 죽은 자만 말이 없는 게 아니라 산 자도 말이 없어야 하는 것이다. 또는 죽은 자는 말이 없는 게 아니라 그의 기억까지도 모두 없어져야 한다는 것이다.

(중략) 게다가 주진우가 파악한 증언 내용이나 증언 의사가 허위라는 검찰의 주장도 억지스럽다. 당시에는 박지만에 대해 적대적인 발언을 일삼던 증인을 박지만 상대 측 변호사도 법정에 다시 세우겠다고 말하고 또 박지만 상대 측도 증인의 증언 의사를 전해줘서 주진우가 '증언 예정'이라고 쓴 것을 '증인 채택'이 안 되어 있다는 이유로 허위라고 주장하는 것도 '외환거래 자제 전화'를 '외환거래 금지 공문'이라고 썼다고 해서 허위라고 주장했던 미네르바 검찰을 생각나게 한다. 미네르바도 무죄가 나왔음을 상기하자.

또 증인이 박의 교사 행위를 입증하는 녹음의 존재를 다른 시점에서 증언한 것 자체는 사실인데 거기서 교사 대상 범죄는 주진우의 보도에서 염두에 둔 범죄와 달랐다는 것인데, 이 역시 진위에 관계없이 대세에 지장을 주지 않는 차이이다. A범죄에 대한 녹음이든 B범죄에 대한 지시 녹음이든 당시 재판은 박지만의 A범죄, B범죄 모두에 대해 연루 가능성을 다투는 것이었기 때문이다. 즉 어느 범죄에 대한 지시가 녹음되어 있든 무엇을 의미하든 증인의 죽음에 대해서는 의혹을 일으킬 만한 발언이었다.

박정희 사자 명예훼손 논리 역시 주진우가 하지 않은 말로 치환하여 주진우를 공격하고 있다. 주진우는 일부 언론이 박정희 탄광촌 방문을 독일 총리 배석까지 가공하여 너무 미화하기에 '탄광촌에서는 만나지 않았다'라고 여러 차례 시정하다 한 번 구두로 '탄광촌에서'라는 말을 빼먹은 것을 검찰이 과장하고 있다.

결국 이런 논리로 차마 공소장을 쓰지는 못했을 것이다. 소문처럼 선거법 공소시효 기간이 만료되기 전에 구속영장을 급히 청구했다는 인상을 지울 수가 없다. 그런데 그런 이유라면 그전에 불구속 기소를 하면 된다. 수사를 해야 기소를 한다고? 구속으로 압박해서 자백을 얻어내왔던 관행을 모르는 바 아니나 명예훼손성 재판에서 자백이 왜 필요한가. 원칙대로라면 구속은 수사를 위해서 하는 것이 아니다. 구속은 증거 보전과 피고에 대한 재판권 확보를 위한 것임은 영장 발부 요건을 보면 알 수 있다. 게다가 구속해봐야 묵비권을 행사해버리면 아무 의미도 없다.

게다가 허위사실공표죄는 선거법상 명예훼손이라고 볼 수 있는데 명예훼손 형사처분 제도는 국제 인권 기구들이 인권 침해적 제도로 규정하여 반복하여 폐지 권고를 내리고 있다. 물론 선거의 공정성이라는 민주주의의 핵심 가치 때문에 상당수 인권 선진국들도 선거법상 허위사실공표죄를 존속하고 있기는 하지만 대부분 벌금형 정도로 다루고 있다. 이번처럼 이렇게 일종의 장기 구금을, 그것도 재판 전에 하려는 것은 틀림없이 국제 인권 기준에 벗어나는 일이다. 또 이들 국가들은 매우 엄격한 입증 책임을 검찰 측에 지운다. 즉 피고가 한 말이 허위일 뿐만 아니라 피고가 허위임을 알고 있었다는 고의성까지 검찰이 입증해야 비로소 유죄가 되는 것이다. 진실이 입증되지 않은 잠정적인 주장들을 자유롭게 다툴 수 있어야 궁극적인 진실 규명에 가까워질 수 있다는 사상의 자유시장 원리에 따른 것이다. 검찰은 물론 영장청구서에서 말한다. "법원 판결이 났으므로 허위임을 알고 있었다." 주진우는 증인의 죽음 때문에 그 법원 판결에도 의혹을 제기하고 있다는 것을 이해한다면 그런 논리를 세우지는 않았을 것이다.

현장에는 취재진만 나온 게 아니었다. 구속영장 청구는 언론 자유의 문제라며 한국기자협회, 전국언론노동조합, 민주언론시민연합, 언론개혁시민연대, 민주사회를 위한 변호사 모임은 영장심사일 오전에 공동 기자회견을 열었다. "공익을 위한 보도를 문제 삼아 현직 기자에 대해 구속영장을 청구하는 것은 심각하게 우려할 만한 일이다. 검찰은 이번 구속영장 신청을 두고 '권력의 눈치를 본다', '언론의 권력 비판·감시 보도를 위축시키려고 겁박한다'는 세간의 비판을 명심해야 한다."

감사하게도 사람들이 많이 나왔다. 정봉주는 쌍꺼풀 수술을 한 상태라 선글라스를 끼고 왔다. 건방져 보여서 마이너스였지만 고마웠다. 류승완 감독도 와서 가족의 전화번호를 적어 갔다. 나중에 류 감독이 말하길 "다른 때는 건방지고 당당했는데, 그날만은 유독 얼굴이 사색이었다"고 했다. 평소 존경하는 안상운 변호사가 영장실질심사장에 와주었다. 안 변호사가 답변서를 보더니 괜찮다고 말해줬다. 꼼꼼하기로 치자면 세계 최강인 안상운 변호사의 말에 자신감을 조금은 회복할 수 있었다.

영장실질심사를 받으러 들어가는 길에 기자들에게 이렇게 말했다. "이렇게 좋은 봄날에 법원에 끌려오니 기분이 좋지 않다. 시대가 아직이 정도밖에 안 되는구나, 이런 생각이 든다. 내가 보도한 것은 박지만·박근혜 친척 간 살인 사건이다. 살인을 하고 자살을 했는데, 박근혜와 박지만이라는 이름이 들어갔다는 이유만으로 수사가 제대로 되지 않았다. 그래서 2년 넘게 열심히 취재해서 충실하게 보도했다. 기자로서 열심히 했다는 것을 말하고 싶다. 기자로서 열심히 하는 것이 죄가 된다면 벌을 받겠다. 시대가 그렇다면 어쩔 수 없다."

당신의 말 한마디에 머무는 집이 달라진다

영장실질심사에 대해선 나도 사실 잘 몰랐다. 관련 취재를 그렇게 많이 했는데도. 들어가자마자 당황했다. 영장실질심사 법정에서 내가 꺼낸 첫마디가 "제가 대답을 해야 하나요?"였다. 판사가 나에게 직접 묻는데, 사건에 대해 내가 대답을 해야 하는 줄도 몰랐다. 이전까지는 변호사가 대신 진술을 했지만 요즘은 당사자에게 직접 묻는 추세라고 한다. 그런 것도 모르고 조서를 보고 판사와 변호사가 이야기를 나누는 통상적인 재판과 같은 형식인 줄로만 알고 있었다.

영장실질심사는 판사가 검사의 공소 내용을 보고 질문하는 것으로 진행된다. 당사자가 판사에게 직접 대답해야 한다. 하지만 자기 사건을 명확하게 논리적으로 설명할 수 있는 사람은 거의 없다.

그래서 반드시 이틀 정도는 예행연습을 거쳐야 한다. 사실상 1심이라 생각하고 변호사와 예상 질문을 뽑아서 연습해야 한다. 그 어떤 면접보다 백배는 중요하니 모든 자원을 여기에 쏟아부어야 한다. 그런데도 나는 여러 변수 때문에 아무런 준비 없이 그냥 맨몸으로 들어간 것이다.

심사에서는 주로 도주와 증거인멸의 우려가 있는지 따진다. 정봉주 전 의원이 CBS의 한 라디오 프로그램에서 "주진우, 김어준 두 사람이 비겁하게 도망갔다. 출두해서 조사받아야 한다"고 이야기한 적이 있다. 농담처럼 던진 말인데 검찰이 절친한 정봉주조차 그들이 도망갔다는 얘기를 했다는 기사를 첨부했다. 도주의 우려가 있다고. 판사는 해외로 도망가지 않았느냐면서 정봉주의 발언을 꺼냈다. 주변인이 무심코 던진 발언까지도 서늘한 족쇄로 내 발목을 잡아챘다. 대선 이후 좀 쉬었고 중간중간 취재를 다녔다고 말했다. 정봉주 의원 특유의 농담 같은 화법이라고 설명했다.

검사는 김어준이 귀국하고 있지 않아 도주의 우려가 있다고 지적했다. 답답한 마음에 진심을 담아 말했다.

"저는 김어준 씨와 한때 팟캐스트 방송을 같이 했을 뿐, 우린 회사 동료도 아니고 상사도 아닙니다. 무엇보다 애인 사이도 아닙니다. 제가 왜 김어준에게 가야 합니까? 저는 〈시사IN〉 소속 기자이며 그 안에서 할 일을 하는 사람입니다. 검사님은 제가 김어준 씨와 친하다고 생각하는데, 사실 전 그 사람 별로 안 좋아합니다. 사람은 스마트하고 괜찮은데, 좀 많이 더럽습니다. 잘 안 씻어서 같이 있는 거 싫어합니다."

판사는 당황해 "흡" 소리를 냈다. 변호사들도 모두 놀랐다. 웃는 사람도 있었다.

판사가 이어서 출국 금지에 대해 묻기에 내가 대답했다. "요새는 국제화 시대여서 일본이나 홍콩에 취재차 하루 일정으로 다녀오기도 합니다. 지금은 조세피난처 비자금과 스위스 비밀 계좌 취재를 하고 있는데, 출국 금지를 내리면 이건 기자 발을 묶어놓는 것과 같습니다. 취재하지 말라는 것과 같습니다. 그래서 검사님께 며칠만 풀어달라고 요청드렸던 겁니다." 내 얘기를 듣던 판사는 검찰이 내린 출국 금지를 풀어줬다. 이처럼 영장실질심사는 잘만 활용하면 자신의 불편함이나 억울함을 풀 수 있는 기회이기도 하다.

판사는 "당신 이야기만 들어보면 기자로서 할 일을 한 것뿐인데 왜 검찰이 잡으려 한다고 생각합니까? 답하지 않아도 됩니다"라고 물었다. 나는 대답했다. "그동안 정권에 부담되는 기사를 많이 썼습니다. BBK, 내곡동 사저 같은 것들을 취재하면서 권력에 부담이 된 것 같습니다. 또한 정권의 호위병이라는 정치검찰을 비판할 때는 맨 앞에 섰습니다. BBK 검사들이 지금 검찰의 핵심인데 그들과 4년 동안 재판해서 최근에야 겨우 이겼습니다. 그 사람들이 저를 미워해 잡고 싶어 합니다. 저는 누구 편으로 움직이지 않습니다. 노무현, 김대중 정권 때도 비판적인 기사를 많이 썼습니다. 저는 기자로서 할 일을 한 것뿐입니다."

판사는 재판을 마치기 전에 마지막 발언 기회를 주었다. 그런데 영장실질심사의 준비는커녕 어떻게 진행되는지도 몰랐으니 준비해둔 말이 있을 리 없었다. 그래서 두서없이 말하기 시작했다.

"저는 기자입니다. 제가 명예를 얻자고 기자를 하는 게 아닙니다. 돈 벌려고 기자 생활을 하는 것도 아닙니다. 사회가 나아지는 데 벽돌 두 장 놓는다는 마음으로 기자 생활을 하고 있습니다. 작년까지만 해도 월급날만 되면 집에 있는 분과 싸웠습니다. 통장 잔고 0원. 월급날 '0원'의 공포를 느끼지 않는 게 그 사람의 소원이었습니다. 법이란 이름으로 기자를 옭아매고 기사를 못 쓰게 하는 일이 없었으면 좋겠습니다. 우리나라에서는 누구는 아무리 비난해도 괜찮고, 누구는 아무것도 비판하면 안 됩니다. 기자는 비판해야죠. 힘 있고 권력 있는 사람에게는 더더욱. 그래서 끌려갈지라도요. 그래도 해야죠. 기자는 해야죠." 어눌했지만 이런 취지로 이야기를 마무리했다. 그렇게 세 시간이 넘게 흘러 영장실질심사가 끝이 났다.

영장실질심사를 마치면 포승줄과 수갑을 차고 구치소나 경찰서 유치장에 갇힌다. 수갑을 찬 죄수들과 교도관들이 지나다니는 통로를 이용해야 한다. 반면 사회 지도층 인사들과 재벌들은 검찰청 조사실에서 대기한다. 변호사가 옆에 딱 붙어 심부름을 한다. 기다리는 동안 휴대전화도 이용하고 먹을 것도 마음대로 먹을 수 있다고 한다. 나 같은 서민들은 잡범들과 같이 유치장에 갇혀 판사의 심사 결과를 기다려야 한다.

유치장에 들어간다는 얘기를 가족에게는 하지 않았다. 검찰 수사관이 배려해주어 경찰서까지 가는 길에는 수갑을 차지 않았다. 이날 검찰 수사관은 나를 매우 친절하게 대해주었다. 그때까지와는 달리. 검사나 경찰이 친절하게 구는 데는 다 이유가 있다.

나는 서초경찰서 형사과로 인계됐다. 젊은 형사가 나를 불러 수갑을 채우고 포승줄을 묶으려고 했다. 순간 당황했다. 잠시 시간을 달라 하고는 구석에서 화를 삭였다. 나를 알아본 고참 형사가 절차라면서 양해를 구했다. 사람들이 없으면 수갑과 포승줄을 채우지 않고 유치장으로 보내주겠다고 호의를 보였다. 이 소식이 알려지면 경찰들이 괜한 불이익을 받을 수도 있었다. 그런데 포승줄에 묶이는 건 충격이었다. 옷이 구겨지니 포승줄은 묶지 말아달라고 합의를 봤다. 결국 수갑을 찼다. 그때가 오후 1시가 넘은 시각이었다.

유치장으로 가는 문을 열면 그 안에 철문이 있다. 철커덩 소리가 났다. 그들이 어렵게, 정말 어렵게 나를 여기까지 밀어넣었다. 수갑을 찬 채로 유치장 철문을 넘어선 순간, '아, 이제 나가는 게 쉽지 않겠다'라는 생각이 들었다. 마음이 가라앉았다. 소지품을 맡기고 수갑을 풀고 쇠창살이 처진 감옥으로 들어갔다.

영장실질심사 담당 판사가 오직 법만을 두려워하기를 기도했다. 내 말을 세심하게 들어준 판사에 대한 믿음은 있었다. 하지만 법만을 따진다 해도, 청구된 영장을 기각하려면 판사에게 대단한 용기가 필요한 상황이었다. 출세를 조금이라도 생각한다면 부담이 될 수도 있었다. 반대로 나를 그냥 여기 가둬놓으면 현 정권 5년 동안은 앞날이 탄탄할 것이었다. 쉬운 길이냐 어려운 길이냐를 선택하는 문제라고 생각했다.

나의 잘잘못, 법률적인 옳고 그름을 떠나 이렇게 인생이 바뀔 수도

[제88호] **임 치 증 명 서** [집규62호]

제 ♂5호   서울서초경찰서

                              20/3년5월/4일

수 신(성명) 주건의

제 목   임치증명서

          다음과 같이 임치하였음을 증명함

번 호	물 건	수 량	비 고
1	현금	250,000	
2	신분증	1	
3	서계	1	
4			
5			
6			
7			
기 타			

상기 임치물을 이상 없이 임치함

서울서초경찰서 유치관리팀

경위 방광규 (인)

있겠다는 생각이 들었다. 내 멋대로 살아왔고, 또 앞으로도 내 멋대로 살 것이다. 그렇지만 삶의 방향은 도무지 예측할 수 없었다.

영장실질심사의 절차

사전구속영장이 청구되면 영장실질심사를 받게 된다. 영장실질심사도 재판이다. 우선 피의자는 법원에 가서 영장을 복사해야 한다. 피의자 이외에 변호인, 가족, 동거인, 고용주도 복사를 요청할 수 있다. 영장에 기재된 범죄 사실을 확인한 다음 자신에게 유리한 자료를 제출하고 끝까지 판사를 설득해 영장이 발부되지 않도록 노력해야 한다. 구속이 필요한 이유는 도주와 증거인멸의 우려 때문이다. 유죄가 확실할 때는 도주나 증거인멸의 우려가 없다는 점을 집중 공략하는 것도 방법이다. 최선을 다해야 한다. 검사가 청구한 구속영장 기각률이 25퍼센트가량 되니 힘내서 싸워볼 만하다.

내 옆방에서 영장실질심사를 받던 사람은 〈서울의 소리〉의 백은종 편집인이었다. 그는 내 기사를 보고 5촌 살인 사건을 보도했다. 여기에 약간의 과장과 비약을 섞었다. 영장실질심사 전에 그와 마주쳤다. '정권의 앞잡이'인 판사를 따끔하게 혼내주겠다는 그의 말에 내가 말렸다. "그런 소리 마세요. 제발 공손하게 재판부를 존중하고 있다고 연기라도 좀 하세요. 절대 판사에게 대들면 안 됩니다." 유치장 옆방에 그가 있었다. 쇠창살을 사이에 두고 그를 만났다. 백 편집인은 영장실질심사에서 판사를 가르치고, 하고 싶은 말을 다 했다고 했다. "예, 축하드려요. 조심히 다녀오세요. 성질 좀 죽이시라니깐." 백 편집인은 그날 구속됐다. 물론 죄질의 차이는 있었다. 하지만 영장실질심사에 어떻게 대응하느냐는 구속과 불구속을 가를 만큼 중요하다. 잊지 말아야 할 것이 판사는 내가 마지막으로 호소할 사람이라는 점이다. 나의 권리를 지켜줄 최후의 보루라는 점이다.

또 한 가지. 세간에는 자백하면 구속되지 않는다는 풍문이 있다. 그렇게 조언하는 변호사들도 있다. 물론 객관적인 명백한 증거가 있는데도 마냥 부인하면 도주의 우려, 증거인멸의 우려가 인정되어 구속될 가능성이 높다.

하지만 무죄를 다퉈야 하는 상황에서는 강력하게 죄를 부인해야 한다. 판사에게 잘 보이기 위해 자백하고 선처를 구한다는 것은 있을 수 없는 일이다. 자백하는 순간 구속이라고 생각하면 된다. 우리나라에서 구속영장이 기각될 때 가장 빈번히 쓰이는 문구가 "범죄의 소명이 충분하지 않아서"다. 검사가 증거를 충분히 제시하지 못했다는 얘기다. 그런데 자백을 하면? 범죄가 소명되고, 범인은 기본적으로 도주의 우려가 있다. 구속이다.

그러니 공손한 자세로 억울함을 호소하자. 부인해온 사실은 더욱 강력하게 부인하자. 판사가 당신이 무죄일 가능성이 높다고 생각해야 영장이 기각된다.

03

유치장
사람들

유치장에 들어갔더니 점심시간이 지나 준비한 식사가 다 떨어졌다고 했다. 경찰이 빵과 콜라를 가져왔다. 펩시콜라였다. 내가 좋아하는 콜라가 아니어서 먹지 않겠다며 물렸다. 물론 별생각도 없었다. 유치장에 들어가면 면회 온 사람들에게 음식을 부탁할 수 있고 변호사와 상의할 수도 있다. 이 절차를 잘 아는 나조차 막상 내 일이 되니 아무 생각이 나지 않았다. 당황한 나머지 면회를 와달라고, 사식을 넣어달라고 부탁할 생각도 못 했다. 그런데 팬클럽(부끄럽지만 기자에게는 팬클럽이 있다) 회원 하나가 무작정 면회를 신청했다. 그리고 조금 뒤에 팬클럽 회원 수십 명이 또 면회를 왔다. 원래 면회는 하루에 두 번 허용되는데, 두 번의 기회를 그렇게 다 써버렸다. 경찰 아저씨가 나중에 동료 기자들의 면회를 한 번 더 허락해줬다. 단, 변호사 접견은 횟수 상관없이 가능하다. 시간도 제한하지 않는다.

유치장에는 아무도 없었다. 옆방에는 사람들이 우글우글한데. 바닥에는 책이 굴러다녔다. 그런데 책도 안 잡히고 잠도 안 왔다. 얼마 후 곱상한 외모의 한 젊은이가 들어왔다. 유치장 동기가 생긴 것이다. 영장실질심사 전에 법원 대기실에서 본 친구였다. 서먹해서 아무 말 없이 구석에 누워 있었다. 서로 한숨만 쉬고. 그 친구는 구석에 쪼그려 앉아 있었다. 몇 시간 뒤 30대 중반 친구가 한 명 더 들어왔다. 그 친구는 넉살이 좋았다. 나를 알아보고는 말을 붙였다. "기자님 팬입니다. 훌륭한 일을 했는데 감옥에 들어오니 억울하시죠? 사실 제보할 게 있는데요." 그래서 우리는 이야기를 시작했다. 어떻게 들어왔는지, 무엇을 잘못했는지. 나는 자연스레 듣고 있었다.

넉살 좋은 30대 중반 친구는 중견 기업 이사였다. 나름 잘나가는 사업가인데 지인에게 통장만 빌려줬다고 했다. 그 통장으로 돈이 들어왔다가 바로 나갔다고 했다. 통장을 만들어달라던 사람은 박근혜 대통령 측근이었고, 자신은 돈을 만져보지도 못했다고 했다. 그런데 갑자기 검찰에서 전화가 왔고 영장실질심사를 받으러 오라고 했단다. 그래서 잘 아는 '김앤장'에 있는 변호사 형과 상의했다. 그 형은 변호사가 필요 없는 간단한 일이니 수수하게 입고 편히 다녀오라고 했단다. 변호사의 조언을 듣고 가벼운 마음으로 영장실질심사를 받으러 왔다고 했다. 그는 청바지에 알록달록한 셔츠를 입고 있었다. 평소에는 정장만 입고 다니는데.

이렇게 말해줬다. "자, 보자. 일단 넌 복장부터 잘못됐어. 청바지를 입고 오면 판사는 자세가 안 됐다고 생각할 수 있어. 판사 앞에서 '제 얘길 들어주십시오.' 하고 예의를 갖춰야 하는데 알록달록한 셔츠가 뭐냐? 그리고 네가 아는 '김앤장' 형은 정말 나쁜 놈이야. 실력도 형편없고. 변호사를 고용하지 말고 그냥 영장실질심사에 가라고 했다면, 너를 아예 생각도 안 하는 놈인 거야. 내가 아끼는 동생이 영장실질심사를 받으러 간다면 나는 판사의 할아버지라도 찾아가서 설명하고 설득할 거다. 그런 인간관계는 접어도 돼. 영장실질심사는 네 죄가 중해서 재판을 받지 않아도 구속이 명백하니 구속부터 시켜달라는 검사의 요청이야. 매우 심각한 상황이라고. 지금 네가 말하는 것 말고 더 많은 게 있을 거야. 그것만으로는 검사가 사전구속영장을 치지 않아. 네가 주범은 아니더라도 종범은 확실해. 너도 책임은 확실히 져야 하는 상황인 거다. 간단치 않을 거야. 구속영장이 떨어질 가능성이 커. 빨리 서두르는 게 좋아."

조언을 해주자 말이 없던 젊은 친구도 이것저것 물어보기 시작했다. 그는 강남에서 수퍼카 수입 업체를 운영하고 있었다. 주로 페라리, 람보르기니 등 초고가 스포츠카를 수입한다고 했다. 입은 옷도 죄다 명품이고, 얼굴도 귀하게 자란 티가 났다. 외국 생활을 오래 했다고 한다. 그는 고객이 4억 원을 낸 후 나머지 잔금 6억 원을 주지 않아 페라리 차량을 인도할 수 없었다고 했다. 돈을 못 받아서 차를 안 줬는데 사기 혐의로 여기에 왔다며 억울해했다.

"잘 들어봐. 그게 다가 아닐 거다. 그것 말고도 네가 법적으로 잘못한 게 있어서 유치장까지 온 걸 거야. 네가 지금 받은 영장실질심사는 그런 문제 가지고 받을 수 있는 게 아니다. 일단 사기가 확실하다는 검사의 확신이 섰기 때문에 잡혀온 거라고." 그는 "아무 잘못도 없다"고 말했다. 나는 "네 말이 전부가 아닐 거야"라며 다 털어놓아야 도움을 줄 수 있다고 했다. 수퍼카는 워낙 비싼 차여서 어느 딜러한테 사느냐에 따라 돈이 몇 천만 원에서 많게는 2~3억 원까지 차이가 난다. 시장의 특성을 이용해 차를 싸게 사주겠다며 고객들에게 돈을 미리 받아놓고 결국 차를 안 주는 수법의 사기범이었다. 1년쯤 끌던 사건이었다. 그런데 어느 날 검사가 전화를 걸어 "한번 다녀가세요"라고 말했고, 오늘이 그다음 날이라는 거였다.

둘 다 사기 혐의로 유치장에 들어왔다. 그런데 법에 관한 지식이 너무 빈약했다. 안타까웠다. "너희가 말한 대로라면 구속영장은 기각돼. 하지만 너희가 알지 못하는, 아니 말하지 않는 뭔가가 있을 거야. 영장 실질심사를 받는 사람 중 75퍼센트는 구속이다. 너희도 구속될 가능성이 더 높아. 빨리 변호사를 구해. 너희는 죄가 있다 하더라도 감방에서 오래 살아야 하는 건은 아니야. 만약 구속되면 변호사에게 구속적부심을 신청해달라고 해." "아 그렇군요."

6시에 저녁밥이 나왔다. 식판에 밥과 된장국, 김치와 어묵, 그리고 무말랭이가 반찬으로 나왔다. 넉살 좋은 친구는 국에 밥을 말아 훌훌 먹었다. 페라리 친구는 먹는 둥 마는 둥 했다. 나는 숟가락을 들지도 않았다. 밥을 보니 다시 화가 치밀었다.

밤 11시쯤 한 친구가 더 들어왔다. 영어로 떠들면서 들어오는데 무척 산만했다. 눈동자가 흔들리고 흥분을 가라앉히지 못했다. 나를 알아보고는 말했다. "기자님은 금방 나갈 것 같아요. 밖에 사람들이 엄청 많이 와 있어요." 그는 자신을 강남에서 제일 잘나가는 클럽 '옥타곤'의 사장이라고 소개했다. 가만히 있다가 내가 한마디 했다. "향?" (향정신성의약품관리법을 위반한 마약 사범을 일컫는 은어다.) 옥타곤 친구가 놀랐다. "네, 형님. 역시 대단하십니다." "긴급체포냐?" "네, 한남대교 건너다가 긴급체포됐습니다. 실수로 몇 번 했는데 그렇게 됐습니다."

"야, 실수로 몇 번 약했다고 수배를 때리진 않아. 네가 다른 사람에게 약을 건넸을 거야. 최소한 두세 빈은 팔았겠지." 그는 다시 한번 놀란 눈으로 나를 바라봤다. "그걸 어떻게 아셨어요? 역시 기자님이십니다!"

유치장에서 이야기를 들어보니 범법자라 해도 법에 너무 무지하다는 생각이 들었다. 상황이 절박한데도 변호사의 조언도 얻지 못했다. 돈이 없는 친구들도 아닌데. 그러니 질 수밖에 없다. 이들 같은 잡범이 아니라 진짜 억울하고 몰라서 당하는 사람들도 부지기수일 것이다. 내가 기자 생활 하면서 배운 것 중 하나가 수많은 소송에서 얻은 경험이다. 유치장에서 세 명의 잡범과 함께 시간을 보내면서 그동안 터득한 실전 법률 노하우를 언젠가는 많은 사람들에게도 알려야겠다는 생각이 들었다. 바로 그 유치장에서 이 책을 쓰겠다고 마음먹었다.

새벽 1시, 또 한 고비를 넘기다

새벽 1시가 다 된 시각. 나의 구속영장은 기각됐다. 유치장 동기 네 명 가운데 나만 나오게 됐다. "감옥 생활 열심히 하고 문제 생기면 연락해라. 인터넷에 내 연락처 나온다. 빨리 변호사 선임해서 구속적부심 넣어라. 너희 수준의 죄질이면 금방 나온다. 건강 상하지 말고, 마음은 더 다치지 말고. 살다 보면 실수 한 번 한 건 인생에서 아무것도 아니다."

실제로 넉살 좋은 30대 친구가 구속적부심으로 바로 풀려나와서 나를 찾았다. 한 번은 제보를 하겠다며, 어느 개그맨의 부인이 이혼하려고 하는데 도와달라며 부인이 쓴 수기를 가져왔다. 나는 남녀가 헤어지는 데는 끼고 싶지 않다고 했다.

검찰은 내 건을 놓고 사안이 중대하고 도주 및 증거인멸의 우려가 있다고 했다. 하지만 영장실질심사를 진행한 엄상필 부장판사는 "이번 사건은 언론 자유의 한계를 주로 다투는 사건이다. 현재까지의 수사 진행 경과와 수집된 증거 자료 등을 종합해보면 현 단계에서 피의자를 구속해야 할 사유와 상당성을 인정하기 어렵다"고 기각 사유를 설명했다. 경찰서 밖으로 나와보니 변호사들과 회사 동료들, 그리고 많은 팬들이 기다리고 있었다. 나와서 인터뷰를 하는데 이 상황이 억울해서 화가 났다. 멋대로 말했다.

"남매가 부지런히 기자 하나 잡겠다고 하는데 권력기관까지 나서서 고생이 많으십니다. 박정희, 박근혜, 박지만 얘기하면 안 됩니까? 이상하다고 얘기하면 안 됩니까? 박근혜, 박지만을 위한 구속영장 청구였잖습니까. 그야말로 보여주기 식. 말은 잘 안 듣지만 이런 기자 하나 놔두면 사회에 보탬 되고 괜찮습니다. 그런데 사회를 위해, 국가를 위해 일하겠다는 사람을 계속해서 검찰청으로, 법정으로, 유치장으로 끌고 다니고 있습니다."

유치장에서 나와 변호사들과 밥을 먹었다. 집에 들어오니 새벽 3시 반쯤이었다. 아침에 예상했던 바로 그 시각이었다.

2014년 5월 14일, 주진우의 어떤 하루

내 시간이 나의 것이 아니다. 필요한 사람이, 급한 사건이 가져나 쓴다. 하루의 대부분은 정보원을 만나거나 나를 필요로 하는 사람을 만나는 데 쓴다. 저녁밥을 먹는 약속이 보통 두 건이다. 6시쯤 하나, 8시쯤 하나를 잡는다. 한 곳에서 에피타이저를 먹고 후식은 다른 곳에서 먹는다. 사람을 만나면 항상 중간에 일어선다. 한 약속 장소를 시작부터 끝까지 지키고 있는 일도 거의 없다. 문재인 의원을 만나도 "저는 바쁘거든요." 하며 중간에 일어선다.

집에서 밥을 안 먹은 지는 오래됐다. 주말 저녁 시간도 모두 일과 관련된 약속으로 채워져 있다. 주말에 약속을 잡지 않으면 평일 저녁에 일을 다 소화할 수 없어 지친다. 토요일 점심은 가족들과 먹고 출근하는 것이 보통이다. 이 생활이 10년이 넘었다. 원래 바쁘니까 웬만하면 바쁘다는 말을 하지 않는다. 최근에는 세월호 사건 취재하느라 더 바빴다. 성인이 된 뒤로 몸무게도 가장 적게 나간다. 항상 70킬로 언저리였는데 68킬로까지 내려갔다.

오늘은 아침에 출근하는데 변호사를 소개해달라는 전화를 받았다. 변호사는 소개해줘도 욕먹고, 안 해줘도 욕먹는다. 마음에 드는 결과가 나오더라도 사람들은 그 사건을 잊고 싶어한다. 그 마음 이해한다. 결과가 잘못되면 원망을 들어야 한다. 그래도 어쩌겠는가. 오늘은 검사와 고등학교 동문인 판사 출신 변호사를 찾아 소개해줬다.

오전에는 회사 앞에 있는 식당 '소가 좋아' 아주머니의 하소연을 들어줬다. 변호사가 일을 잘못해서 일을 그르쳤단다. 법률적으로는 다 끝난 일이라 내가 해줄 수 있는 게 거의 없었다. 어쩔 수 없지만 같이 변호사를 욕해줬다. 그러고는 수만 명의 피해자를 낳은 전일저축은행 사주였던 은인표가 보석으로 나온다기에 저축은행 피해자를 만났다. 피해자는 은인표가 백억 원대의 변호사비를 뿌리면서 죄를 거의 줄였다고 제보했다.

점심시간에는 '그랩' 윤창중 관련 수사가 미국에서도 지지부진해 피해자가 좌절하고 있다는 소식을 들었다. 피해자는 귀국해서 부산에 있는 인권 단체에서 봉사활동을 하고 있었다. 이렇게 끝내면 안 되는데……. 사실 피해자를 찾아가 기사를 쓸 수도 있었다. 하지만 피해자에게 희생을 감수하라고 할 수만은 없었다. 어쩌 보면 빨리 그녀의 상처가 잊히는 편이 나을지도 모른다.

점심 이후에는 변호사들과 재판 관련 회의를 잠시 했다. 그리고 오후 2시에 재판을 받으러 갔다. 박지만 씨가 내가 박정희 전 대통령의 명예를 훼손했다며 건 민사재판이었다. 만삭의 이재정 변호사가 굉장히 고생하고 있는 건이었다. 특히 박정희 전 대통령의 난잡한 밤 생활에 대한 방대한 자료를 읽는 것이 태교에 좋지 않을 텐데……. 민사재판에는 피고인이 직접 나가지 않아도 된다. 하지만 피고인이 없으면 판사도 변호사도 신경을 덜 쓴다. 그래서 법정에 가서 직접 진술을 했다.

"작년 오늘 이 시간, 저는 다른 건으로 사전구속영장이 청구되어 유치장에 있었습니다. 기자는 비판하는 게 직업인데 박근혜 대통령 집안에 대해서는 어떤 의혹도 제기해선 안 됩니다. 반대편에게는 뭘 해도 괜찮습니다. 대선 직전에 소송을 10여 건 당했는데 지금은 유독 박근혜 대통령과 박지만 씨 관련 재판만 남아 있습니다. 박지만 씨와의 소송이 여섯 건 더 남아 있는데 그중 하나가 지금 이건입니다. 기자는 명예나 돈 때문이 아니라 더 나은 사회를 만들기 위해 일해야 한다고 생각합니다. 판사, 검사, 변호사 들도 더 나은 사회를 만들기 위한 직업 아닙니까? 그런데 기자가 정권에 아픈 기사를 썼다고 재판에 매번 끌려다니면 정작 중요한 취재도 못 하고 자괴감이 듭니다. 박지만 씨는 3억 원을 배상하라는데 서민에게는 체포, 구속보다 돈이 더 무섭습니다. 1심에서 5백만 원을 배상하라는 판결이 나왔는데 우리 같은 사람한테는 5백만 원이 굉장히 큰돈입니다. 제가 책을 쓰기 전까지는 기자 생활 하면서 평생 5백만 원을 모아보지 못했습니다."

이렇게 두서없이 말했다. 재판 내내 무미건조한 표정이던 판사들이 내 말에 눈을 반짝거렸다. 어쨌든 재판이 끝났다. 재판 후 서초동에서 다른 소송에 걸린 사람을 만나 이야기를 들었다. 그러고 나니 기운이 쭉 빠졌다. 재판에 다녀오면 기분이 나쁘고 기운이 없다. 신경은 날카로워져 있다. 멍하니 한 시간 정도 앉아서 내 인생도 참 쓸쓸하다는 생각을 했다. 오후 늦게는 송지나 작가와 만나 드라마에서 정의를 실현하는 부분에 대해 이야기를 나눴다. 저녁은 역삼동에서 전직 국정원 간부와 먹었다. 디저트는 청담동에서 변호사 선배와 먹었다. 저녁식사 이후에도 10시, 11시 약속 두 개가 남아 있었다. 변호사와 이런저런 이야기를 하는데 급히 전화가 걸려와 강남경찰서로 달려갔다. 어떤 분이 사건에 휘말려서 경찰서에 끌려간 것이다. 조사가 끝나기를 기다려 변호사와 상황 이야기를 하고 집에 왔더니 새벽 3시 반이었다. 또 3시 반. 생각해보니 1년 전 오늘이 영장실질심사를 받은 날이었다. 작년이나 오늘이나 똑같았다. 낮에는 법원에 붙들려 있고 저녁에는 경찰서에 있다가 새벽 3시 반에 들어오는 이 생활은……

5

드디어
진짜 싸움이 시작되다

•

재
판

영장실질심사 후 검사는 기가 죽었다. 출국 금지도 풀렸다. 검찰은 바로 기소했다. 김어준 총수는 검찰 조사를 한 번도 받지 않은 상태였다. 이제 공은 법원으로 넘어갔다. 이제 진짜 싸움이 시작됐다. 운명을 건 재판에 돌입한 것이다.

2013년 7월 12일로 재판일이 잡혔다. 검찰 출석은 미뤄도 상관없지만 법원 출석을 미뤄서는 안 된다. 불가피한 경우 판사의 양해를 구해야 한다. 7월 10일, 김 총수가 귀국했다. 국민참여재판을 신청했다. 국민 상식의 눈에서 판단을 받아보고 싶었다. 국민참여재판을 신청한 것은 내 의지였다. 우리 변호사들은 반대 의견이 많았다. 검사들이 올인할 거라는 판단에서였다. 우리를 잡으면 이번 정권 5년간 승진이 세 번 보장되기 때문에 목숨을 걸고 준비한다는 거였다.

서울 중구 중림로 27
가톨릭출판사빌딩 3층 (주)참언론
주진우

100-858

2060215-975190
제6형사부
2013-079-3469-14-06-27-11-00-201

서 울 고 등 법 원

피고인소환장

서울중앙지방검찰청

2013. 6. 13.

사건번호   2011년 형제111308호, 2012년 형제116906호, 116907호
수신자   서울중앙지방법원
제 목   공소장

검사 이건령은 아래와 같이 공소를 제기합니다.

I. 피고인 관련사항

1. 피 고 인   주진우 (███-███), 39세
   직 업   언론인, 010-███-███
   주 거   서울특별시 ███ ███████ █ ████ ███
                ███ ███████

   등록기준지 서울특별시 ███ █████ ███

   죄 명   공직선거법위반, 정통신망이용촉진및정보보호등에관한법률위반
           (명예훼손), 출판물에의한명예훼손, 사자명예훼손

   적용법조   공직선거법 제250조 제2항, 정보통신망이용촉진및정보보호등에
             관한법률 제70조 제2항, 형법 제309조 제2항, 제1항, 제308조,
             제40조, 제37조, 제38조.

   구속여부   불구속
   변 호 인   동화 법무법인(담당변호사 이재정), 법무법인 지평지성(담당변호사
             박영주, 최정규, 구나영), 제일 합동법률사무소(담당변호사 안상운),
             법무법인 양재(담당변호사 최병모, 한택근, 김필성), 법무법인 시민
             (담당변호사 김선수, 김남준, 권숙권, 고윤덕, 최용근), 법무법인
             이공(담당변호사 허진민), 변호사 유창진

2. 피 고 인   김어준 (███-███), 44세
   직 업   언론인, 010-███-███
   주 거   서울특별시 ███ ████ ███ ███████
   등록기준지 ███ ███ ███ ███

국민참여재판은
훨씬 어려운 싸움이다

넉 달 동안 재판 준비에 매달려야 했다. 회사에 다니는 입장에서 재판을 치르는 건 고역이었다. 일이 손에 잡히지 않았다. 웬만해선 눈치를 보지 않는 나도 힘들었다. 무엇보다 쓰고 싶은 기사를 못 쓰고 재판에 묶여 있어야 한다는 게 괴로웠다. 마음을 다스리는 게 힘들었다. 하루에도 몇 번씩 울화가 치밀었다. 국민참여재판 경험도 풍부하고 준비를 철저히 할 여건이 되는 검사와 달리 우리 쪽 변호사들은 바빴다. 내 사건에만 매달리라고 할 수도 없는 형편이었다. 품이 많이 들어가야 하는 이 재판에 온전히 매달릴 사람이 없었다.

하지만 참여재판을 마다할 이유가 없었다. 이번 재판은 권력의 눈치를 보는 사람들, 즉 검사들이 우리를 잡으려는 사건이라고 생각한다. 그러니 국민들의 판결을 직접 받아보고 싶었다. 기자의 첫번째 임무는 워치독(watchdog), 즉 감시견이 되는 것이라는 게 내 신조다. 특히 권력에 대한 비판에선 물러서지 말아야 한다. 선거 전에 더 많이 검증하는 건 기자의 의무이기도 하다. 그런데 박근혜에 대해서는 아무도 문제 제기를 하지 않는다. 문제를 제기하면 나 같은 꼴이 난다. 검사들이 질질 끌고 다니려고 한다. 기자의 자존심 문제였다. 언론의 자유를 위해서라도 물러설 수 없었다. 내가 쓴 기사가, 내가 한 말이 그렇게 잘못인지 묻고 싶었다. 검찰이 달려들어 구속까지 시켜야 할 일인지를 말이다.

빨리 구속의 공포에서 벗어나고 싶었던 것도 국민참여재판을 신청한 이유였다. 사람을 말려 죽이는 데는 재판만 한 것이 없다. 재판이 잡히면 한 달에 한두 번씩 계속 끌려다녀야 한다. 1년 가까이 늘어지는 경우도 있다. 국민참여재판은 신청하고 난 뒤 실제로 재판이 열리기까지 세 달 정도 걸린다. 하루나 이틀에 재판을 몰아서 하고, 재판 당일 선고가 바로 떨어진다. 재판을 빨리 끝낼 수 있다면 악마라도 만날 수 있었다.

김어준 총수는 내가 국민참여재판을 하겠다고 했을 때 믿어줬다. 김 총수는 이 사안을 잘 설명하기만 하면 무죄를 받으리라는 확신을 보였다.

변호사들의 반대가 심했다. 국민참여재판은 하루 혹은 이틀 만에 공판 절차가 진행되기에 철저히 준비해야 한다. 내 사건 담당 검사는 그 시간 동안 이 사건만 팔 것이다. 실제로 그랬다. 검사들이 얼마나 꼼꼼하게 준비했던지……. 정말 미웠다. 판사 선배들에게 조언을 구했다. 의견이 엇갈렸다. 3 대 2로 '하지 마' 쪽 결론이 나왔다. 담당 판사가 법원 내에서도 매우 유능하고 신망이 높아 정치적인 바람에 휘둘리지 않으리라는 기대가 컸다. 반면 만약 국민참여재판에서 유죄를 받으면 2심이 굉장히 힘들어진다는 판단도 자리하고 있었다. 이는 마지막까지 국민참여재판을 주저하게 만드는 대목이었다.

국민참여재판에 찬성하는 판사는 조건을 달았다. "국민참여재판은 한 편의 연극처럼 진행되어야 해. 이 재판에 쏠린 관심을 생각하면 판사가 법대로만 판결을 내리기는 엄청나게 힘들어. 대단한 용기가 필요하거든."

역시나 변호사들은 바빴다. 당시 민변 변호사들, 특히 내 변호사들은 이석기 내란음모 사건, 유우성 간첩 조작 사건에서 빛나는 활약을 펼치고 있었다. 내 일에만 매달릴 상황이 아니었다. 한 번 만나고 나면 그다음 회의 때까지 준비를 제대로 해 오는 사람은 나뿐이었다. 이재정 변호사는 그 많은 재판 틈틈이 연애까지 하느라 정신이 없었다. 사랑은 그 모든 재판을 제압할 만큼 위대하다. 당연하다. 그때 연애를 열심히 해서 결혼하고 지금은 애까지 낳았으니……. 이 변호사는 그간의 정신없음을 참여재판에서 일거에 만회했다. 배심원들 앞에서 사안을 정확히 해석하고 정리해 검사를 난처하게 만들었다. 이 변호사가 마이크를 잡으면 이건령 검사의 표정이 일그러졌다.

나는 혹시 감옥에 가더라도, 우리가 무엇 때문에 처벌받는지 기록을 남겨놓고 싶었다. 이 문제가 정말 감옥에 갈 만한 사안인지 국민들이 한 번 더 고민해보길 바랐다. 솔직히 재판 도중에 시끄럽게 떠들어서 박근혜 대통령 측에 부담을 주고도 싶었다. 그런데 언론에서는 5촌 살인 사건이 아니라 굿판 때문에 재판을 받았다고 보도했다. 언론은 박지만이라는 이름과 5촌 살인 사건을 거론하는 것 자체를 꺼리는 듯했다. 꼼꼼했다. 2013년 4월 5일 자 언론 보도 헤드라인을 모아봤다.

'억대 굿판 주장' 주진우 검찰 출석, "기자의 사명 다했을 뿐" 〈경인일보〉

'억대 굿판' 보도 주진우 기자 검찰 출석〈YTN〉

'억대 굿판 의혹 제기' 주진우 검찰 출석〈OBS〉

'박근혜 억대 굿판' 보도한 '나꼼수' 주진우 기자 검찰 출석〈헤럴드생생뉴스〉

재판을 불과 며칠 앞두고 변수가 생겼다. 민사재판에서. 박지만은 내게 총 여섯 건의 소송을 걸었다. 박정희 전 대통령 명예훼손에 대한 형사재판은 5촌 살인 사건과 병합되어 진행되었다. 명예훼손에 대한 민사재판이 국민참여재판을 앞두고 갑자기 속도를 내기 시작했다. 형사재판 후에 민사재판이 진행되는 것이 일반적인 경우다. 우리 측 변호사는 형사재판 결과를 보고 판단해달라고 민사재판부에 요청했다. 박지만 측 변호사도 여기에 동의했다. 판사도 수긍하는 듯했다. 그런데 국민참여재판 일주일 전, 서울중앙지법 민사합의14부 배호근 부장판사가 갑자기 5백만 원 배상 판결을 내렸다. 언론은 박지만 씨가 나를 상대로 낸 3억 원 손해배상 소송에서 원고가 일부 승소했다고 보도했다. 뒤통수를 한 방 맞은 기분이었다.

민사재판을 진행한 판사가 참여재판 배심원들에게 마치 가이드라인을 제시한 것이 아닌가 싶었다.

가장 중요한 재판은 1심이다
1심은 대충 하고 2심에서 뒤집으면 된다고 말하는 사람들이 있다. 그런 사람 꽤

많다. 뒤집기 기술이 있다고 주장하는 변호사도 많다. 그러나 잘 안 뒤집힌다. 희망고문일 수도 있다. 가장 중요한 재판은 1심이다. 1심부터 전력을 다해야 한다. 산불 진화와 마찬가지로 법적 진화도 빠르면 빠를수록 좋다.

3심, 즉 대법원의 재판은 법률심이다. 새로운 증거를 제출할 수 없다. 서면만으로 재판이 진행된다. 대법원은 적용한 법리만 판단한다. 아주 특별한 사안이 없는 한 대법원은 2심 판결을 그대로 수용한다. 형사재판의 경우, 정두언 새누리당 의원의 경우처럼 대법원에서 결과가 뒤집히는 확률은 2퍼센트도 채 되지 않는다. 웬만한 힘으로는 될 일이 아니다. 정 의원은 2007년 임석 전 솔로몬저축은행 회장에게 1억 4천만 원의 불법 정치자금을 받고, 이명박 전 대통령의 형인 이상득 전 의원이 솔로몬저축은행에서 3억 원을 받는 데 공모한 혐의로 기소됐다. 1심에서 정 의원은 징역 1년과 추징금 1억 4천만 원을 선고받고 구속됐다. 2심에서는 일부 혐의가 무죄로 바뀌어 징역 10개월로 감형됐다. 하지만 대법원은 무죄 취지로 사건을 서울고법으로 돌려보냈다.

대법원에서 판결이 확정된 후라도 결정적인 증거가 조작됐거나 결정적인 증인이 나타나 사건을 다시 판단해보고 싶다면 재심을 노려보는 것도 한 방법이다. 절차상의 방법이 있다는 뜻이다. 확률이 낮다는 것은 명심해야 한다.

병원에 가는 게 싫은 이유는? 아픈 게 무서워서가 아니다. 사실 치료비가 더 무섭다. 진짜 무서운 건 돈이다. 참고 버티다가 병을 키우는 사람들이 적지 않다. 비용 때문에 1심은 혼자서 하고 안 되면 변호사를 선임하겠다는 사람을 많이 본다. 결론부터 말하면 대단히 위험한 발상이다. 이미 확정된 내용을 뒤집기란 매우 힘든 일이다. 모든 화력은 처음에 쏟아붓는 것이 옳다. 소송은 집중적으로 진행하는 게 좋다. 한번 형성된 사실 관계는 웬만한 주장이나 증거로는 쉽사리 무너지지 않는다. 일관성이라는 측면에서. 아마추어인 피고인이 1심에서 잘 모르는 논리로 접근한 진술에 대해 전문가가 2심에서 다른 말을 하기란 어렵다. 특별한 전략이 없다면 2심은 생각 말고 1심에 집중하라. 전략이 있다 해도 1심만 생각하라. 쥔 돈이 조금뿐이라도 이때 다 써라. 세상의 마지막 재판처럼.

재판에도 리허설이 필요하다

검사가 기소했다. 정식재판을 걸었다는 의미다. 그러면 곧바로 법원 민원실로 달려가라. 그리고 공소장을 복사하라. 공소장은 통상 우편으로 보내기 때문에 시간이 걸린다. 일분일초가 아깝다. 공소장을 바로 입수해 읽고 또 읽어라. 당신은 징역이나 금고형 혹은 자격정지나 자격상실 등에 해당하는 중죄인이라고 검사가 판단한 것이다. 심각하다. 재판은 전쟁이다. 살아남아야 한다. 재판을 잘못 치러서 인생이 망가진 경우는 수도 없이 많다.

기소된 형사사건을 법원이 심리하고 판결하는 일을 공판이라고 한다. 공판은 모두절차로 시작된다. 모두절차는 재판에서 제일 먼저 진행되는 절차라고 이해하면 된다. 모두절차는 검사의 모두진술로 시작된다. 검사는 공소장을 바탕으로 피고인을 기소하면서 판단했던 근거와 이유를 설명한다. 이후 공소장에 대한 피고인들의 답변, 변호인의 모두진술로 이어진다. 다음은 증거 조사 절차다. 공판의 핵심이다. 실질적인 재판은 이제부터 시작이다. 증거를 채택하고, 증인을 부르고. 재판은 여기서 판가름 난다. 시간도 가장 많이 소요된다. 모든 재판은 증거에 의해 이루어진다. 재판은 오로지 법정에 현출된 증거만 가지고 판단되어야 한다. 상식이나 선입견, 편견 등은 철저히 배제되어야 한다. 증거 조사가 끝나면 이제부터 종결 절차다. 검사가 최종 의견을 제시한다. 이에 대한 변호인의 최종 변론이 있다. 그리고 피고인이 최종 진술을 하게 된다. 그다음은 선고다. 판사의 판결로 재판이 마무리된다.

판사에게 보내는 편지, 의견서

진심을 담은 편지는 마음을 움직인다. 마음이 움직이면 머리도 따라 움직인다. 검사나 판사에게 편지를 쓰는 것도 한 방법이다. 애인의 편지는 구구절절 감동 덩어리다. 하지만 피의자가 쓰는 글은 웬만해선 감동을 주기 어렵다. 끝까지 읽는 것조차 쉽지 않다. 그래서 무조건 짧게 쓰는 것이 좋다. 짧게 쓰면 명쾌해진다. 실수할 확률도 줄어든다.

특히 판사의 경우 검사의 공소장을 보고 사건을 접한다. 밉상인 친구의 밀고로 잔뜩 오해가 쌓인 애인과 비슷하다고 보면 될 것 같다. 오해한 애인에게 어떤 말을 먼저 해야 할까? 미안하다고만 말하면, 이는 오해한 내용이 사실이라고 시인하는 것처럼 보일 수 있다. 애인의 마음을 풀어주려면 아닌 것은 아니라고 납득시켜야 한다.

검사가 당신에 관해 판사가 오해하도록 써낸 공소장에 대해 최초로 반론을 제기하는 것이 의견서다. 의견서는 당신이 공소장 부본을 송달받은 날로부터 7일 이내에 제출해야 한다. 검사의 공소 사실 중에 자신이 한 일과 하지 않은 일을 구별해 간단명료하게 정리한 것이 가장 훌륭한 의견서다.

예를 들어 검사가 "당신이 언제 어느 나이트클럽에서 미모의 여성과 춤을 추다 같이 나가는 것을 봤다"고 공소장을 썼다면, 당신은 의견서에 "몇 시부터 몇 시까지 그 나이트클럽에 갔던 것은 사실이나(인정 사실) 그 여성과 춤을 춘 적은 없고 같이 나가지도 않았다. 그 시간에 친구와 함께 술집에 가서 술을 한잔 하고 집에 돌아왔다(부인 사실)"고 정리하는 식이다.

그런데 사실 무엇을 부인하고 무엇을 인정해야 할지 판단하기 어렵다. 따라서 당신이 검사에 의해 기소되어 공판 절차까지 갔다면(경범죄라면 벌금형이 나와서 공판 절차까지 갈 일은 없을 것이다) 변호인의 도움을 받는 것이 현명하다.

의견서를 제출하지 않는다고 강제하거나 불이익을 줄 수는 없다. 하지만 의견서가 제출되지 않은 사건의 경우, 일단 자백 사건(모든 공소 사실을 시인하는 사건)으로 간주해 공판 기일을 잡는 것이 일반적이다. 판사는 당신이 공소 사실의 죄를 저지른 것이 맞다는 강한 의심을 갖고 재판을 시작할 가능성이 높다. 그러므로 7일 이내에 최소한 "아직 변호인을 선임하지 못해 구체적인 의견서를 제출하지는 못하나 공소 사실을 인정할 수는 없습니다"라는 의견서를 내는 것이 좋다.

변호사 없이 재판을 치르는 경우, 사실이 아닌 것은 먼저 명확히 밝히는 편이 좋다. 그러나 명심할 것. 판사는 거짓말쟁이를 가장 많이 만나는 사람이다. 명백한 증거가 있음에도 거짓말을 하다가 들통 나면 모든 부인 사실에 대해 강력한 의심이 발동된다. 이는 애인과의 관계에서도 마찬가지다.

다음은 문유석 인천지방법원 부장판사의 책 《판사유감》의 일부다. 60대 농민이 쓴 편지(항소이유서)가 가장 논리적이고 감동적이었다며 책에 실었다. 문판사는 세월호 사건 때 '딸 잃은 아비가 스스로 죽게 할 순 없다'는 글을 신문에 기고해 화제가 됐던 인물이다.

예전에 읽어본 중에 가장 뛰어난 항소이유서를 읽고는 감탄한 나머지 복사해둔 일이 있습니다. 무면허 음주운전으로 세 번이나 벌금을 낸 적이 있는 사람이 또다시 무면허 음주운전을 하다가 적발되어 1심에서 벌금 2백만 원을 선고받고는 벌금이 과다하다며 낸 항소이유서입니다. 참고로 이분은 60세의 농민으로 고졸 학력이셨죠.

저의 무면허 음주운전 행위는 국법 질서의 확립을 위하여 당연히 처벌되어야 합니다. 그러나 다음과 같은 사유들을 재고해주십시오.

첫째, 자동차는 현재 생활필수품이 되어 있는 상황이고, 특히 제가 살고 있는 지역은 교통의 오지로서 정상적 활동을 위해서는 자동차 운행이 불가피한 실정입니다. 또한 지난달 대통령의 도로교통법 위반자에 대한 사면이 있었고 이에 대한 네티즌의 찬반양론이 있었으나 우열을 가리기 힘들었다고 합니다. 이는 도로교통법의 기한 단속 등이 상당 부분 행정 편의적으로만 이루어져왔음을 반증하는 것으로도 볼 수 있을 것입니다.

둘째, 음주운전 행위는 우리나라의 전통적인 생활 문화가 서구의 자동차 문화로 전환되는 과정에서 오는 적응 미숙이라는 부분도 상당 부분 포함되어 있다고 생각하며, 이를 사회악으로만 일방적으로 몰아붙이는 것은 지나친 힘의 사용이라고 생각합니다.

셋째, 범법 행위에 대한 엄벌도 필요하지만 현재 가구당 연평균 이자 부담액이 3백만 원에 육박하는 실정에서, 과중한 벌금을 부과하는 것은 경제 능력이 미약한 사람에게 유전무죄 무전유죄라는 자조적인 허탈감을 주게 되고 이는 법의 존엄성과 정당성을 손상할 수도 있다고 생각합니다.

끝으로 오랜 기간 법관으로 재직하신 분이 변호사 개업을 하신 후 하신 말씀 한 구절을 적습니다.

"재직 시에는 죄와 죄인만 보였는데 지금은 그 사람과 가족의 삶과 생활이 보인다."

재판은 인생이 걸린 시험장이다. 준비도 열심히 해야 하고, 모의고사를 치르듯 변호사와 예행연습도 해야 한다. 그러나 실제로 그렇게 하는 사람은 극히 드물다. 법을 잘 아는 사람도 '대충 아는 대로 대답하면 된다'고 생각했다가 막상 재판에선 실수를 하고 돌아온다. 당연히 그 어떤 변호사도 예행연습을 하자고 먼저 제안하지 않는다. 변호사를 과외 선생님이라 생각하고 의뢰인이 먼저 변호사에게 재판에서 쟁점이 될 만한 것들을 물어봐야 한다. 재판은 연극이다. 예행연습을 하고 최종 점검하는 절차가 반드시 필요하다.

"내가 판사 할 때는 변호사들이 너무 어이없게 열심히 안 하는 거야. 증거도 제대로 제출 안 하고 상대방 주장을 열심히 다투지도 않고……. 다른 사건에서 보면 똑똑하고 나름대로 괜찮은 변호사인데 왜 이것밖에 안 하는지 정말 이해가 안 갔는데, 판사 그만두고 변호사해보니까, 아! 그게 돈이 안 되는 사건이었구나, 그걸 딱 알겠더라고. 돈을 조금밖에 안 주는 사건은 열심히 안 하게 되는 거지." 부장판사 출신 김남희 변호사가 쓴 《젊은 변호사의 고백》의 일부다.

> 결국 재판은 자기 몫이다. 자기가 치르는 거다. 모든 재판은
> '자기' 재판이지 변호사의 재판이 아니다. 내 일을 나보다 더
> 잘 알고 잘 챙길 사람은 없다.

변호사는 전략을 짜주는 조력자이자 법적 조언자이지만 최종 책임은 자기 자신이 지는 것이라는 사실을 명심해야 한다. 자기가 하는 만큼, 아는 만큼 변호사도 따라온다. 기본적으로 변호사들이 사건 내용을 다 파악하고 있을 거라 생각하지만 실제로는 그렇지 않다. 특히 검사 출신 변호사들은 공부를 하지 않는 경향이 있다. 검사 출신 변호사들은 "판사가 내 동기니까 걱정 마세요"라고 해놓고는 손놓고 있다. 옛날처럼 전관이라고 무조건 봐주지 않는데도.

재판에는 '역전 드라마'가 없다. 영화나 드라마를 보면 막판에 결정적인 증인이 나타나 역전승을 거두곤 한다. 현실에선 극히 드문 경우다. 대신 반대 경우는 종종 일어난다. 증인이 재판에 안 나오거나 말을 바꾸는 경우가 훨씬 많다. 공권력, 기관, 회사, 돈과 싸우는 사람들은 대부분 그렇다. 공무원이 양심선언을 하고 옷 벗고 나와서 나를 위해 한마디 보태줄 가능성은 거의 없다.

그래서 변호사와 재판을 위한 회의를 밥 먹듯이 해야 한다. 의사도

환자를 자주 살펴봐주고 환자의 이야기를 많이 들어주는 의사가 좋은 의사이듯, 변호사도 의뢰인과 자주 만나주는 변호사가 좋은 변호사다. 그런 변호사는 드물다. 이상하게 내 돈 주고 변호사를 고용해놓고도 일을 시키기가 미안하다. 궁지에 몰린 사람들의 심리다. 그래도 밥 사면서 계속 물어봐야 한다. 나도 국민참여재판 관련 기본 자료를 손수 만들었다. 그리고 평소 알고 지내던 변호사들의 감수를 받았다. 그러고는 내 담당 변호사들에게 가져다주었다. 그렇게 재판을 시작했다.

02

국민참여재판을
신청할까 말까?

2008년부터 시행되고 있는 국민참여재판은 국민이 배심원으로 재판
에 직접 참여해 피고인의 유무죄를 판단해 법관에게 권고해서 판결하
는 재판이다. 우리나라의 국민참여재판 실행 비율은 전체 재판의 0.1퍼
센트에 불과하다. 배심원단의 평결을 판사가 반드시 따르는 것은 아
니다. 그리고 검사의 항소도 인정된다. 미국에서는 배심원단이 무죄를
판결하면 검사가 항소할 수 없다.

　오직 판사만이 판결을 내릴 수 있는 게 아니라 국민의 상식으로도
법의 판단을 받을 수 있는 민주적인 제도라 할 수 있다. 폐쇄적인 법원
내부에 활력을 불어넣는 제도다. 사법 민주화를 위해서는 꼭 필요한
제도라고 판사들도 평가하고 있다. 사실 독재 시대에는 법의 이름으
로 얼마나 많은 폭력과 살인이 저질러졌는가!

　2009년부터 2013년 6월까지 억울한 옥살이는 약 8만 건으로, 그 보
상 금액은 1370억 원에 이르렀다. 증거도 없이 함부로 사람을 구속하는
검·경찰의 잘못된 수사와 기소는 줄어들기는커녕 더욱더 늘어나고 있
어서 마지막으로 재판을 기대할 수밖에 없는 현실이다. 하지만 그동안

이 재판조차 제대로 이루어지지 못했다. 특히 정치적인 재판이 그랬다.
— 박홍규 교수의《국민참여재판 이대로 좋은가?》중에서

억울한 옥살이가 한 해 평균 약 2만 건임을 감안하면, 사법부를 인권의 최후 보루로 여기기에는 믿음이 가지 않는 것도 사실이다. 영화 〈7번 방의 선물〉은 실제 사건이 배경이다. 1972년 파출소장의 딸을 성폭행하고 살해했다는 누명을 쓰고 구속된 정원섭 씨는 15년이나 옥살이를 했다. 결국엔 재심을 신청해 2011년 무죄를 선고받았다. 정 씨는 38세에 감옥에 들어가 39년 세월을 옥살이와 재판으로 흘려보내야만 했다.

참여재판에는 변수가 많다. 성폭력 사건에서 피해자가 예쁜 경우에는 배심원들이 피해자에게 쉽게 감정이입을 한다. 피고인의 유죄 확률이 높아진다. 반면 가해자가 미인인 경우에도 배심원들이 감정이입을 할 가능성이 높다. 물론 배심원의 성비가 중요하겠지만.

실제로 '미인감경'이라는 법 조항이 '유전무죄' 다음 구절에 나온다는 속설도 있다.

피고인을 풀어주면 배심원 자신이나 가족에게 위해를 가할 것 같은 경우(조직폭력, 폭력, 아동성폭력 등)에는 국민참여재판이 불리하다. 배심원은 판사보다 냉정을 찾기 어렵다. 성폭력 사건일 때는 변호사들이 판사에게 딸이 있는지 아들이 있는지 알아보기도 한다. 판사에게 딸이 많으면 처벌이 무겁게 나오는 경향이 있기 때문이다. 판사도 이러한데 배심원들이야. 배심원들은 자기 자신이 처한 상황에 따라 편파적으로 생각할 가능성이 있다. 일반인이 이해하기 어려운 저작권, 기술 관련 사건은 배심원들도 이해하기 어렵다. 결과를 예상하기도 힘들어진다. 변호인이 많거나 프레젠테이션이 지나치게 화려하면 동정표를 못 얻을 수 있다. 오히려 검찰의 딱딱한 프레젠테이션이 권위 있다고 생각하는 배심원도 많다. 지난 5년간 재판에서 벌금이나 집행유예가 아니라 구속된 실형 비율은 국민참여재판이 일반 재판보다 두 배나 높았다.

국민참여재판을 결심했다면 내 논리를 쉽게 풀어줄 변호사가 필요하다. 특히 어려운 이야기를 쉽게 풀어 말할 줄 아는 변호사를 찾는 것이 중요하다. 말 잘하는 변호사, 정말 드물다. 국민참여재판은 6개월 넘게 진행될 재판을 두세 달 안에 한 번에 끝내기 때문에 증거를 완벽하게 준비해야 한다. 그러면서 복잡한 법리적 다툼을 일반인의 용어로 바꾸는 준비도 필요하다. '쉽게 설명하기'는 국민참여재판의 핵심이다.

검사는 늘 심플하게 설명한다. 이 사람이 이러이러한 잘못을 했고 예전에도 비슷한 전과가 있다는 논리로 말한다. 머리를 탁 때리게 정리해준다. 그러나 대부분의 변호사들은 법리를 읊으며 중언부언하기 쉽다.

따라서 국민참여재판에는 상황을 냉정하게 파악하고 이성적으로 설명해줄 변호사가 필요하다. 머리에 논리를 심어주는 것도 좋지만 가슴에 울림을 전달하는 것이 무엇보다 중요하다. 특히 국민참여재판 배심원은 중년 아주머니가 많이 선택된다. 따라서 배심원과 공감대를 쉽게 형성할 수 있는 중년 여성 변호사가 유리할 것이다.

내 재판에서는 박주민 변호사와 이재정 변호사가 이런 점에서 강점을 보여주었다. 대부분의 변호사는 법률 용어를 주로 쓰지만 박주민 변호사는 일상적인 언어를 썼다. 사건을 꿰뚫고 있었기에 가능한 일이다. 배심원에게도 더 설득력이 있었다. 이재정 변호사처럼 말을 또렷이 잘 전달하는 변호사는 찾기 어렵다. 인생이 걸린 국민참여재판이라면 박주민, 이재정 변호사에게 상담하라. 우리나라에서 이만한 국민참여재판 전문가는 없다. 단, 이분들은 비싸다. 무엇보다 시국 사건 변호 때문에 시간이 없다.

국민참여재판을 하기로 결심했다면 단단히 각오해야 한다. 변호사보다 더 바빠지는 사람은 자기 자신이다. 변호사에게 어떤 자료를 얼마나 주느냐에 따라 변론의 질이 결정된다. 나는 기자라서 PPT를 만들고 취재 능력을 발휘해 증거를 모아 올 수 있었다. 민변의 여러 변호사들이 합심해서 도와준 것도 큰 도움이 됐다. 김용민 변호사는 박용수가 자살한 등산로를 직접 가봤다. 낮에 등산화를 신고도 세 시간이 걸리는 길이었다. 도중에 밧줄을 잡고 올라가야 하는 지점도 있을 만큼 길이 험했다. 박용수가 밤에 세 시간이 넘는 험한 등산로를 걸어 올라가 목을 맸다는 검사의 주장을 뒤흔들어놓은 실증 절차였다.

일반적인 재판에서는 판사가 의문을 제기했는데 변호인이 그에 대한 답을 준비하지 못했다면 다음 기일까지 서면을 내거나 다른 증인을 부르면 된다. 그러나 국민참여재판은 그 자리에서 의문점을 해소하지 못하면 끝이다. 국민참여재판은 철저히 준비하지 않으면 안 하느니만 못하다.

국민참여재판의 꽃, 배심원 선정

배심원 선정은 국민참여재판을 준비하는 데 가장 중요한 과정이다. 여기에는 많은 경험과 노하우가 필요하다. 국민참여재판을 많이 경험한 변호사가 아니면 알지 못하는 디테일도 숨어 있다. 서울중앙지검에는 배심원으로 서초, 강남, 잠실, 용산 지역 사람들이 많이 참여한다. 진보적 성향의 젊은 층이면 우리 쪽에 우호적일 것이다. 반면 나이가 많은 사람들, 특히 남성은 위험하다. 나의 가장 큰 약점이 절반의 사람들은 나를 너무 사랑하는데 나머지 절반은 죽이고 싶어한다는 거다.

배심원을 선정할 때는 우선 법원에서 예비 배심원단 수백 명에게 편지를 보내어 재판에 참여할 수 있는지를 묻는다. 배심원단은 재판 당일 오전에 추첨을 통해 결정되는데 총 일곱 명일 수도 있고 아홉 명일 수도 있다. 지난 우리 재판은 배심원단에 발생할 어떤 불상사에 대비한 '그림자 배심원'(선고하는 순간까지 누가 그림자 배심원인지는 재판부 외에 아무도 모른다)까지 합해 총 열 명의 배심원이 뽑혔다. 선정된 배심원들의 이름, 나이, 주소 정도의 대략적인 정보는 받지만 그것만으로는 그들의 성향을 파악하는 데 어려움이 크다.

검사와 변호사가 배심원을 선택하지는 못하지만 배심원단 중 몇 명을 각각 거부할 수는 있다. 바로 이 부분이 재판의 첫번째 분수령이다. 변호사와 검사가 번갈아 가며 몇 가지 질문을 던지면서 일종의 사전 면접을 본다. 이때 〈나꼼수〉에 대해 우호적인 대답을 한다고 해서 우리에게 유리한 배심원이란 법은 없다. 오히려 '페이크'를 쓸 수 있다. 우리 쪽 배심원들은 너무 정직했다. 검사에게 적대적인 태도를 보이기도 하고, 〈나꼼수〉를 들어본 적이 있냐는 질문에 "네, 좋아합니다"라고 답하기도 했다. 바로 배제됐다.

배심원을 배제하는 과정에서 우리 쪽 변호사는 애매한 사람들을 잘라냈고, 검사 쪽은 우리에게 확실히 우호적인 사람들을 잘라냈다. 검사는 경험이 많아서인지 잘도 집어냈다. 정치에 관심이 있다거나 〈나꼼수〉를 한 번이라도 들어본 적이 있다고 하면 바로 아웃이었다. 그래서 첫출발부터 우호적인 배심원 수로만 보면 우리가 지는 판세였다. 암울했다.

재판 내내 배심원들을 관찰했다. 페이크를 잠시 쓸 수는 있지만 이틀 내내 재판을 하다 보면 배심원의 성향이 자신도 모르게 얼굴 표정으로 드러난다. 재판이 진행되는 동안 그들의 표정을 계속 관찰하면서 동그라미, 세모, 가새표로 분류했다. 그런데 마지막에 확실한 우리 편이 그림자 배심원으로 뽑혀서 제외됐다. 매우 불안했다.

결국 무죄를 받고 배심원들한테 가서 마지막 인사를 했다. 한 중년 여성분이 "이런 기자 한 명쯤은 있어야 한다"고 격려해줬다. 다른 배심원은 항소심에서는 태도를 고쳤으면 좋겠다는 조언도 해줬다. 그런가 하면 화를 내면서 "다음부터는 말 좀 조심하세요"라고 꾸짖는 사람도 있었다. 눈도 안 맞추고 인사도 없이 나간 배심원도 있었다.

03

최후진술은
가슴으로

곽노현 전 교육감과 박시환 전 대법관은 서울대 법대 동기이자 친구다. 두 분과 저녁을 먹었다. 곽 전 교육감은 자신에게 유죄를 선고한 법원을 맹비난했다. 법도 모른다며. 대법관을 소법관이라며 계속 나무랐다. 식사 끄트머리에 재판의 결정적인 패인이 무엇이었냐는 내 물음에 교육감이 답했다. "판사가 내 말을 들어주지 않았다."

앞서 이야기했듯이 곽 전 교육감은 유명한 법학자다. 매우 꼼꼼한 성격이다. 모든 질문에 세세하고도 장황하게 대답한다. 그런데 판사가 잘 들어주지 않았다고 했다. 그럴수록 말이 많아졌다. 최후진술 때도 A4 용지 열 장 분량의 글을 빽빽이 적어 갔단다. "준비해 온 것이 많아서 앉아서 읽겠습니다." 곽 전 교육감은 한 시간 가까이 검찰 수사의 문제점을 조목조목 읽어 내려갔다고 한다. 검사의 기소 내용이 말이 되지 않는다며 너무 가르치려 들었다. 그 때문에 최후진술 때는 판사가 짜증이 난 듯 보였다. 길어도 너무 길었다.

판사는 머리가 좋은 사람들이다. 머리를 써서 자기에게 유리하게 진술하는 것을 판사는 바로 안다. 거짓말하다가는 역효과를 볼 수도 있다. 판사는 거짓말 판독에 관한 한 전문가다. 빠져나가려고 거짓말을 하면 아무리 머리가 좋은 사람이라도 나중에 꼬이게 되어 있다.

최후진술은 내게 주어진 마지막 기회다. 거짓 없이, 머리보다는
가슴으로 이야기하라.

진심은 가슴에서 가슴으로 전해지는 것이라고 생각한다. 나는 그렇
게 한다. 그러면 비록 법정일지라도 사람들이 마음을 열고 들어준다.
하지만 김어준 총수는 나를 "말 참 못하는 새끼"라고 놀린다. 인정.
다음은 5촌 살인 사건 국민참여재판의 최후진술이다.

주진우 참 무서운 취재 많이 했습니다. 사이비 종교 집단 암매장 취재
하다 암매장당할 뻔하고, 중국 탈북자와 밀입국 취재하다 죽을 뻔했습
니다. 경주에서는 국정원 요원 서른명한테 폭행도 당했습니다. 조직폭
력배들이 맨날 죽이겠다고 해서 죽을 뻔하기도 했습니다. 조직 폭력배
들의 죽이겠다는 소리는 항상 있는 일이라 넘길 수 있는데, 그런데 이
사건은 정말 무서웠습니다. "네 배에는 칼이 안 들어가냐!" "네 머리는
구멍 안 나는 줄 아냐!" 이런 이야기도 많이 들었습니다. (중략) 굉장히
어렵게 취재하고 기사를 썼습니다. 아! 그래도 해야죠. 무서운 취재, 무
서운 기사는 안 써야 하는데……. 그래도 기자 하는 동안은 하려고 합
니다.

김어준 고민이 많았습니다. 마지막으로 무슨 이야기를 해야 이 재판

이 우리에게 유리할까, 검찰 측 주장의 허점을 반박해볼까, 혹은 공직 선거법 위반의 문제점을 이야기해볼까, 아니면 살인 현장, 자살 현장의 의문점들을 나열해볼까 하는 고민을 많이 했습니다.

그러다 문득 그런 생각이 들었습니다. '자살 현장 또는 살인 현장에서 무슨 일이 벌어졌는지 내가 알고 있는가?' 솔직히 잘 모르겠습니다. 그때 정말로 박용수가 박용철을 죽이고 자살했는지, 아니면 제삼자가 개입했는지 저는 잘 모르겠어요. 저만 모르는 게 아니고 사실은 저희에게 계속해서 죄가 있다고, 거짓말한다고 주장하는 검찰 측도 모릅니다. 우리 모두 잘 모릅니다. 왜냐하면 그날 우리 모두 거기 있지 않았거든요. 그래서 저는 마지막으로 할 이야기로, '내가 모르는 이야기를 나한테 유리하게 할 게 아니라 내가 잘 알고 있는 이야기를 하자. 언제 어디서든 자신 있게 이야기할 수 있는 이야기를 해야겠다.' 그렇게 생각했습니다.

문제가 된 〈나는 꼼수다〉 방송은 2011년 4월에 만들었습니다. 제가 그 방송을 만든 이유는 한 가지입니다. 제가 하고 싶은 이야기가 있는데 아무도 대신 해주지 않았기 때문입니다. 그래서 직접 방송을 만들기로 했습니다. 처음에는 세 명이 시작했습니다. 낙선한 전직 국회의원, 라디오 시사평론가, 저. 이렇게 세 명이 모였습니다. 처음에는 한 시간에 2만 원짜리인 아주 조그만 골방에서 시작했습니다. 저희가 방송을 시작했는지 아무도 몰랐습니다. 그렇게 한 시간에 2만 원을 주고 첫 방송을 하고 난 뒤 5천 원짜리 백반을 먹었습니다. 그 백반을 먹으면서 제가 그런 생각을 했습니다. '한 사람이 더 필요하다. 기자가 필요하다. 팩트가 더 보강되어야 한다. 그 생각을 하자, 가장 먼저 떠오른 기자가 주진우 기자였습니다.

이유는 두 가지입니다. 첫번째로, 주진우 기자를 오랫동안 지켜봤는데 주진우 기자가 다뤘던 기사들, 예를 들어 삼성 이건희 회장의 개인적인 문제를 지적하는 기사는 발행되지도 못했습니다. 기사를 쓰려고 하다가 주진우 기자가 근무하던 회사 전체가 공중 분해됩니다. 그리고 기자들이 다 길바닥으로 쫓겨납니다. 그 기자들이 1년 동안 길바닥에서 돈을 모아서 만든 매체가 〈시사IN〉입니다. 그리고 주진우 기자는 세계에서 가장 큰 교회라고 알려진 여의도순복음교회 조용기 목사의 개인 비리를 찾아내 기사를 씁니다. 그러고 나서 만 명 넘는 신도들의 항의 방문을 받습니다. 다섯 명도, 백 명도 아니고 만 명의 신도가 찾아옵니다. 그리고 주진우 기자를 따라다닙니다. 사탄이라고 합니다. 그리고 여러 번 여기서 거론되었지만, 노무현 대통령을 가장 괴롭힌 노건평 사건을 특종으로 다룹니다. 그때도 주진우 기자는 진보적 대통령을 그렇게 곤혹스럽게 만들어야겠냐고 진보 진영으로부터도 한 소리를 듣습니다. 그러니까 가장 강한 경제권력, 가장 강한 종교권력, 그리고 가장 강한 정치권력, 가장 힘센 사람들과 싸워온 겁니다. 〈나는 꼼수다〉는 아무런 보호를 받지 못하고 달랑 네 명이 하는 방송이기 때문에 그 정도의 배포가 있는 기자가 필요했습니다. 그것이 첫번째 이유고요.

두번째 이유는, 그때까지만 하더라도 주진우 기자가 이렇게 알려지지 않았기 때문입니다. 기자 사회에서나 '좀 알려진 독종', 이 정도였습니다. 그런데 저는 일반인에게 알려주고 싶었습니다. '우리나라에도 이런 기자가 있다.' 이런 사실을 알려주고 싶었습니다. 그 두 가지 이유로 주진우 기자에게 합류하자고 제안했고, 중간에 합류했습니다.

이렇게 보시다시피 제가 마흔일곱입니다. 우리나라 나이로. 그런데 저도 세상에 태어나 여태까지 살면서 누구 앞에서 한 번도 기죽지 않았고요, 세상에 순응하며 살지도 않았습니다. 행색이 그렇지 않습니까? 그런데 제가 주진우 기자를 만나고 나서, 물론 그전부터도 알고 있었지만 방송을 본격적으로 하면서 어느 날 물어보았습니다. "나도 내 마음대로, 누구 눈치 안 보고 살았다. 기죽지 않고. 그런데 그 정도로 힘센 사람들을 그렇게 불편하게 만드는 기사를 쓰면 보복이 두렵지 않나?" 라고 물어보았습니다. 그랬더니 주진우 기자가 이렇게 말했습니다. "무섭다. 특히 혼자 집에 돌아갈 때 밤에 으슥한 곳에서 누가 튀어나와 망치로 뒤통수를 치는 장면을 항상 생각한다. 그런데 정말 두려운 것은 그 자리에서 즉사하는 것이 아니라 혹시라도 내가 빗맞아 살아남아서, 식물인간이 돼서 가족들에게 평생 짐이 될까봐, 그게 무섭다"고 했습니다.

그 뒤로 한참 있다가 다시 제가 물어보았습니다. "그런데 왜? 네 월급이 뭐 그리 대단한 것도 아니고, 그 기사 썼다고 해서 갑자기 부자가 되는 것도 아니다. 그런데 왜 이 짓을 계속하냐?"고 물어보았습니다. 그런 질문을 처음 받아본 거예요. 주진우 기자가. 한참 동안 말을 하지 않았습니다. 자기도 그런 생각을 안 해본 거죠, 내가 왜 이 짓을 계속하고 있는지. 그런데 주진우 기자의 대답은 이것 하나였습니다. "뭐, 기자 잖아요." 그게 다였어요. 맞죠? 그러라고 기자가 있는 것입니다. 그런데 그런 기자가 잘 없어요. 잘 생각해보시면 알겠지만, 그런 기자 잘 없습니다.

그래서 저는 배심원 여러분에게 부탁드리고 싶습니다. 겁이 나도, 아무리 힘센 사람을 상대하더라도 이상하다 싶으면 끝까지 취재하고 기사를 쓰는 주진우 기자로 앞으로도 계속 남을 수 있도록 도와주십시오. 그래야 제2의 주진우 기자도 나오고, 제3의 주진우 기자도 나올 수 있지 않겠습니까? 이것은 진보, 보수의 문제가 아닙니다. 그런 기자가 대한민국에 한 사람쯤은 필요한 것 아닌가, 저는 그렇게 생각합니다. 이상입니다.

04

무죄 선고받다
손가락질받다

배심원 판결에 따라 1심에서 무죄가 나왔다. 이제 한 고비를 넘겼다. 그러자 수구 언론이 가만히 있지 않았다. 〈조·중·동〉에서는 국민참여재판이 포퓰리즘이라고 몰아붙이기 시작했다.

政治(정치)에 휘둘리는 국민참여재판　〈조선일보〉 2013년 10월 30일 자

주진우·김어준, 국민참여재판서 無罪(무죄)… 檢(검), "이런 사건을 참여재판 하는 게 맞나"　〈조선일보〉 2013년 10월 25일 자

대법원, 국민참여재판 대상 제대로 골라야　〈조선일보〉 2013년 10월 25일 자

상식에 어긋나는 국민참여재판의 '나꼼수' 무죄　〈동아일보〉 2013년 10월 25일 자

국민참여재판, 보완하고 발전시켜야 한다　〈중앙일보〉 2013년 10월 30일 자

다음은 〈중앙일보〉의 "〈나꼼수〉 무죄, 법리·팩트보다 감성 평결"이란 제목의 2013년 10월 25일 자 기사의 일부다.

지난 23일 밤 11시 30분 서울중앙지법 417호 법정. 〈시사IN〉 기자 주진우(40) 씨가 최후진술을 위해 일어서자 졸음을 참으려고 애쓰던 배심원 9명의 시선이 일제히 그에게로 향했다. 그가 지난해 대선 당시 박근혜 대통령의 동생인 지만 씨가 5촌 조카 살인 사건에 연루됐다는 의혹을 보도한 혐의(공직선거법 위반 등)로 기소된 재판에서다. 22일부터 진행된 국민참여재판 내내 변호인들에게 '주연'을 맡기고 뒤쪽 피고인석에 조용히 앉아 있던 그였다.

주 씨는 "사이비 종교 취재할 때는 암매장을 당할 뻔했고 국정원 취재할 때는 30명에게 둘러싸여 맞기도 했지만 무서워하지 않았다"며 "하지만 이 사건은 정말 무서웠고 협박도 숱하게 받았지만 그래도 해야 된다는 생각에 취재했다"고 밝혔다. 주 씨가 재판의 마지막 순간 극적으로 등장하면서 팽팽하던 균형의 추가 한쪽으로 기울기 시작했다.

기사를 보면, 내가 마이크를 잡고 한마디를 했더니 배심원들이 나에게 전부 넘어가 감성적인 판결을 했다는 식으로 읽힌다. 내가 '피리 부는 사나이'도 아니고, 영화 〈향수〉의 주인공도 아닌데.

말도 안 되는 소리다. 처음부터 죄가 안 되는 걸 가지고 검사들이 괴롭히려고 한 거다. 내 기사와 재판 진행 상황을 다 보고도 이렇게 기사를 쓰는 〈조·중·동〉은 언론이라 부르기도 민망하다. 이 밖에도 국민참여재판과 국민의 수준을 비난하는 기사가 소나기처럼 쏟아졌다.

법률 용어로 '법관의 자유 심증'이라는 말이 있다. 사람의 속은 들여다보기가 어렵다. 여러 상반된 증거가 있을 때 무엇을 선택하느냐는 법관의 마음이다. 이것이 '법관의 자유 심증'이다. 법관은 법률과 양심에 따라 선택할 거라는 신뢰는 있지만 법관도 사람이다. 판결은 대개 결론을 내놓고 증거를 적당히 취사선택하는 과정이다. 법관의 판결이 사람과 시대에 따라 달라진다는 걸 국민들은 이미 너무 잘 알고 있다. 법관은 아집을 절대 꺾지 않기 때문에 차라리 보수적인 국민을 설득하는 게 더 쉬울 수 있다. 보수적인 사람이라도 판결을 내리는 자리에서는 균형을 유지해야 한다고 생각하니까. 이번 사건이야말로 국민참여재판형 사건이었다. 살인 사건이 났는데 수사가 너무 허술했다. 그래서 의문이 풀리지 않는다. 이상하다. 그리고 기자가 이 정도의 의혹은 제기해야 한다는 게 국민의 판단이었다.

항상 느끼는 바이지만 한국의 언론 수준은 시민의식에 턱없이 못 미친다. 정말 바닥이다. 쓰레기 냄새가 풀풀 난다. 언론은 미운 놈들이 국민참여재판에서 무죄가 나자 재판에 죄를 묻기 시작했다. 〈중앙일보〉는 1년 만에 국민참여재판의 성과에 대해 전혀 다른 해석을 내놓았다. 달라진 것 하나 없는데 같은 기자가 1년 만에 국민참여재판의 성과를 번복하는 기사를 썼다. 과학적으로 검증했다는 기사를 1년 만에 뒤집은 거다.

다음은 2012년 9월 10일 〈중앙일보〉 박민제 기자가 쓴 기사의 일부다. 제목은 "건전한 상식의 배심원, 믿지 못할 이유 없다"다.

※ 이곳을 천천히 개봉해 주십시오.

서울중앙지방검찰청

주 소 : 서울시 서초구 반포대로 158
전화번호 : (02) 530-3114

`1` `3` `7` `-` `7` `4` `1`

서울법원
청사우체국
요금후납

받는사람

████████ ████ ████████ ███
██████, ████ ████

주진우 님

135-850

피의사건 처분결과 통지서

주진우 에 대한 공직선거법위반 피의사건에 관하여 아래와
같이 처분하였으므로 알려드립니다.

2013년 06월 14일

서울중앙지방검찰청

검사 이건령 ㉑

사 건 번 호	2012년 제 120656 호	
처 분 일 자	2013년 06월 13일	
처 분 죄 명		**처 분 결 과**
공직선거법위반		혐의없음(증거불충분)
정보통신망이용촉진및정보보호등에관한법률위반(명예훼손)		혐의없음(증거불충분)

※ 뒷면 처분결과에 대한 안내 등 참조하세요 ☞

본 지가 지난 5년간의 국민참여재판 판결문 546건을 분석한 결과에서도 배심원 판단의 신뢰성은 매우 높았다. 분석 결과, 배심원이 양형을 판단할 때 고려하는 주요 요소들이 법관과 대부분 일치했다. 유무죄 판단에 있어서도 배심원과 법관의 판단이 달랐던 경우는 9.3%에 불과했다. (중략) 사실 전문 법관에 의한 재판과 배심원이 참여한 재판 중 어느 쪽 결론이 더 옳은지를 딱 잘라 말하는 건 아직 쉽지 않은 일이다. 하지만 최소한 배심원 판단을 못 믿겠다는 시각은 틀렸다고 본다. 지난 2개월간 546건의 참여재판 판결문을 분석하고 수십 명의 법조인·배심원을 만나 취재한 결과 내릴 수 있었던 결론이다.

아래는 위의 기사를 쓴 〈중앙일보〉 박민제 기자의 2013년 10월 25일 자 기사의 일부다.

이번 판결을 두고 법리·팩트보다 배심원의 '감성적' 판단에 재판부가 휘둘린 것 아니냐는 지적이 제기되고 있다. 이는 국민참여재판의 고질적 문제점으로 지적돼왔다.

보다 못한 〈시사IN〉의 이숙이 편집국장이 글을 썼다.

"설마 했다. 그런데 주진우 기자에 대해 무죄 선고가 난 다음 날, 〈중앙일보〉는 국민참여재판의 문제점을 지적하는 큼지막한 기사를 실었다. (중략) 이번 재판부도 무죄 취지를 설명하며 "나름대로 객관적 사실과 일치하는 부분이 있고 이를 근거로 의혹을 제기했기 때문에 허위라는 인식이 있었다고 보기 어렵다"라고 밝혔다. 합리적인 의심을 품고 보도할 만한 기사였다는 뜻이다. 그렇다면 이번 판결은 그 누구보다 기자들이 반겨야 한다. 언론의 자유 쪽에 좀 더 무게를 실어준 판례라서다. 그런데도 동종 업계에서 먼저 딴죽을 걸고 나오다니……. 한숨을 푹푹 쉬는데 지나가던 문정우 기자가 촌철살인을 날린다. "판사는 감정이 없어? 판사의 감정은 고급이고, 배심원의 감정은 저급이야? 됐다 그래, 같은 기자로 엮이는 것조차 싫다."

재미있는 사실은 대법원이 국민참여재판을 확대하고 배심원단의 결정을 존중하라는 권고 지침을 내렸다는 것이다. 보수적인 대법원이 판단하기에도 국민참여재판이 성과가 있었고 그저 동정 여론으로 재판을 하지 않는다는 것이 결과적으로 나타났다는 의미다.

판사들도 국민참여재판을 확대해야 한다는 기조를 갖고 있었다. 배심원이 된 국민들은 자신이 가진 최고의 상식을 끄집어 내려고 노력하고 그 결과가 상식적이니 확대할 필요가 있다는 거다.

6

판사는
신이 아니다

●

판
결

판사는 신이 아니지만 신의 역할을 한다. 판사가 어떻게 결정하느냐에 따라 유무죄가 갈린다. 한 인간을 살리기도 하고, 지옥으로 떨어뜨리기도 한다. 인생이 걸린 재판인데 판사의 성향이 어떤지도 모른다는 것은 재판에 대한 기본이 안 되었다는 뜻이다.

대다수 사람들은 판사가 사건을 꿰뚫어 보고 자신의 억울함을 풀어줄 거라 믿는다. 진실을 밝혀줄 거라 생각한다. 절대 그렇지 않다. 판사는 신이 아니다. 건넛마을에 사는 자료 많이 읽는 머리 좋은 아저씨다. 소설을 많이 읽었거나 경험이 많은 분은 아니다. 이분들은 거짓말의 바다에서 사는 사람들이어서 말은 잘 안 믿는다. 자신에게 유리하게 만들어 말하는 것을 귀신같이 알아챈다. 이분들은 말보다 증거를 좋아한다. '증거재판주의'라는 말이 있다. 형사소송법 제307조 제1항은 "사실의 인정은 증거에 의하여야 한다"고 규정하고 있다. 백 번 말하는 것보다 확실한 증거 하나를 판사들은 높이 평가한다. 증거는 힘이 세다.

서 울 중 앙 지 방 검 찰 청

(530-4520)

2013. 12. 5.

수 신   서울고등법원장   발 신   서울중앙지방검찰청

제 목   **항소이유서**   검 사   ~~최○○~~ ㊞

상고이유서

				제 **5** 책
				제 5 권

<table>
<tr><td colspan="6" style="text-align:center">구공판</td></tr>
<tr><td colspan="6" style="text-align:center">서 울 중 앙 지 방 검 찰 청
증 거 기 록</td></tr>
</table>

검 찰	사건번호	2011년 형제111308호, 2012년 형제116906호, 116907호	법 원	사건번호	고합,단 호
	검 사	이건령		판 사	

피 고 인	1.가,나,나,다,라 주진우 2.가,나 김어준

죄 명	가. 공직선거법위반 나. 정보통신망이용촉진및정보보호등에관한법률위반(명예훼손) 다. 출판물에의한명예훼손 라. 사자명예훼손

공소제기일	2013. 6. 13.

신 병	각 불구속		석 방	

변 호 인	1. 동화법무법인(담당변호사 이재정), 법무법인 지평지성(담당변호사 박영주, 최정규, 구나영), 제일합동법률사무소(담당변호사 안상운), 법무법인 양재(담당변호사 최병모, 한택근, 김필성), 법무법인 시민 (담당변호사 김선수, 김남준, 권숙권, 고윤덕, 최용근), 법무법인 이공 (담당변호사 허진민), 변호사 유창진 2. 동화법무법인(담당변호사 이재정)

증 거 물	없음

비 고	기소전 미결구금일수 : 1. 1일, 2. 없음

01

판사라는 종족을 알아야
재판을 이긴다

판사 친구가 있다. 10년 전에 처음 만났다. 처음 봤을 때 그 친구는 노래를 부르고 있었다. "백마강 달밤에 물새가 울어……." 1971년 작고한 가수 배호가 부른 〈꿈꾸는 백마강〉이라는 노래다. 사람들은 그를 판사라고 깍듯이 대했다. '영감님'이라고 부르는 중견 회사 회장도 있었다. 그래서 나보다 다섯 살은 많겠거니 생각했다. 행동도 그렇게 했다. 그 후로는 1년에 두어 번 지인들 모임에서 보곤 했다. 말을 많이 섞진 않았다. 알고 지낸 지 3년쯤 지났을 때 깊이 이야기할 기회가 있었는데, 나와 동갑이라고 했다. 충격이었다.

판사는 늙어 보인다. 재판에서 인상을 엄청 쓰고 있어서 그런지도 모르겠다. 중후해 보이려고 그러는 건지 본래 엄숙한 건지 구분이 안 된다. 집에서 거울 보고 연습하는지도 모르겠다. 아무튼 늙어 보이는 것을 판사들은 권위라고 생각하는 것 같다.

법원이 있는 서초동을 지나다 보면 흰머리 중년 신사 한 사람을 그보다 좀 젊은 사람 둘이 따라가는 것을 쉽게 볼 수 있다. 중년 신사가 말을 하고 젊은 둘은 주로 듣는다. 십중팔구 판사들이다. 판사들의 헤어스타일은 통일됐다. 2 대 8 가르마. 옷도 항상 비슷한 양복을 입는다. 여름에는 곤색 바지에 흰 반팔 와이셔츠. 겨울에는 바바리. 양복 안에는 조끼나 카디건을 입는다. 절대 검은색, 회색, 갈색을 벗어나지 않는다.

법관들이 부장판사, 고법 부장, 대법관으로 올라가는 길은 좁고 험난하다. 올라가야 하는 피라미드의 기울기가 너무 가파르다. 특히 고법 부장과 대법관으로 가기 위한 경쟁은 사법고시보다 백배는 치열하다. 그 때문에 판사들이 사건 처리 건수와 판결문 길이에 집착하는 것은 아닌지 모르겠다.

판사들은 대중을 얕잡아본다. 내가 접해본 일부 판사들은 대중이 무지하고 무식하다고 생각하는 것 같다. 법을 몰라서 그런다고. 맞는 말이기도 하다. 판사 정도의 암기 능력을 갖춘 집단은 전 세계에서도 드물다. 그런데 판사들은 세상 물정을 잘 모른다. 우리나라 판사들은 대부분 젊은 시절 사법고시만을 위해 살아왔다. 그러다 보니 삶의 다양한 모습에 대한 경험이 부족한 편이다. 사는 게 어렵고 고단한 여정이라는 것에 대해서도 공감하지 못하는 듯하다.

어느 날 한 판사와 식사를 하러 가는 길이었다. 한 젊은이가 길거리에서 과일 장사를 하고 있었다. 판사가 무심코 한마디 했다. "멀쩡하게 생겨가지고, 공부하라고 할 때 공부 좀 하지." "공부를 해도 안 되는 사람도 있어요." "그래도 조금만 공부했으면 이보다는 낫게 살았을 거 아니야." "판사님, 첫차 타보신 적 있으세요? 그 사람들 얼마나 열심히 사는데요. 그런데 아무리 열심히 살아도 돈 못 벌어요."

그래서 판사들은 종종 현실과 동떨어진, 상식적으로 납득되지 않는 판결을 내리곤 한다. 가끔은 판사가 동시대 사람이 맞나 하는 의문이 들 때도 있다.

"여자가 맞을 짓을 했으니 맞았지." "70이 넘어서 소송하는 사람은 3년을 못 넘기고 죽는다." "형편이 어려운데 왜 재판을 하냐." 모두 재판 중에 판사가 한 말이다.

다섯 살짜리 여자아이가 개에게 물려 얼굴 왼쪽에 중상을 입고 민사소송을 내자 담당 판사가 "애도 잘못이 있네, 왜 개한테 물려"라고 말했다. 이런 말들을 한 판사 중에 징계를 받은 판사는 없다.

판사에게는 브레이크가 없다. 성추행한 판사 혹은 술 먹고 폭행한 판사가 심심찮게 사회면을 장식한다. 그런데 언론에 나오지 않고 묻히는 경우가 더 많다. 사법 불신이 심각하다는 걸 판사님들이 모르지는 않겠지…….

저주받으리라, 법률가여!

판사들은 대부분 겁이 많다. 우리나라 판사들은 대기업을 상대로 거액의 손해배상을 청구하면 인과관계를 잘 인정해주지 않는다. 특히 은행의 손해배상책임을 인정해주면 나라가 망하는 줄 안다. 파업을 한 노조에는 4백48억 원이나 손해배상을 때리면서 대기업은 두려워

한다. 한 노조에서 파업을 했다. 조금만 더 나은 대접을 해달라고. 불법 파업을 옹호해달라는 게 아니다. 잘못에 대해서는 책임을 져야 한다. 일 안 했으니 월급은 없다. 기계를 못 쓰게 만들었으면 고쳐내야 한다. 여기까지는 좋다. 그런데 우리나라 판사들은 노동자들이 정상적으로 일했다면 사장이 벌었을 돈까지 챙겨주려 한다. 이것도 좋다 치자. 파업이 일어나 대외적으로 신뢰가 무너져서 '앞으로 이만큼 벌 수 있는데 못 벌게 됐다'고 한다. 이걸 물어주라고 한다. 파업 진압에 투입된 경찰 비용까지도 물어주라고 했다. 죽음에 이르는 배상이었다. 죽음을 부르는 판결이었다. 없는 사람들은 감옥 가는 것보다 돈 물어주는 것이 훨씬 무섭다. 이런 판결을 내리는 판사들을 보면 오히려 겁이 없는 것 같다. 하늘이 안 무서운가 보다.

법률가들이 조금만 더 법을 지켰다면 우리 사회가 좀 나아졌을 텐데……. 기자 생활 하면서 그런 생각 참 많이 했다. 박정희 정권 때는 고기 잡다 간첩이 된 사람들이 많았다. 검사와 판사가 어부와 간첩을 못 알아봤을 것 같은가? 우리나라 법률가 중에 '벼락 맞을 놈'들 정말 많다. 저주받으리라, 법률가여!

유신의 서슬이 퍼렇던 1976년, 서울 명동성당에서 삼일절 기념 미사가 열렸다. 마무리 기도를 대신해 선언문이 낭독됐다. "우리는 국민의 자유를 억압하는 긴급조치를 철폐하고 민주주의를 요구하다가 투옥된 민주 인사들과 학생들을 석방할 것을 요구한다." 미사는 조용히 끝났다. 하지만 이튿날부터 사람들이 잡혀가기 시작했다. 서정각 서울지검장이 삼일절 기념 미사를 '정부 전복 사건'으로 규정하면서 사건은 커져만 갔다. 선언문 서명자는 문익환 목사를 비롯해 함석헌·윤보선·김대중·이문영·정일형 등 10명. 박정희 정권은 문익환 목사 등 11명을 구속하고, 이태영 변호사 등 9명을 불구속 입건했다. 1심에서 3년 6개월 형을 선고받은 문정현 신부는 "검찰에서 닷새 동안 잠을 안 재우고 거짓 자백을 하게 했다. 당시 재판부는 박정희 정권의 쪽지대로 판결을 내렸다"라고 말했다.

'정부 전복자'라는 누명이 벗겨지기까지 꼬박 36년 3개월이 걸렸다. 2013년 7월, 법원은 "긴급조치 9호의 위헌성에 대해 말씀드리기조차 부끄러울 정도다"라며 무죄를 선고했다. 1976년 재판에서 국가를 전복하려 했다고 주장한 검찰도 무죄를 구형했다. 1심에서 5년 형을 선고받고 구속됐던 함세웅 신부는 "선배 판사들의 잘못을 후배 판사들이 사과했다. 법률가로서 일말의 양심이 있다면 선임 판사들이 속죄할 의무가 있다"라고 말했다. 당시 판사가 황우여 교육부장관이었다.

황우여 장관은 학림 사건 때도 재판부에 있었다. 2012년 6월, 1980년대 초 반국가 단체를 만들어 정부 전복을 기도했다는 전민학련·전민노련(속칭 '학림') 사건에 대한 재심 판결이 있었다. 피고인 전원이 무죄를 선고받았다. 1981년 경찰은 피의자들을 서울 남영동 대공분실에 19~44일간 감금한 채 전기 고문 등으로 사건을 조작했다. 당시 고문 기술자 가운데 이근안 전 경감도 있었다. 판사는 고문을 당했다고 호소하는 피고인 25명에 대해 무기징역 등 중형을 선고했다. 당시 무기

징역을 선고받은 이태복 전 보건복지부 장관은 "재판에서 고문을 당했다고 아무리 말해도 판사들은 들어주지 않았다"라고 말했다.

우리 법은 왜 강자 편에만 설까?

해방 후의 일이다. 일제에 부역하던 판검사, 경찰, 군인 들이 그대로 우리나라의 권력을 장악했다. 반민특위(반민족행위특별조사위원회)가 설치되고 친일 반민족 행위자를 처벌해 역사의 정통성을 세우고자 하는 노력이 이어졌다. 그러자 친일파들은 반민특위 해체와 요인 암살을 기도했다. 상황이 여의치 않자 반민특위 활동에 적극적이던 국회의원들을 간첩으로 몰아 구속했다. 그러고는 반민특위 사무실을 습격했다. 당시 친일파의 주축은 일제에서 경찰로 부역하던 자들이었다. 모두 이승만 대통령의 비호 아래 이루어진 일이었다.

우리나라 민주주의와 법치주의는 이렇게 시작됐다. 3·15 부정선거로 전국에 시위가 확산되자 이승만 정부는 "공산당 조직이 조종한 폭동"이라며 탄압했다. 그리고 총칼을 앞세워 진압하다가 최후를 맞이했다.

박정희 육군소장이 쿠데타로 정권을 잡았다. 쿠데타는 헌법을 유린하는 행위 그 자체였다. 1963년 굴욕적인 한일수교 문제로 학생들이 들고일어났다. 위기감을 느낀 박정희 대통령은 1964년 3월, 대학생 대표들과 면담했다. 당시만 해도 소통의 자세를 보였다. 그러더니 1964년 8월, 중앙정보부가 인혁당 사건을 발표했다. 북한의 지령을 받은 대학생들이 한일회담 반대 시위를 벌였다는 내용이었다. 47명이 구속됐다. 그런데 서울지검 이용훈 부장검사와 수사 검사들이 기소를 거부했다. 양심의 문제를 이유로 들었다.

1967년 대통령 선거가 있었다. 박정희는 윤보선을 누르고 대통령 자리에 올랐다. 공무원이 선거운동을 하고, 돈을 뿌리고, 투표함을 바꿔치기 하는 등 부정선거가 난무했다. 부정선거를 규탄하는 집회가 들불처럼 번지자, 김형욱 중앙정보부장은 해외 간첩단 사건을 조작한다. 동베를린을 거점으로 활동한 북괴 대남적화공작단 사건, 속칭 '동백림 사건'이다. 해외에서 활동하던 윤이상, 이응로 등이 해외에서 중앙정보부 요원들에게 납치됐다. 간첩단 사건이 터지자 거리에 모여들었던 부정선거 무효 투쟁은 동력을 잃고 만다.

1969년 3선개헌안이 날치기로 통과된다. 야당과 국민들은 '3선 개헌 반대 범국민투쟁위원회'를 만들어 장외투쟁에 나섰다. 그리고 1971년 4월 27일, 제7대 대통령 선거가 실시될 예정이었다. 당시 박정희는 신민당 대통령 후보 김대중에게 밀려 고전하고 있었다.

선거가 일주일도 채 남지 않은 4월 20일, 국군보안사령부는 '재일동포 유학생 간첩단 사건'을 터뜨렸다. 북한의 지령을 받은 유학생들이 교련 반대 시위를 벌이도록 지령을 받았다고 했다.

당시 선거에서 김대중은 90만 표 차이로 졌다. 공무원의 광범위한 부정선거와 금품 살포, 투·개표 부정 등이 박정희의 선거를 도운 덕이었다. 부정선거와 부정부패를 규탄하는 학생들의 시위에 불이 붙었다. 그러자 중앙정보부는 서울대생들이 정부기관을 습격하려고 했다며 '서울대생 내란예비음모 사건'을 발표했다.

1973년 김대중 납치 사건이 터지자 중앙정보부는 '유럽 거점 대규모 간첩단 사건'을 조작해 발표했다.

유신헌법은 박정희 영구 집권의 길을 닦은 고속도로였다. 당시 법은 그야말로 독재자의 칼이자 방패였다. 선거제도 자체를 없애버렸다. 제8대 대통령 선거에서 박정희 대통령은 단독으로 출마했다. 공약도 없고 유세도 없었다. 그래도 백 퍼센트 찬성으로 당선됐다. 제9대 대통령 선거도 마찬가지였다. 북한의 선거와 비슷한 풍경이다.

당시 검찰은 충실한 하수인, 해결사 노릇을 했다. 민주주의를 말하면 빨갱이로 몰아 잡아들였다. 마구잡이로. 그리고 고문했다. 영장이니 재판이니 중요하지도 않았다. 공안 사건에서 무죄를 내린 현직 판사들은 수뢰 혐의로 구속영장이 청구됐다. 이로 인해 판사들이 집단 사표를 내기도 했다. 그렇다고 판사들이 법을 지킨 것만은 아니다. 독재 권력의 앞잡이가 된 판사도 많았다.

무고한 수많은 시민들이 옥살이를 했다. 사형을 당하기도 했다. 간첩을 만든 것도 법이었다. 죽인 것도 법이었다. 법이라는 이름으로 나쁜 일을 참 많이도 했다. 나는 그렇게 이해한다. 나는 그렇게 생각한다.

말이 안 통하면 '미루기' 카드를 택하라

판사가 법을 경시하는 경우도 있다. 정치적인 판사도 있다. 남의 인생을 쉽게 생각하는 판사도 있다. 판사가 의뢰인 마음에 들지 않을 수도 있다. 그때는 '미루기 작전'을 쓰는 것도 한 방법이다. 재판을 미루는 전략은 변호인의 전문 분야이니 변호인에게 맡겨라. 다만 재판 전날 갑자기 미뤄달라는 것은 궁색해 보일 수 있다. 변호인이 미리 준비할 시간을 줘야 한다. 판사는 2년마다 인사이동이 있다. 형사단독은 매년 바뀌기도 한다. 검찰은 매년 2월마다 인사이동이 있다. 판사가 언제쯤 이동할지, 재판을 미룰 수 있을지에 관해 변호인과 상의해야 한다. 물론 재판을 마냥 미룰 수는 없다. 증인 심문이나 증거 조사 기일에는 한 재판에 몇 시간씩 걸리기도 한다. 그런데 그날 증인이 나오지 않거나 무슨 사정이 생기면 판사는 꼬인 일정에 기분이 나빠진다. 그렇게 되면 재판에서 불이익을 받을 수 있다. 판사는 협소한 가슴을 가진 사람들이라는 걸 유념해야 한다.

판사들은 일이 너무 많다. 힘들어하면서도 판사 수를 늘리는 데는 절대 반대한다. 권력을 나누는 일이라 생각하는 것 같다. 국회 자료에 따르면 2012년 부산지법 동부지원 판사는 1인당 1천 1백 95건의 사건을 처리했다. 대구지법 서부지원, 마산지원 판사들도 연간 1천 건 이상의 사건을 처리했다. 법원마다 편차가 있지만 판사 1인당 4, 5백 건은 기본이다. 2013년 대법관은 연간 3천 8건의 사건을 처리했다. 당연히 일이 많으면 매 사건에 집중할 수만은 없다. 그러니 우리는 판사에게 주어진 시간, 특히 판사와 대면하는 시간에 최선을 다해야 한다.

도가니 판사와 댓글 판사

한 청각장애인 학교가 있었다. 교장 김강석 씨는 열세 살 청각장애인 소녀를 교장실로 끌고 갔다. 그리고 성폭행했다. 교장의 동생인 행정실장과 재활 교사도 아이들을 성추행했다. 행정실장과 교사는 청소년 강간죄 등으로 각각 징역 1년과 징역 2년의 전과가 있는 상태였다. 이 악마들의 범죄는 수년간 성별을 가리지 않고 계속됐다.

1심 재판부는 김 교장에게 징역 5년 형을 내렸다. 행정실장과 교사에게는 각각 징역 8개월과 징역 6개월을 선고했다. 여기까지는 그렇다 치자. 문제는 2심이었다. 광주고법 이한주 부장판사는 김 교장에게 징역 2년 6개월에 집행유예 3년을 선고했다. 피해자와 합의했다는 이유에서였다.

공지영 작가의 소설 《도가니》를 원작으로 한 동명의 영화가 개봉되고 사회 문제로 비화되었다. 그러자 이한주 부장판사는 〈뉴시스〉와의 인터뷰에서 이렇게 밝혔다. "피해자가 고소를 취하할 당시 진의 여부를 재판부가 검토했지만 적법한 합의와 고소 취하가 아니라고 볼 수 없었다. 고소 취하된 다른 성폭행 사건들의 경우 실형이 선고된 사례가 없었다. 형평성 차원에서도 (도가니 사건 가해자들에게) 집행유예를 선고할 수밖에 없었다. 실체를 파악하지 않은 채 영화 속에서 경찰, 법원, 변호사 간에 협잡이 있었던 것처럼 묘사하거나 전관예우가 있었다고 법원을 매도하는 것은 바람직하지 않다. 사건을 처리하면서 법과 양심에 따라서만 재판했다고 생각한다."

고소가 취하된 다른 성폭행 사건들의 경우 실형이 선고된 사례가 없다고? 장애인을 강간한 후 피해자와 합의했다는 이유만으로 풀어준 거라고? 이것이 법이라고? 이것이 판사의 양심이라고? 판결을 전혀 존중할 생각이 없지만 더 이상 말하지 않겠다. 입만 더러워진다.

이한주 판사는 서울대 법대를 나와 광주 지역에서 변호사를 하다가 2006년 판사로 임용됐다. 김강석 교장의 변호사는 이 판사와 같은 해에 서울대 법대를 졸업했다. 2001년까지 광주에서 판사를 지내다가 변호사가 됐다. 두 사람은 2001~2006년까지 광주에서 동료 변호사로 활동했다.

'도가니 판사'로 이미 얼굴이 팔린 이한주 서울고법 판사는 2011년 12월 27일 법관 전용 게시판에 이런 글을 쓴다. "선거에 의해 선출되지 않은 법관이 국민의 신뢰를 받지 못한다면 어떻게 재판 당사자인 국민이 재판 결과를 신뢰할 수 있겠습니까?" "전광석화와 같은 전파력을 갖는 SNS는 대중적 핵무기임을 부인할 수 없고 (SNS가) 자정 능력을 잃으면 헌정 질서를 파괴하는 괴물이 될 것입니다." "판사는 사적인 영역에서도 비속어가 아닌 품위 있는 언어를 써야 합니다."

창원지법 이정렬 판사와 서울북부지법 서기호 판사가 SNS에서 "가카새끼 짬뽕", "가카의 빅엿" 등 이명박 대통령을 조롱한 것에 대한 비난이었다. 이 내용은 다음 날 〈조선일보〉에 "판사, '가카새끼 판사' 꾸짖다"라는 제목으로 대문짝만 하게 실렸다. 이 부장판사가 직접 글을 쓴 것에 대해 법원 내부에서는 "최고위층에 잘 보이기 위한 처절한 몸부림이다"라는 말이 돌았다.

도가니 판결 이후, 이한주 판사는 광주지법 수석부장판사를 거쳐 서울고법 부장판사로 영전했다. 서울고법 부장판사직은 중요한 사건이 몰리는 자리로, 엘리트 판사들에게 '판사의 꽃'으로 불린다. 잘나가던 판사들도 대부분 고법 부장판사 자리에 오르지 못해 옷을 벗곤 한다. 고법 부장판사는 차관급에 해당

한다. 이후 퇴임한 이한주 변호사는 2014년 3월, 공정거래위원회 비상임위원에 임명됐다. 이 자리는 공정거래위원회의 판사 역할로 기업에 대해 시정 명령, 과징금 등의 부과 처분을 내리는 막강한 권한을 지닌다. 대통령이 임명하는 자리로 임기는 3년이다. 도가니 판사의 출세가도는 끝이 없다.

여기 또 한 명의 판사가 있다. 국정원장과 국정원 직원들의 조직적인 댓글 작업이 국정원법을 어긴 '정치 개입'은 맞으나 '선거 개입'은 아니라는 논리를 만든 이범균 부장판사. 이 부장판사는 얼마나 괴로웠을까? 선거 기간에 하면 위법인 행위지만 선거 기간 전부터 해왔다면 죄가 아니라는 이런 말도 안 되는 판결문을 쓰려고 얼마나 힘들었을까? 그렇다면 국회의원은 선거 전부터 꾸준히 밥을 사고 돈을 뿌리면 죄가 없다는 것인가? 오죽하면 동료 판사가 '법치주의가 무너졌다'라는 글을 내부 게시판에 올렸을까. 씁쓸하지만 이 판결은 겁 많은 우리 법원의 현주소이기도 하다. 2015년 초, 이범균 부장판사가 고법 부장판사로 승진한다에 내기를 걸겠다. 나경원 의원의 남편 김재호 부장판사와 같이. 분명 내가 이길 것이다. 그런데 더러운 곳에 돈 거는 것은 5백원도 아깝다.

나를 잡으려던 검사들은 얼마나 허탈할까? 검사들은 선거에 영향을 미치기 위해 5촌 살인 사건 기사를 썼다고 구속영장까지 청구했다. 이번 판례대로라면 국정원장도 아닌 일개 기자의 기사가 선거 개입이라고 보는 게 불가능하다. 이제는 거의 모든 부정행위가 선거법에서 유죄가 나는 것이 불가능하다. 원세훈 전 국정원장은 불구속 기소했고, 내게는 구속영장을 신청했으니 검찰의 견해로는 내가 더 중죄인이지만 말이다.

선거는 민주주의의 근간이다. 헌법과 법치는 민주주의의 핵심이다. 선거를 유린하고 헌법을 무시하고 법치주의를 파괴하는 자들은 범죄자들이다. 국가의 기반을 흔드는 극악무도한 범죄자들이다. 개인적 일탈이라고? 일탈은 청소년이 가출했을 때나 쓰는 단어다. 이범균 부장판사는 자신이 어떤 일을 저질렀는지 알고는 있을까?

이범균. 자자손손, 길이길이 이름이 남으리라. 물론 좋은 쪽은 아니다.

02

판사는
판결문으로 말한다

판사의 성향을 파악하는 것은 재판 준비에서 굉장히 중요한 일이다. 판사는 판결문으로 말하는 사람이다. 자기 인품을 판결문에 써가지고 다닌다. 재판의 열쇠는 판결문 속에 있다.

판사들은 대개 판결문을 길게 쓴다. 점점 길어지는 추세인 것 같다. 어떤 판결문은 논문을 뛰어넘고 책 한 권 분량을 넘기기도 한다. 판결문을 길게 쓰는 것이 일을 열심히 하는 거라 여기는 건지도 모르겠다. 마치 경쟁하듯 길게 쓴다. 사용하는 단어도 얼마나 어려운지 가만 보면 일반인이 해독하지 못하게 하려는 것 같다. 문장은 또 어찌나 긴지. 한 문장으로 한 페이지를 완성하는 판사도 있다.

이렇게 길고 많다 보니 판결문을 보면 이걸 쓴 사람이 어떤 사람인지 다 나온다. 보통 판사들은 한 재판부에서 수많은 종류의 재판을 한다. 그 많은 판결문을 훑어보면 판결문의 행간에서 성격과 연애 취향까지 드러난다. 판사가 배정됐다면, 그 판사의 판결문을 열심히 보고 성향을 파악해야 한다. 그리고 그에 맞춰 변호사를 새로 선임할 수 있으면 그렇게 해야 한다.

사실 이것은 변호사가 해야 할 일이지만 변호사에게 이런 열의까지 기대하기는 어렵다. 판결문은 법원 도서관이나 대법원 홈페이지에서 열람할 수 있다. 사정이 여의치 않다면 기사 검색이라도 해봐야 한다. 그런데 인생이 걸린 재판을 앞두고 법원 도서관에서 판결문을 찾아보는 사람은 1퍼센트도 안 된다. 그렇게까지 못 하겠다면, 담당 판사가 어떤 사람이고 그동안 어떤 판결을 했는지에 관한 보고서를 변호사에게 요청해야 한다. 검사와 판사의 성향을 조사하는 데 많은 투자와 노력을 해야 한다. 재벌 회장들이 재판 과정에서 돈을 많이 쓰는 데가 바로 이런 부분이다. 일반적인 상식이 있는 사람이면 조금만 검색해보면 다 파악할 수 있다. 정 안 되면 나에게 오라.

1심에서 무죄를 선고받은 5촌 살인 사건의 2심은 정형식 부장판사에게 배당됐다. 그는 한명숙 전 총리의 뇌물 수수 사건 때 1심에서 무죄가 난 사건을 2심에서 뒤집고 징역 1년을 선고한 유명한 판사다. 내가 파리에 머물 때부터 '1심에선 집행유예, 2심에선 정형식 부장판사가 실형을 선고할 것'이라는 시나리오가 나돌았다. 나는 그냥 설이라고 여겼다. 어쨌든 정형식 판사만은 아니었으면 했다. 그런데 슬픈 예감은 틀리지 않았다.

이 소식을 들은 한명숙 전 총리가 내게 저녁을 사겠다고 했다. 한 전 총리는 1심에서 완벽하게 무죄를 선고받아 2심 재판에 대해선 별 신경을 안 썼다고 했다. 재판부도 변호인에게 새로운 증거나 서면을 요구한 바가 없다고 했다. 그런데 결과는 유죄. 너무 충격을 받았다면서 내게도 준비하라고 했다. 1심에서 무죄를 받고 나서 아는 판사들이 말하기를 "주 기자 건은 명백하게 무죄이니 2심에서도 무죄가 나올 것이다. 그러나 재판부 성향에 따라 결과는 모른다"고 했다. 정형식 판사가 배정된 뒤에는 무죄니까 걱정하지 말라던 판사들이 하나같이 말을 바꿔 "구속을 준비하라"고 했다.

> 우리나라는 법의 평등 그런 것보다 중요한 게 있다. 법관의 성향. 특히 정치적 사건의 판결은 판사의 성향에 따라 춤을 춘다.

지난 대선 때 안도현 시인이 박근혜 당시 후보에게 트위터로 몇 가지 질문을 했다. 안중근 의사가 남긴 붓글씨 한 점(보물 제569-4호)이 박정희 대통령 시절에는 청와대에 있었는데, 이후에는 '박근혜 소장'으로 기록되어 있으니 이를 밝혀달라는 내용이었다. 안중근 의사 도록에 유묵의 소장자가 '박근혜'로 되어 있었던 것이다.

박근혜 정부에 들어 안 시인은 피고인이 되었다. 처음에는 검사도 죄가 안 된다고 했다. 기소하지 않고 마무리되는 분위기였다. 검사는 특강이나 한 번 와달라고 했다. 그런데 갑자기 변수가 생겼다. 대검찰청은 전주지검의 한 검사 책상에서 현금 7백여만 원이 든 봉투가 발견됐다고 발표했다. 이 사건은 언론에 대서특필됐다. 감찰을 받은 안 아무개 검사는 안 시인 사건의 주임검사였다. 그는 곧바로 직무 집행 정지 처분을 받았다.

검사가 바뀌자 안도현 시인 사건이 급물살을 탔다. 후임 검사는 바로 안 시인을 공직선거법 위반 혐의로 기소했다. 박근혜 후보를 낙선

시키기 위해 허위 사실을 유포했다는 게 이유였다. 그때가 2013년 6월 13일이었다. 그날은 공교롭게도 원세훈 전 국정원장과 김용판 전 서울 경찰청장이 불구속 기소된 날이다. 이후 대검 감찰에서 안 검사는 돈 봉투에 대해 무혐의 처분을 받았다. 하지만 골프 접대를 받고 지인 사건을 조회한 혐의로 면직 처분됐다. 면직은 검찰 내에서 1년에 한 번 나올까 말까 한 중징계다.

국민참여재판에서 안 시인은 배심원단에게 전원 일치로 무죄 판결을 받았다. 그런데 전주지방법원 은택 부장판사는 유죄를 선고했다. 판결에 앞서 은택 부장판사는 "〈나꼼수〉 때와 같은 결론(무죄)이 나오면 국민참여재판에 대한 불신이 생길 것 같았다"라고 말했다. 실소를 금치 못하겠다. 걱정이 깊으신 판사님이다. 법과 양심이 아니라 국민의 신뢰를 지키려고 유죄를 내렸다는 말인가? 안 시인은 자신의 트위터에 이렇게 적었다. "재판부에 모욕당한 배심원들께 위로를 드린다."

안 시인의 1심 재판부가 은택 판사라는 말을 듣고 주변 판사들에게 물어봤더니 비명을 질렀다. 전주 토박이 '향판(지역법관)'으로 성격이 보통이 아니라고 했다. 친한 변호사 말고는 재판에서 호통을 치는 것으로 유명하다고 했다. 더 자세한 것은 언급하지 않겠다.

안 시인에게 은 판사와 친한 변호사를 소개해줄까 하다가 국민참여재판으로 가자고 조언했다. 우선 죄가 없었다. 배심원들이 판사보다 더 정권의 눈치를 보진 않을 거라 판단했다. 은택 판사가 국민의 눈치를 보지 않고 소신대로 판결한 것에는 비판의 여지가 없다. 문제는 과연 법을 기준으로 삼고 소신 있는 판결을 내렸는지에 대한 부분이다.

은택 판사가 정권의 눈치를 본 것은 아닌가 하는 의구심이 있다.

결국 안 시인은 2심에서 무죄를 받았다. 의혹의 근거가 진실에 부합하기 때문이다. 시인은 사실을 말했다. 시인은 죄가 없다. 그러나 시인은 절필을 선언한 상태다. "박근혜가 대통령인 나라에서는 시를 단 한 편도 쓰지 않고 발표하지도 않겠다."

안 시인에겐 휴대전화가 없다. 그래도 가끔 내게 전화를 주신다. 피고인끼리는 별말이 없다. "잘 지내나요?" "네, 선생님은요?" "잘 지내요. 잘 지내세요." "네."

판사의 커리어를 추적하라

이력을 보면 3년이 지나도 같은 지역에 머무는 판사들이 있다. 물론 지역사회의 발전을 위해 고민하고 노력하는 판사들이 대부분이라고 믿는다. 그런데 일부 '향판'들은 지역 유지들과의 유착이 우려할 만한 수준이다. 그런 판사들은 무섭다. 한 중견 변호사의 말이다. "서울은 법리적으로 따지면 어느 정도 판결을 예상할 수 있는데 지방, 아니 수원만 가도 상식이 안 통할 때가 많다. 당황스럽다."

향판의 빛나는 노력이 없었다면 일당 5억 원짜리 '황제 노역'은 불가능한 일이었다. 2008년 9월, 광주지검은 허재호 전 대주그룹 회장을 5백8억 원 탈세와 백억 원 횡령 혐의로 기소했다. 검사는 징역 5년에 벌금 1천16억 원을 구형했다. 그런데 갑자기 검사가 선고유예를 요청했다. 기업 활동에 부담이 된다고 했다. 갑자기 칼이 물엿이 됐다. 법원은 더 심했다. 석 달 뒤인 12월, 광주지법 이재강 부장판사는 징역 3년, 집행유예 5년을 선고했다.

> 징역 3년에 집행유예 5년. 많이 들어봤으리라. 이건 재벌 맞춤형 형량이다.

거기다 또 검찰이 구형한 벌금을 판사가 절반인 5백8억 원으로 깎아줬다. 항소심에선 장병우 당시 부장판사가 깎을 수 있을 만큼 또 깎아준다. 징역 2년 6개월에 집행유예 4년, 벌금은 2백54억 원으로 줄여줬다. 그러고는 1일 노역의 대가는 5억 원으로 늘렸다. 허재호 회장은 항소심 선고 다음 날 뉴질랜드로 출국했다. 사회적으로 논란이 되자 허 회장은 교도소에서 몸으로 때우려고 했다. 49일이면 벌금을 모두 탕감할 수 있었다. 누가 봐도 기울어진 잣대다.

일당 5억 원의 '황제 노역' 판결을 내린 장병우 전 광주지법원장은 사표를 냈다. 그러나 아무런 처벌을 받지 않았다. 마음만 먹으면 변호사로서 광주 내 사건과 돈은 실컷 쓸어 담을 만큼 벌 수 있다. 이재강 판사도 광주 법조 타운에 이재강 법률사무소를 열고 열심히 활동하고 있다. 물론 향판 중에도 출세와 승진을 멀리하고 오직 법만 숭상하고 사는 판사도 있다. 황제 노역이 이슈가 되면서 향판 제도를 없앤다는 얘기가 있는데 그 실효성이 의심스럽기만 하다.

그리고 또 한 가지. '수원의 비밀'이 있다. 뉴스를 잘 보면 각종 간첩단, 정치적 공안 사건은 주로 수원지방법원에서 많이 다룬다. 판사들에게 수원지법은 성공과 좌천의 바로미터다. 승진해서 서울로 입성하느냐 그냥 지방으로 도느냐를 가르는 심판대다. 미녀 여간첩 원정화씨 사건 등 각종 간첩단 사건의 재판이 수원에서 진행됐다. 그녀는 간첩도, 미녀도 아니었다. 내 판단에는. 물론 여러 법률가들의 판단으로도. 이석기 의원 내란음모 사건이 수원으로 간 것도 우연이 아니다. 수원은 삼성 관할 법원이기도 하다. 수원지법, 수원지검에선 재벌 친화적, 삼성 친화적 판결이 많이 나온다. 헌법재판소장 후보자로 나섰다가 청문회에서 낙마한 이동흡 씨는 과거 수원지법원장 재직 시절 삼성으로부터 송년회 경품을 협찬받으라고 지시했다고 한다. 이는 법원 내의 유명한 일화로, 헌법재판소 내부 관계자가 청문회 당시 폭로했다. 청문회에서 이동흡 씨는 "내 기억엔 그때 수석부장판사가 전체를 총괄한 것 같은데 말이 연결되면서 내가 지시한 것처럼 전달됐을 수도 있지 않을까 의심된다"라고 말했다. 이와 관련해서 이동흡 씨의 셋째 딸이 삼성물산 경력직에 특혜로 취업했다는 의혹도 있다.

판결이 오락가락하는 판사는 차라리 낫다. 이야기를 들어보지도 않고 선입견으로 판단하는 '꼴통 판사'들이 적지 않다는 게 문제다. 정치색, 지역색 때문에 편향된 판사도 있다. 이런 문제에 대비해 보호 장치가 법적으로는 마련돼 있다. 영화 〈부러진 화살〉의 마지막 재판에서 김 교수가 불공평한 재판의 우려가 있다며 재판부기피신청을 제기한다. 신청한다고 모두 받아들여지는 것은 아니다. 법적으로 제도가 존재한다는 거다. 그런데 재판부기피신청을 하면 그야말로 기피 인물로 찍히는 수가 있다. 판사들 간의 암묵적인 카르텔은 생각보다 견고하다.

불출석 사유서

사건번호 : 중앙 2013고합569
피고인 : 김어준, 주진우

존경하는 재판장님께

엄정한 법 집행을 통하여 국가 발전에 신력하시는 판사님들의 노고에
감사드리고 깊은 경의를 표합니다.

저는 법원으로부터 2013년 10월 23일에 열릴 예정인 김어준, 주진우
에 대한 공판기일에 증인으로 출석하라는 통지를 받았습니다. 국민의
일원으로서 법원의 소환에 응하여 법정에 출석하는 것이 당연한 도리
라고 생각합니다.

하지만 기존의 검찰조사과정에서 저를 대리하여 진술을 한 고소대리인
들인 조용호 변호사와 전인식이 증인으로 출석하여 증언할 예정인 것
으로 알고 있습니다.

저는 이 두명의 고소대리인의 기존 진술 및 향후 증언할 내용 이외에
특별히 더 진술할 내용이 없습니다. 또한 저보다 두명의 고소대리인이
사건에 관해 더욱 자세히 알고 있다고 생각됩니다.

03

판사와
정들이기

행동 지침1 **공손한 자세를 유지하라**

판사들은 세상에 판사와 그 밖의 사람들이 있다고 믿는다. 검사들은
세상에 판검사와 그 밖의 사람들이 있다고 믿는다. 나는 그렇게 이해
한다. 나는 그렇게 생각한다. 판사들은 존중받길 원한다. 누구나 그렇
지만 특히 판사들은. 그러므로 법정에선 성의를 보여야 한다. 법도 따
지고 보면 사람의 일이다.

두 사람이 똑같이 지갑을 훔쳐서 법정에 왔다고 가정해보자. 삐딱
한 눈빛의 반항기 가득한 친구와 겁먹은 표정의 죄를 뉘우치는 친구.
둘 중 누구에게 동정심을 느끼겠나? "열다섯 살에 처음 소년원에 갔
는데, 배가 너무 고파서 3만 원을 훔친 죄였습니다. 소년원을 나왔을
때도 역시 먹을 게 없었습니다. 그래서 10만 원을 훔쳤습니다. 잘못했
습니다." 이렇게 이야기를 시작하는 친구를 보는 판사의 눈이 달라지
지 않겠나. 왜 부녀자의 지갑만 훔쳤냐는 물음에 "저는 폭력이 무서워
서 오직 소매치기만 하는 심약한 놈입니다"라고 답했다고 하자. 양형
이 달라진다. 판사도 사람이기에, 선처를 베풀고 싶도록 정을 쌓는 게

중요하다.

나는 그동안 죄가 없다고 생각했기 때문에 항상 당당했다. 재판부에 전혀 신경을 쓰지 않았다. 판사들에게도 불만이 많았다. 그런데 법원에 있는 친구가 귀띔해주기를 '내 재판 태도가 건방지다'고 얘기하는 걸 들었다고 했다. "그 친구는 원래 건방진 놈인데 나쁜 놈은 아니다"라고 둘러대줬다고 했다. 건방져 보인다? 이거 문제 있다. 문제가 크다. 법정에선 공손해 보여야 한다. 노력해야 한다. 특히 유죄 선고를 받을 게 확실하다면 말이다.

판사와 정을 쌓아야 한다. 단정한 정장 차림으로 재판 시작 시각보다 10분 정도 일찍 가서 재판부와 눈을 맞추는 게 중요하다. 머릿속으로 '저 판사는 훌륭한 사람이다. 정말 존경받을 만하다'라는 주문을 외면서 눈빛을 보내는 것도 효과가 있다. 한번은 재판이 진행되는 내내 마음속으로 판사를 욕했다. '재판할 사건도 아닌데, 자기가 뭔데 언론의 자유를 억압하냐. 변호사한테 접대받고 나왔나. 저렇게 뻔한 거짓말을 받아주냐.' 재판에서 졌다. 잘못된 주문을 왼 사례다.

대부분의 재판은 법정 드라마의 다이내믹함과는 거리가 멀고 지루하다. 그래서 조는 판사도 많다. 판사를 졸지 않게 하는 것도 능력이다. SBS 계열사 사장의 안마시술소 출입을 보도했다가 걸린 민사재판 때의 일이다. 판사가 상대편의 말도 안 되는 이야기는 잘 들어주면서 내 이야기는 잘 들어주지 않아 울분이 터졌다. "지금 나 잘 먹고 잘 살겠다고 뛰어다니는 것도 아니다. 기자 발목 잡으면 누가 유리한가. 안마시술소 사장 편드는 대형 로펌 변호사 이야기만 들어준다." 이렇게 판사에게 대들었다. 중요한 이야기는 안 듣고 판사들이 졸고 있다고 핀잔을 주었다. 그 뒤 재판은 거의 일방적으로 돌아갔다. 내 인생에서 가장 큰 배상 판결이 났다. 2천만 원.

혹시라도 판사에게 지적질할 생각일랑 아예 마라. 바보짓이다. 판사들 성격 그리 좋지 않다. 너그럽게 넘어가주지 않는다. 재판을 오래 받다 보면 안면도 생기니 눈도 맞추고 미소도 날리면서 끝까지 판사가 거부감을 느끼지 않게 하는 게 중요하다.

한 사업가가 아주 비싼 변호사를 선임했다. 지원장을 지낸데다 판사의 고등학교 선배였다. 변호사는 무죄는 걱정할 것 없다고 했다. 그래서 사업가는 법정에서 좀 거들먹거렸다. 할 말도 마음껏 하고. 법정 밖에서도 이미 무죄를 선고받은 사람처럼 떠들고 다녔다. 변호사가 요구한 성공 보수도 선뜻 내주고 룸살롱에서 무죄 파티를 열기도 했다.

한 판사가 말했다. "판사들은 변호사 '빽' 믿고 거들먹거리는 사람을 제일 싫어한다. 이런 부류의 사람들은 밖에서 떠들고 다녀서 구설을 만들기도 한다. 특히 지방일 때는 더더욱 그렇다. 그러면 무죄를 주고 싶어도 줄 수가 없다."

무죄 파티를 연 사업가는 구속됐다. 얼마 후 풀려나긴 했지만. 법조계에서는 이런 경우를 '고성방가죄에 걸렸다'고 표현한다.

파리에 나가 있다가 돌아오기 직전에 미국 취재를 갔다. 뉴욕에서 친한 형을 만났다. "재판에도 나가야 하니 양복 한 벌 사라. 사람 행색이 추레하면 신뢰도 떨어진다. 이런 때일수록 잘 입어야 해."

여기저기 불려 다닐 테니 양복 한 벌쯤 필요할 것 같았다. 검찰에 끌려갈 때도 당당해 보이고 싶었다. 도망치다 잡힌 게 아니라 정당하게 내 일을 하다가 간 거니까. 집에 있는 양복이라고는 기자 초년생 때 입었던 유행 지난 스리 버튼이 전부였다.

뉴욕의 최고급 백화점에 갔다. 일단 소파에 앉히더니 샴페인과 생수를 내줬다. 백화점 점원이 수트를 가져왔다. 입는 옷마다 몸에 착착 감겼다. 역시 비싼 곳이라 다르군. 제일 마음에 드는 제품의 가격을 물었다. 답을 듣고는 태연한 척하려야 할 수가 없었다. 가격표를 보니 도저히 살 수가 없었다. 미안하고 쪽팔리고 아쉽고……. 복합적인 감정이 들었지만 그냥 나왔다. 그런 나를 옆에서 지켜보던 형이 쿡쿡 찔렀다. "못 살 줄 알았어. 너 스스로를 위해 돈 써본 적 있어? 자기도 위하지 못하면서 무슨 남을 위한다고……." 그 말이 가슴에 꽂혔다. 발길을 돌려 그 예쁜이를 바로 샀다. 그 양복을 입고 검찰청에 출두했다. 검사의 첫마디가 이랬다. "연예인처럼 멋있으시네요." 일단 본전은 뽑았고…….

오바마 대통령이 회갈색 양복을 입고 기자회견에 나섰다가 비난이 쏟아졌다. "오바마가 토네이도 보험을 팔러 왔다." "의회의 승인을 안

거치고 양복을 구입하면 이런 일이 일어난다." 외판원 같은 의상 때문에 공식적인 조소가 쏟아졌다. 결국 백악관 대변인이 해명 기자회견을 해야만 했다. 옷차림은 생각보다 중요하다. 특히 경찰서, 검찰청, 그리고 법원에서는. 좋은 양복 입고 폼 잡으라는 말이 아니다. 옷을 단정하게 입는 건 우리가 할 수 있는 기본이자 최선의 태도다.

옷 잘 입은 사람에게는 경찰이 함부로 하지 않는다. 돈이 없어 보이는 사람은 돈을 받아내려고 고소했다고 여기는 경향이 있다. 옷차림이 깔끔하면 돈도 있는 사람이 굳이 고소·고발을 하겠나 생각한다. 나는 당당해 보이려고 단정하게 입는다. 물론 멋도 중요하지만 내가 잘못해서 비굴하게 끌려온 게 아니라는 의미이기도 하다.

영장실질심사를 받는 날이었다. 앞서 소개한 유치장 동기, 미남 고급차 딜러는 법원 대기실에서 처음 봤을 때 티셔츠에 카디건 차림이었다. 딱 봐도 명품으로 휘감은 멋쟁이였다. 그런데 날라리 느낌이 났다. 신뢰와는 거리가 멀었다. 그런데 유치장에는 정장 차림으로 들어와 있었다.

"기자님이 양복 입은 걸 보고 변호사에게 물어보니 제 복장에 문제가 있다 하더라고요. 그래서 심사 들어가기 전에 정장을 보내달라고 해서 갈아입었어요."

연예인들도 내게 법률 자문을 구하곤 한다. 최진실 누나와 가족들도 법적인 부분을 조언하다가 친해졌다. 검찰 조사를 받거나 재판에 나가는 여자 연예인에게는 청바지에 흰 셔츠를 입고 가라고 일러준다. 머리는 단정하게 한 갈래로 묶고. 화장은 한 듯 안 한 듯 청순하고

가련하게. 검사의 얼굴을 쳐다보자마자 눈물 두 방울 떨어뜨리면 80퍼센트는 끝나는 거다. 매니지먼트사 사장들은 덩치도 크고 외모도 험악하지 않나. 이들은 대개 화려한 명품 티셔츠에 청바지 차림이다. 매니지먼트사 사장이 나타나면 검사의 눈은 벌써 적개심으로 이글댄다. 검사들은 '천사 같은 여자가 울고 있는데 내가 아니면 누가 돌봐주겠냐'는 생각이 든다고 했다.

재판 과정에서 피고인의 첫인상은 굉장히 중요하다. 답답한 법복을 입고 딱딱한 법정과 사무실만 오가는 법조인은 의외로 이미지에 약할 수 있다. 예쁘고 멋진 사람을 보면 혹하기도 한다. 검찰 조사나 재판 때는 사건 당사자도 변호사도 옷차림에 신경 써야 한다. 이건 내가 체득한 경험이다. "나는 사회부 기잔데"라며 일부러 대충 입고 갔더니 판검사들이 사람 취급을 안 했다. "〈시사IN〉은 뭐 하는 데예요? 신문인가요?" 판사가 삼류 황색 언론으로 치부한다는 느낌까지 받았다. 그런데 언젠가 한번은 옷을 잘 갖춰 입고 갔더니 말투부터 달라졌다. 이처럼 판사들 중에는 옷을 갖춰 입지 않으면 '자세가 안 됐다'고 생각하는 사람들이 의외로 많다. 원색의 튀는 옷, 청바지, 운동화는 반드시 피해야 한다. 밝은 색 양복을 입으면 외판원 취급받은 오바마 꼴 난다.

예전에 이회창 전 한나라당 대표 측으로부터 소송을 당했다. 재판장은 처음부터 내 말은 들으려고도 안 했다. 취재해보니, 재판장이 이회창 씨를 존경한다는 말을 사석에서 자주 했단다. 재판은 점점 꼬여만 갔다. 처음에는 옷을 대충 입다가 나중에는 더 대충 입었다. 아무리 노력해도 이미 답은 나온 듯했다. 하도 억울해서 따졌는데 그것도 마이너스였다.

그래서 마지막 재판에 반항하는 의미로 찢어진 청바지에 티셔츠 입고, 머리는 노랗게 염색해 왁스로 세우고 갔다. 판사가 나를 보자마자 인상을 썼다. 그 태도와 복장은 두고두고 후회한다. 판사가 편향됐다는 확신 때문에 내 멋대로 한 행동이었지만 판사는 재판 내내 내 머리만 쳐다봤다. 아는 사람한테 들으니 판사가 나를 두고 "자세가 너무 불량하고 누군가를 공격할 만한 사람이다"라고 이야기했다더라. 반사회적 성향이 태도에서 나오더라는 거다. 결국 그 재판에서 졌다. 2심에서 몇 배의 노력을 기울여서야 겨우겨우 원하는 결과를 얻었다.

재판도 사람과 사람 사이의 일이다. 판결을 내리는 판사와의 교감이 중요하다. 판사를 좋아할 필요는 없다. 하지만 반감을 사는 것은 치명적이다. 스스로 승소 확률을 낮출 필요가 없다. 싫은 사람 이야기는 듣기도 싫다. 선입견이 생기면 바로잡기가 매우 어렵다. 예의를 갖춰라. 단정하고 깔끔한 복장은 기본이다. 국민참여재판을 앞두고 김어준 총수에게 단정하게 입고 와달라고 부탁했다. 그런데 첫날 김 총수는 청색 체크무늬 재킷을 입고 왔다. 여성 배심원들에게 섹시해 보이기 위해서 입었다고 했다. 어이쿠. 그날 밤 판사 한 명과 검사 두 명에게 전화를 받았다. "김어준에겐 무조건 검은색이나 짙은 감색 재킷을 입혀라."

만약 구속된 상태에서 재판을 받는 상황에 놓일 수도 있다. 그럴 때는 재판받기 일주일 전쯤 사복을 신청해 법정에서 입는 게 좋다. 수의를 입고 있으면 그냥 범죄를 저지른 사람처럼 느껴진다. 옷차림이 인상을 좌우한다. 이 선입견은 어쩔 수 없다. 인간의 본능인지 모른다.

보석은 아름답다

보석이란 구속을 일시적으로 중지하는 행위다. 구속당한 사람들에게는 그야말로 보석 같은 존재다. 그래서 귀하다. 더더욱 어렵다. 돈도 많이 든다. 주로 권력자와 부유층의 전유물이기도 하다. 저축은행 비리 사건으로 구속된 한 인사는 보석으로 꺼내주는 데 현금 20억 원을 내건 경우도 있었다. 전직 검찰총장, 대법관, 서울지검장 등 거물이 그의 변호사로 나섰다. 정식 선임계를 내지도 않은 상태로 말이다.

도주 및 증거인멸의 우려가 없음을 주장해 보석을 신청하라. 대부분의 구속영장은 이 같은 사유로 발부된다. 또는 무죄 가능성이 높다거나, 피해자와 합의를 보았다거나, 혹은 합의를 볼 가능성이 높다거나, 죗값을 충분히 치렀다거나, 초범이라거나, 중죄인이 아니라거나……. 변호사에게 계속 요구하라. 보석이 가능한지.

사기, 횡령 등 피해자가 있는 경제사범일 경우 피해액을 어느 정도 갚으면 보석이 가능해진다. 영장실질심사에서 패소해 구속 재판을 받고 있었더라도, 유리한 증거가 나와서 재판부가 무죄일 수도 있다고 판단하기 시작했다고 느껴지면 보석을 신청하라. 재판부에서 받아들이지 않아도 상황이 변할 때마다 계속 다시 신청할 수 있다. 아주 짧게라도 불구속 상태에서 재판받는 것이 훨씬 유리하다.

04

넌지 못할
산은 없다

재판은 인생에서 만나는 큰 고비와 같다. 정말 높은 산이다. 하지만 막상 끝나고 나서 보면 작은 언덕일 뿐이다. 절벽에 부딪혔을 때 절망하고 비관해서는 안 된다. 수사받다가 자기 명예가 땅에 떨어졌다는 모멸감에 목숨을 끊는 사람이 많다. 내가 재판을 받을 때도 정신과 전문의 정혜신 선생님이 되풀이해서 이야기해줬다.

"세속의 재판에서는 질 수 있지만 스스로 떳떳하면 돼요. 스스로 당당하잖아요? 무엇보다 자존감을 잃지 않으면 됩니다."

재판을 치르면서 이 말이 가장 큰 도움이 됐다.

백 건가량의 소송을 치르는데도 소송은 매번 새롭게 기분을 망치는 힘이 있다. 소장이 날아오거나 출두 요구 전화를 받으면 그날은 공치는 날이다. 일단 조사받고 오면 아무리 간단한 조사라고 해도 기분이 편치 않다. 이렇게 대답한 게 옳았나? 그땐 이렇게 답했어야 했는데……. 사소한 것도 다 거슬린다. 정말이지 서초동 방향으로는 오줌도 안 싼다. 서초동 주변에서 지인이 만나자고 하면 싫다고 한다. 판검사들도 만나기 싫다. 그쪽 취재는 당분간 안 한다. 이건 재판이라도 마찬가지다.

끊임없이 자존감을 지켜내는 게 재판에서도, 삶에서도 꼭 필요하다. 나는 사실 지금 재판의 고통을 다음 재판의 고통으로 바꿔치기하면서 버티는 셈이다. 계속 새로운 재판이 줄줄이 잡히니 쉽게 잊어버리는 거다. 보통 사람들은 이렇게 살지 않으니 자존감을 붙잡는 게 나보다 훨씬 더 중요하다.

재판을 받을 때는 억울한 면이 있어도 긍정적으로 생각하고 넘겨야 한다. 마냥 가라앉는 사람이 있다. 인생이 끝났다고 절망하면 안 된다. 사람들은 의외로 금방 잊는다. 감옥에서 나왔을 때 그 사람이 어떤 상태와 위치에 있느냐에 따라 재기하느냐 마느냐가 달려 있다.

그런 면에서 이명박 전 대통령에게는 배울 점이 많다. 그렇게 전과가 많은데도 꿋꿋하다. 전혀 개의치도 않는다. 전과자의 심정을 누구보다 잘 헤아리는지라 최시중, 천신일 등 친한 사람들을 줄줄이 사면해줬다. 서청원 새누리당 최고의원은 '차떼기 사건'과 '공천 헌금 사건'으로 최근에 두 번이나 옥살이를 했다. 모두가 정치생명이 끝났다고 했다. 하지만 사면받고는 다시 국회로 입성했다. 권력자와 가까우면 법을 어겨도 괜찮다. 이것이 대한민국 법이다.

못 넘을 산은 없다. 감옥 가면 인생 끝날 것 같지만 다 살게 마련이다. 감옥 갔다 와서 오히려 잘되는 사람도 있다. 요새는 경제사범이 감옥에 가장 많이 가고, 그다음이 교통사고와 관련된 사람들이다. 여기서 경제사범이란 사업하다가 제때에 돈을 못 갚아서 사기죄가 성립된 사람이다. 주변의 신뢰를 잃지 않으면 사업으로 재기하는 사람도 많다. 감옥에서 10년 이상 썩는 사람은 드물다. 보통 1년 안팎인데, 이건 훗날 인생을 돌이켜 봤을 때 긴 시간이 아니다. 감옥에 다녀와서 폐인이 되는 사람이 많다. 하지만 빚잔치를 하고 나오면 오히려 제로베이스에서 시작할 수 있어 재정적으로 재기할 수 있는 기반이 되기도 한다.

또 정봉주 의원처럼 몸을 만들 수도 있다. 정 의원의 이야기를 들어 보면 감옥도 사람 냄새 풀풀 풍기는 삶의 현장이다. 물론 과장 섞인 봉주식 표현법은 감안해야 하지만, 그의 긍정적인 태도는 배울 만하다.

7

우리를
법으로부터 보호하자

●

시민불복종

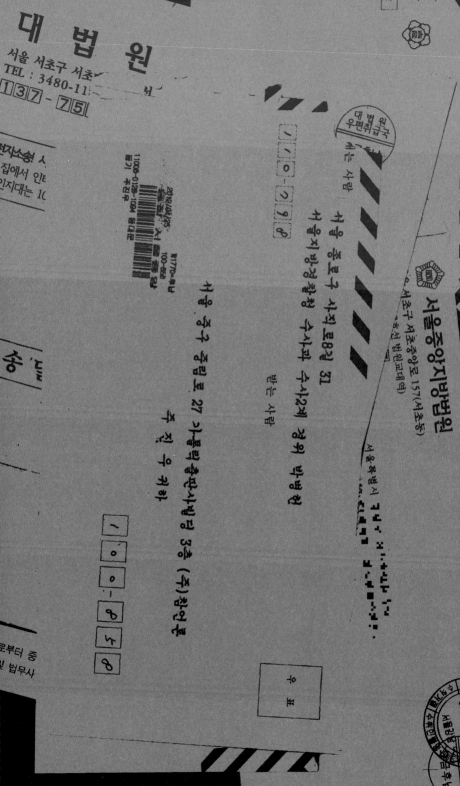

대 법 원
서울 서초구 서초
TEL : 3480-11
137 - 75

서울중앙지방법원
서초구 서초중앙로 157(서초동)
ㅇ, 서초구 서초동 법원교대역

서울특별시 서초구

110-2718

서울 종로구 사직로8길 31
서울지방경찰청 수사과 수사2계 경위 박병현

받는 사람

서울 중구 금립로 27 가늘틱출판사빌딩 3층 (주)창의훈
구 진 우 귀하

100-8-5-8

우
표

01

집회에 나가기 전
알아둘 것들

세월호 사건이 터지고 어느 토요일에 촛불 집회가 있었다. 4, 5만 명
정도가 운집했다. 주로 자녀가 있는 가족들이 참가했다. 40, 50대 아주
머니들이 특히 많이 왔다. 세월호 사건으로 자식 또래의 아이들이 죽
은 게 서럽고 분해서 왔다고 했다. 한 번도 데모를 안 해본 사람은 티
가 난다. 하이힐 신고 온 아가씨, '기지바지' 입고 온 아저씨들…… 바
깥에서 서너 시간을 걸어야 하는데 말이다. 집회가 마무리될 즈음 차
도로 행진을 했다. 이미 신고한 대로 5만여 명의 시위 참가자들은 청
계천에서 종로로, 을지로로, 다시 시청으로 이동하는 코스로 거리 행
진을 했다. 행진을 하자 금세 인파가 늘었다. 옆에서 지켜보다가 "저건
잘못됐지" 하며 합류하는 사람, 재미로 참여하는 사람들도 있다.

　종로 1가에서 데이트를 하던 김 아무개 씨 커플도 '재미있어 보여
서' 거리 행진에 나섰다. 어찌 됐든 집회에 참가한 것이다. 데이트 행로
는 집회 행렬을 따라 종로 3가 방향으로 잡혔다. 그런데 종로 3가 피카
디리극장 앞에서 갑자기 몇 명이 "우리가 청와대로 가야 하는 것 아닌
가?"라는 말이 나오기 시작했다. 웅성거렸다. "우리가 이 이야기를 청
와대에 가서 해야지 롯데백화점에다 하겠나, 명동 관광객들한테 하겠

나." 그렇게 도중에 몇 명이 청와대 쪽으로 방향을 돌렸다. 김 씨 커플도 생각 없이 그들을 따라갔다. 경찰은 즉시 행렬의 허리를 자르고 뒤에서 시위대가 더 합류하지 못하도록 막았다. 그렇게 2백여 명이 경찰에 둘러싸인 채 현대 계동 사옥 앞에서 고립됐다. 5만 명의 대열에서 이탈한 것이다. 경찰이 둘러싸고 있어서 빠져나갈 수도 없었다. 당장 해산하지 않으면 연행하겠다고 했다. 그런데 빠져나갈 수도 없었다. 결국 김 씨는 그날 연행됐다. 경찰서에서 이틀을 꼬박 지낸 후에 풀려날 수 있었다.

김 씨처럼 우연히 잡혀온 사람이 있었다. 친구 만나러 종로에 나왔다가 집회에 참가한 거다. 그런데 이 사람은 경찰이 연행하려 하자 강하게 대항했다. 치고받고 싸웠다고 한다. 이 사람은 풀려나지 못했다. 그는 공무집행방해죄 혹은 폭행죄로 처벌될 수 있다. 구속될 수도 있다. 이 참가자가 폭력을 휘두르는 것이 경찰 카메라에 그대로 녹화되어 있다. 하지만 경찰이 때리는 장면은 절대 나오지 않는다.

우리 경찰의 카메라는 경찰이 폭행당하는 장면만 촬영하는 기능이 탑재되어 있다.

이렇게 아무 생각 없이 아메리카노 마시면서 데이트하다가, 쭈쭈바 빨면서 따라다니다가 잡혀갈 수도 있다. 구속될 수도 있다.

실제로 촛불 집회 과정에서 단순 참가자들이 연행되는 경우는 수없이 많다. 집회 현장을 지나가던 사람이 색소 든 물대포를 맞았다는 이유만으로 연행된 일도 있었다. 이렇게 연행된 사람은 이틀 정도는 경찰서에 구금된다. 문제는 다음이다. 몇 달 후 연행자에게는 몇십만 원에서 많게는 몇백만 원까지 벌금을 내라는 약식명령이 떨어진다. 심각한 경우엔 법원에 출석하라는 소환통지서와 공소장을 받기도 한다.

만약 연행당하는 상황이 닥친다면 반항하지 말라고 권하고 싶다. 반항하다가 경찰을 때리면 집회시위법 위반, 일반교통방해죄 같은 약한 죄에서 공무집행방해죄, 공무집행방해치상죄 같은 큰 죄로 바뀔 수도 있다. 경찰은 죄를 크게 만들고 싶어한다. 불법체포를 당했을 때도 경찰에게 그런 명분을 줘서는 안 된다. 불법체포라는 것을 증명하기도 복잡하기 때문이다. 경찰에게 맞아서 상처가 났다면 다 촬영해서 증거를 남기는 게 중요하다. 소송에서는 주장이 아닌 증거가 필요하다.

경찰에 체포되어 조사받는 방법은 검찰에서와 똑같다. 잘못했다는 말 먼저 하지 말고, 말을 아끼는 편이 낫다. 시위에 참여한 단순 연행자라면 묵비권을 행사할 필요까지는 없다. 차근차근 이야기하는 게 좋다. 여기서 대응을 잘하면 훈방될 가능성이 크다. 그런데 "이 박근혜의 앞잡이들아!" 하고 큰소리치고 꾸짖기 시작하면 기소되어 재판정에 끌려가기 십상이다. 얼마 전까지는 5만 명이 함께였지만 이제는 일대일 싸움이고 경찰이 갑이다. 경찰서에서 초반에 막아야 한다. 경찰서에서 의협심을 발휘하는 사람들은 꼭 수갑을 찬다. 일단 잡혀왔다면 마음을 가라앉히는 게 중요하다. 첫째도 여유, 둘째도 여유다. 억울해서, 흥분해서 일을 그르치는 경우를 수없이 봤다. 사실 내가 그랬다. 물을 엎지르면 수습하는 게 힘들어진다.

요즘은 변호인의 조력을 체계적으로 받을 수 있는 제도가 잘돼 있다. 변호사가 올 때까지 기다려야 한다. 만약 변호사가 올 수 없는 상황이라면 잠시 마음을 가라앉히겠다고 말하고 진술을 멈춰야 한다. 흥분한 채로 진술하면 두서없이 말하거나 반말로 진술한 것들이 다 조서로 남는다. 경찰의 유도심문에도 쉽게 걸려든다. 차분하게 사실대로 말하고, 조서 작성자가 내가 진술한 것과 다른 뉘앙스로 작성한 부분이 있는지 확인해야 한다. 경찰은 으레 "빨리 조사받으면 빨리 나갈 수 있다"고 하지만, 보통 같이 잡혀온 사람들은 한꺼번에 풀려나기 때문에 늘 그런 것은 아니다. 구속영장이 없으면 48시간 안에는 무조건 풀려난다. 여유 있게 생각하고 자신의 순서를 뒤로 미룰 수 있다면 미루는 것도 방법이다. 비슷한 전과가 있거나 연행 과정에서 경찰과 다퉈서 구속될 것 같은 불안감이 든다면 변호사가 올 때까지 기다리는 게 좋다.

02

불심검문도
받기 나름이다

세월호 사건 이후 노란 리본을 달거나 국화를 든 사람은 경복궁 근처에서 불심검문을 당하기 일쑤다. 나처럼 험상궂은 사람은 여지없다. 신분증을 제시하고, 가방을 열어 보여달라고 한다. 청와대 근처로는 가지도 못하게 한다. 집이 그쪽이라고 해도 막무가내다. 경찰은 경찰관직무집행법을 근거로 내세운다. "수상한 거동과 기타 주위 사정을 합리적으로 판단해 죄를 범했거나 범하려 하고 있다고 의심할 만한 이유가 있는 사람을 정지시켜 질문할 수 있다." 경찰이 나의 길을 막을 권리는 없다. 명백한 공권력 남용이다. 불법적인 공무 집행이다.

항의하면 경찰의 채증 카메라가 바로 움직인다. 그리고 마구 찍어댄다. 무분별하게 진행되는 경찰의 채증도 불법이다. 이를 제어할 법률이 아예 없다. 다만 경찰 예규에 '채증 활동 규칙'만 있을 뿐이다. 경찰의 채증은 2010년 2천 3백 29건에서 2013년 5천 3백 66건으로 두 배가량 늘었다.

교통 채증의 주범인 도로를 에워싼 전경 버스 주차도 불법이다. 2009년 헌법재판소는 경찰이 고 노무현 전 대통령 추모 행사가 열린 서울광장을 전경 버스로 에워싼 데 대해 "시민의 행동자유권을 침해했다"며 위헌 결정을 내렸다. 그래도 경찰은 고수하겠다는 입장이었다. 강신명 경찰청장은 "차벽은 폴리스라인의 일종으로, 안전과 질서 유지를 위해 필요한 최소한의 범위에서 운용할 계획이다"라고 말했다.

우리나라 경찰이 법을 안 지킨다는 것이 문제다. 신고해봤자 수사가 안 된다. 괜한 데다 힘 뺄 필요 없다. 그놈이 그놈이다. 경찰의 무법 행동과 맞닥뜨리면 일단 당당하게 굴어야 한다. 중요한 건 눈빛이다. 강한 눈빛으로 경찰관을 째려본 다음 소속과 이름을 물어라. 적으면 더욱 좋다. 경찰이나 공무원들은 이름 적는 것에 약하다. 계속해서 단호하게 요구하면 경찰이 길을 열어준다.

예전에 신도림육교 앞에서 기소중지자를 귀신처럼 잡아내던 경찰이 있었다. 얼굴에 쓰여 있는 것도 아닌데 어떻게 그렇게 잘 잡아내느냐고 물었다. 형사는 "그놈들은 눈빛이 흔들린다"고 말했다. 아무리 경험 많은 지명수배자, 기소중지자도 경찰을 보면 움찔하게 되어 있다. 불심검문을 피하는 방법은 경찰에게 다가가 먼저 길을 물어보는 것이다. 절대 신분증 내놓으라는 소리 안 한다. 오랫동안 수배 생활을 한 조직폭력배가 쓰던 수법이다.

노무현 정권 초기에 노건평 씨 관련 기사를 썼다가 청문회가 열렸다. 청문회에 나가지 않은 죄로 2백만 원 벌금형을 맞았다. 안 내고 그냥 몇 년을 버텼다. 괜히 길에서 경찰을 보면 움찔했다. 결국은 나이트클럽 앞에서 경찰과 싸우는 바람에 압구정파출소로 끌려가 벌금을 물어야 했다.

긴급체포, 불법감금

'사형이나 무기징역 또는 3년 이상의 장기 징역이나 금고에 해당하는 자.' 이같이 무시무시한 범죄자만 긴급체포할 수 있다. 이 말인즉, 경미한 범죄로는 긴급체포가 불가능하다는 얘기다. 집회에 참가했다가 경찰의 해산 명령이 떨어졌다. 하지만 불응해서 집회에 계속 참석했다고 해서 집회 참가자를 긴급체포할 수는 없다. '집회 및 시위에 관한 법률' 제24조는 해산 명령을 받고도 해산하지 않은 집회 참가자에 대해서는 6개월 이하의 징역 또는 50만 원 이하의 벌금·구류 또는 과료에 처한다고 규정하고 있다. 그렇다고 안 잡아가는 것은 아니다. 경찰은 집회 참가자를 체포하면서 '긴급체포' 대신 '현행범 체포'라는 법을 구사한다. 그야말로 꼼수다.

요즈음은 경찰관을 모욕했다는 이유로 현행범 체포를 시도하기도 한다. 경찰을 보고 혼잣말로 "바보"라고 말했다가 경찰관 모욕죄로 입건된 경우도 있다. 웃을 일이 아니다. 경찰관 모욕죄로 입건된 사례 중에서 경찰의 집행에 대응하면서 욕을 한 경우가 가장 많았다.

경찰은 이를 "공권력 확립", "엄정한 법 집행"이라고 말한다. 경찰청에 따르면 경찰관 모욕죄 처리 건수는 2013년 월평균 86건이었는데 2014년 상반기에는 월평균 1백10건으로 늘었다. 국가인권위원회 자료를 보면 경찰관 모욕죄로 체포되는 과정에서 인권침해를 당했다는 진정이 2011년 20건, 2012년 22건, 2013년에는 33건으로 늘었다.

경찰서에 48시간 가까이 유치하는 행위도 불법감금죄에 해당한다. 연행당하다가 경미한 부상을 입었더라도 이에 대해 폭행죄 혹은 상해죄를 물을 수 있다. 연행한 경찰을 고소할 수 있고, 현장 책임자 혹은 서울경찰청장을 고소할 수도 있다. 하지만 검찰에 경찰을 고소하면 경찰서로 내려보낸다. 수사가 진척될 리 없다. 실제로 2008년 촛불 집회에서 경찰의 명백한 폭행으로 부상을 당한 시민들이 경찰을 여러 차례 형사 고소했지만 경찰에 대한 기소는 거의 이루어지지 않았다. 단 한 건의 기소도 확인하지 못했다. 주로 가해 경찰을 찾기 어렵다는 이유를 대며 빠져나간다. 경찰의 불법행위에 대해서는 형사 고소보다는 국가배상 청구를 법원에 내는 편이 낫다. 단, 증거가 있어야 한다. 현장에서의 사진과 상해진단서를 첨부하고, 폭행 현장에 있던 다른 사람들의 진술도 확보해놓아야 한다.

국가인권위원회에 진정하는 것도 한 방법이다. 국가기관이나 공무원의 위법 행위나 인권침해를 입증하는 것은 개인으로서는 굉장히 어려운 일이다. 국가 기관이 정보를 독점하고 내놓지 않기 때문이다. 우선 국가인권위원회에 진정해 결정을 받고, 조사 내용을 취합해 형사 고소를 하거나 국가배상을 청구하면 길을 조금은 쉽게 찾을 수도 있다. 단, 현행법상 형사 고소나 국가배상 청구를 하지 않은 경우에만 국가인권위원회가 진정을 받아준다.

위법한 수사를 받거나 구속됐다가 무죄 선고를 받은 경우에는 보상을 청구할 수 있는데 이를 '형사비용보상청구제도'라고 한다. 구속되지 않은 사람도 재판 준비나 재판에 출석하는 데 드는 여비·일당·숙박비 등과 변호사 비용에 대해서도 보상을 받을 수 있다. 형사비용보상청구는 무죄가 확정된 후 6개월 안에 무죄 판결이 확정된 법원에 하면 된다. 억울하게 고생했다면 그 보상을 챙기는 것도 시민의 권리다. 무죄 판결을 받은 사람이 늘면서 형사보상금 지급 규모도 늘었다. 2012년 한 해만 해도 보상금으로 4백4억 6백여만 원이 지급됐다.

03 표현의 자유, 어디까지 허용될까?

세월호 사고가 나고 홍가혜 씨가 민간 잠수사 자격으로 MBN과 인터뷰를 했다. "해경이 민간 잠수사의 구조를 막고 있다." "정부 관계자가 민간 잠수사는 시간이나 때우고 가라고 했다." "해경이 약속한 구조 장비를 지원하지 않고 있어 수색 진행이 힘들었다." 주로 이런 내용이었다. 홍가혜 씨가 자신을 민간 잠수사라고 속이고 인터뷰한 것은 잘못이다. 물속에서 생존자와 대화를 했다는 이야기는 말이 되지 않는다. 전남경찰청은 인터뷰 다음 날 홍 씨를 해경의 명예를 훼손한 혐의로 체포영장을 받아 구속했다.

팽목항에 내려가 민간 잠수사들을 만나보니 홍가혜 씨가 인터뷰한 내용이 새빨간 거짓말은 아니었다. 한 민간 잠수사는 "홍가혜가 바지선과 바닷속 상황을 정확히 알고 있었다. 잠수사 남자친구가 해준 이야기를 토대로 인터뷰한 것 같다"라고 말했다. 홍 씨가 혼자 지어낼 수는 없는 내용이라고 했다.

만약 내 주변인이 홍 씨 같은 상황에 놓였다면 일단 도망가지 말라고 했을 것이다. 정부가 구조에 나서지 않는 것이 너무 안타까워 민간 잠수사를 대신해 인터뷰를 했다고 하고, 정부도 언론도 진실을 말하지 않아서 어쩔 수 없었노라고 해명하라고 했을 것이다. 그의 말이 왜 곡될 수 있으니 짧은 글을 써서 발표하는 방법이 효과적이었을 것이다. 거짓말한 부분을 사과하는 것은 물론이다. 그랬다면 홍 씨에 대한 여론이 바뀌는 효과가 있었을 것이다. 홍 씨가 구속을 피하지는 못하더라도 분명히 양형에 정상참작이 될 수는 있었을 거다.

> "진리를 구하고, 자기가 생각하는 대로 말하는 것은 절대로 범죄가 아니다. 아무도 어떤 신념을 갖도록 강요당해서는 안 된다. 신념은 자유다."

독일 작가 슈테판 츠바이크는 《다른 의견을 가질 권리》에서 이렇게 말했다. 말을 하고 살 건지 아닌지는 자기 자신이 판단할 일이다. 인터넷에 단순한 의견이나 가치 판단의 글을 올리는 것만으로는 처벌받지 않는다. 그러나 사실이 아닌 것을 꾸며내거나 사실을 왜곡하면 법적으로 문제가 된다. 처벌받는 사람들 대부분이 여기서 걸린다.

댓글에 유난히 민감한 박근혜 정권에서는 댓글도 조심해야 한다. "박근혜 대통령이 성형했다고 누가 그러더라"라고 댓글을 썼다. 이때 누가 그랬는지 입증하지 못하면 법적으로 문제가 될 수 있다. "박근혜 대통령 보니까 성형했어"보다는 "성형한 것 같아. 이건 내 느낌이야"가 안전하다. 느낌이나 의견의 표시는 문제 삼기 어렵다. 과도하게 저속한 표현을 쓰지 않는 한. 법원에서도 증인이 증언을 할 때 직접 본 이야기와 들은 이야기는 증거 가치가 다르다. 들은 얘기를 직접 봤다고 말하면 증거 가치를 속이는 셈이 된다. 충분히 사실을 확인하지 않고 들었다는 것만으로 모든 책임이 면제되진 않는다.

04

"국민을 대표하는 대통령에 대한 모독적인 발언도 그 도를 넘고 있습니다. 이것은 국민에 대한 모독이기도 하고 국가의 위상 추락과 외교 관계에도 악영향을 미칠 수 있는 일입니다." 박근혜 대통령의 한마디에 검찰은 즉각 '사이버 명예훼손 전담 수사팀'을 꾸렸다. 사이버상의 허위 사실 유포자를 엄벌에 처하겠다는 뜻이다. 퍼나르기만 해도 중대사범에 대해서는 '구속 수사'를 하는 등 엄정 대응 원칙을 적용하기로 했다. 네이버, 다음카카오 등은 실시간 모니터링 체계를 확립했고.

인터넷에 글 한 줄 잘못 썼다고, 트윗 하나 잘못 썼다고 구속될 수도 있다. 수천만 건의 비방 글을 올린 국가정보원과 국방부에는 죄를 묻지도 않으면서……. 실시간 모니터링? 이것 자체가 범법 행위다. 범죄 혐의가 없는 개인의 대화를 들여다보는 행위는 현행법 위반이다. 하지만 검찰은 분명 또 일을 내고야 말 것이다. 아이고, 무서워라! 외신 기사를 번역한 사람을 때려잡겠다고 하는 정부 아닌가. 그런 검찰 아닌가. 유언비어를 색출한다면서 반공법이나 국가보안법으로 그 많은 학생과 지식인을 잡아다가 고문하던 화려한 경력이 있지 않은가.

말하고 싶다. 표현하고 싶다. 대한민국 헌법 제21조는 국민에겐 언론 출판의 자유가 있다고 했다. 물론 다른 사람에게 상처를 줄 수도 있는 내용이라면 진실을 확인하는 게 의무다. 하지만 모든 사실을 확인하고 진실만을 표현할 수는 없다. 거의 불가능하다. 그렇다고 인터넷에 글 쓰는 것을 그만둬야 할까? 아니다. 인터넷에 글을 쓸 때 몇 가지만 주의하면 위험이 훨씬 줄어든다.(안전을 완전히 담보할 수는 없다. 이 정부는 항상 상상 그 이상을 보여주니까. 검찰은 이런 일과 관련해서는 법을 무시하곤 한다.)

우선 인터넷에 쓴 글이 법적으로 문제가 될 수 있는 경우는 기본적으로 형법상 명예훼손죄, 모욕죄, 공직선거법상 허위사실공표죄나 후보자비방죄, 정보통신망이용촉진및정보보호등에관한법률(정보통신망법)상 명예훼손죄 등을 생각해볼 수 있겠다. 일단 공통적으로 인터넷에 쓴 글이 '허위 사실'이라고 인정되면 위의 죄들에 해당할 가능성이 높아진다. 허위 사실을 쓰는 행위는 절대 삼가야 한다. 하려는 말 가운데 지엽적인 사실에 오류가 있다 하더라도 허위 사실의 적시라고 보지는 않는다. 또한 사실로 믿을 만한 충분한 근거가 있는 경우에도 문제 되지 않는다. 그런데 어느 정도의 근거가 있어야 충분하다고 할 수 있을까? 언론 매체나 기관, 학자 등이 밝힌 사실을 인용하면 비교적 안전해진다. 〈산케이신문〉이 〈조선일보〉를 인용하는 것처럼. 하지만 허위 사실을 인용하면 책임을 면할 수 없다. 확인해야 한다.

진실 여부를 떠나, '사실의 적시'는 감정이나 느낌의 표현이나 의견 표명과 다르다. 의견을 표명하는 것은 기본적으로 문제 되지 않을 가능성이 높다. 'A가 B랑 사귄대'는 사실의 적시다. '난 A가 B랑 사귀는 상상을 멈출 수가 없어', '만에 하나 A랑 B가 사귄다면 그건 안 좋다고 생각해', '이건 어디까지나 나 혼자만의 상상인데……' 등의 의견 표명은 비교적 안전하다.

단, 표현이 상대방의 사회적 평가를 저하시킬 만한 경우 모욕죄가 될 수 있다. 하지만 대법원은 건전한 사회 통념에 비춰 그 표현이 사회 상규에 위배되지 않는 경우에는 위법성이 없다고 판단하고 있다. 감정 표현은 순하게, 예쁜 말로 하면 된다는 얘기다. 즉, 욕하면 안 된다는 거다. 그리고 직구 대신 변화구를 써라. 단정적인 표현은 금물이다.

직설법 대신 과장이나 비약 등의 표현에는 법을 적용하기가 어렵다. 풍자와 해학, 유머를 구사하면 허위 사실을 구분하는 기준이 모호해진다. 처벌도 애매해진다.

리트윗도 조심하라

명랑한 스물세 살 박정근 씨는 서울 암사동에서 사진관을 운영했다. 그런데 2011년 9월, 경기지방경찰청 보안수사대 직원들이 박 씨의 집과 사진관에 들이닥쳤다. 그때부터 박 씨의 인생이 꼬이기 시작했다. 박 씨는 경찰서에 다섯 번이나 끌려갔다. 북한을 찬양하는 트윗을 올리고, 북한 매체의 트윗 1백2건을 리트윗했다는 이유에서였다.

박 씨는 자신의 트위터에 이렇게 썼다. "장군님, 빼빼로 주세요.", "제가 수령님 생각만 하면 주체 주체 하고 웁니다만.", "아기 주사파는 옹위 옹위 하고 웁니다.", "조선의 심장인 혁명의 수뇌부는 단백질이 풍부하다.", "모든 것은 장군님께서 해주십니다. 홀아비에겐 아이도 갖게 해주시죠.", "어젯밤 꿈에 북한에 갔다 왔다. 근데 김일성 죽기 전 북한이었는데 뜻밖에도 권력 이양 직전 김정일이 먼저 죽어버린 거다. 다들 난리가 나서, 특히 김일성은 아들이 죽은 비통함에 나도 죽겠다며 높은 곳에서 뛰어내리려는 걸 내가 말렸다. 웃긴 가족이었음."

북한 김정은 체제에 대한 조롱과 야유가 담겼다. 그러나 검찰은 박 씨의 트윗 글에 대해 국가보안법상의 찬양·고무 혐의를 적용해 구속영장을 신청했다. "대한민국의 자유주의 체제를 부정하고 적화통일을 달성하려는 북한 사회주의 체제가 주의·주장하는 선전 내용에 동조해 선동하고자 배포하는 것이다." 영장실질심사가 열렸다. 판사가 "왜 리트윗하고 글을 올렸냐"고 물었다. 박 씨는 "장난이었다"라고 대답했다. 영장 전담 판사는 "영장 청구된 범죄 사실이 소명됐고, 재범의 위험성과 증거인멸의 우려가 있다"며 구속영장을 발부했다. 미국 〈뉴욕타임스〉는 "한국의 법은 풍자예술가도 빠져나갈 수 없는 그물이다"라고 표현했다.

1심 재판에서 검찰은 박 씨에게 징역 2년을 구형했다. 법원은 징역 10월과 집행유예 2년을 선고했다. 2심에서 무죄가 선고됐고, 대법원에서도 무죄를 받았다. 하지만 꼬박 3년을 끌려다닌 후였다. 우리나라에서 북한 계정 트위터를 리트윗했다는 이유로 재판을 받고 있는 사람은 최소 8명이다.

05

언론 폭력에
맞서기

언론에 당하면 약도 없다. 어떤 경우에는 재판을 받을 필요도 없다. 이미 여론 재판에서 '죽일 놈'이 됐는데 법으로 따진들 땅에 떨어진 명예가 회복되지도 않는다. 나중에 무죄 판결이 났다는 기사는 신문 귀퉁이에 조그맣게 실린다. 〈문화일보〉가 신정아 씨의 누드 사진을 실은 것처럼 사건 본질과는 무관하게 피해를 당하는 일도 있다.

이런 일은 검찰에서 비롯되는 경우가 많다. 고 노무현 전 대통령 수사 때 검찰은 언론에 흘려주고, 언론은 개처럼 물고 늘어졌다. 당시 검찰 간부가 '빨대'를 색출하겠다는 표현까지 쓸 정도로 심각했다. 지저분했다. 검찰이 죄가 확정되지 않은 상태에서 기자들에게 혐의를 흘리는 건 무죄 추정의 원칙에도 어긋나고 피의 사실 공표에 해당한다. 명백히 위법이다. 원칙적으로는 검찰을 고소하는 게 맞다. 물론 절대로 검사가 검사를 수사하지는 않는다. 지금껏 이 혐의로 처벌받은 검사는 단 한 명도 없다.

한명숙 전 총리가 돈을 받았다는 사실을 검찰에서 〈동아일보〉를 통해 먼저 흘렸다. 그리고 구속영장을 청구했다. 한 총리가 1심에서 무죄를 받았음에도 〈동아일보〉는 재판에서 지지 않았다. 〈동아일보〉에 이야기를 흘린 검사를 검사가 절대 조사하지 않았다. 판사들도 검사와 언론에 우호적인 것 역시 부인할 수 없다.

악의적 언론 보도에는 단호하게 맞서라

왜곡된 언론 보도로 피해를 입었다면? 언론사에는 처음부터 민·형사 소송을 하겠다고 단호하게 선언해야 한다. 검찰과 언론의 가장 큰 공통점은 약자에게 강하다는 거다. 강하게 나오면 움찔한다. 언론 보도에 대한 대응은 즉각적이어야 한다. 시간이 지나면 별 효과가 없다.

2012년 11월 뇌물 검사 사건이 터졌다. 이분은 가는 곳마다 너무 많이 받으셨다. 돈 받고 수사 편의 봐주고. 밝혀진 액수만 10억 원이 넘었다. '뇌물' 김광준 부장검사가 유진그룹과 다단계 사기꾼 조희팔 측근에게 금품을 수수한 혐의로 언론에 알려졌다. 대검의 감찰 조사도 이어졌다. 김 부장검사를 최재경 당시 대검 중수부장이 코치한다. 최 중수부장이 조언한 문자 메시지가 주옥같다. 특히 언론에 대응하는 방법에 관해 배울 게 많다. 사실 내가 더 구체적으로 조언할 수 있는데 부끄러워서 안 한다. 못 한다.

김 부장검사	유진에서 돈 빌려준 것 확인해줬는데 계속 부인만 할 수도 없고 어떡하지.
최 중수부장	법에 어긋나는 일을 한 적이 없다, 사실과 다른 이야기라고 얘기하고 구체적인 이야기를 하지 마세요.

김 부장검사	기자들 전화가 계속 오는데 어떻게 하지.
최 중수부장	실명 보도를 하면 끝까지 책임을.
김 부장검사	무조건 안 받겠다. 내일부터 당분간 휴가를 내는 건 어떨까, 내일 기자들이 벌떼같이 모여들 건데…….
최 중수부장	편하게 하라. 세게 나가야 활로가 생깁니다.
김 부장검사	계속 부인할 수도 없고 어떻게 기자들을 대해야 하느냐.
최 중수부장	강하게 대처하라. 위축되지 말고 욱하는 심정은 표현하세요. 실명을 보도하면 좌시하지 않겠다고 강하고 단호하게.
김 부장검사	머리가 아파서 일단 내일 휴가를 내겠다. 감찰 검사들이 내 주위 사람들을 너무 험하게 다룬다. 애들 엄마가 쇼크를 받아서 간호해야 하기 때문에 쉰다고 하겠다.

김광준 부장검사 뇌물 사건에 대해 검찰은 특임검사를 지명했다. 그가 바로 김 아무개 제주지검장이다. 일명 '베이비로션'. 검찰의 수준이 이 정도다. 검찰에 조사받으러 가면 이런 강적들을 상대해야 한다.

검찰과 언론에는 민사소송을 활용하라

언론을 상대로 한 형사소송은 기자가 돈을 받거나 악의적으로 왜곡해 보도했다는 증거가 없으면 이기기가 쉽지 않다. 하지만 민사소송은 다르다. 최근에는 사실을 적시했더라도 명예훼손에 해당한다며 배상하라는 판결이 나오는 경향이 있다. 민사에서 10억 원 배상 소송을 걸면 2, 3천만 원은 주라는 식으로 판결이 난다. 내가 많이 당하는 부분이기도 하다. SBS의 한 계열사 사장이 법인카드로 안마시술소에 다녔다는 보도를 했다. 사장은 내게 민·형사 소송 4건을 걸었다. 형사에서는 내가 다 이겼지만 민사에서는 세세한 부분이 문제가 되어 배상 판결을 받았다.

민사재판에서는 51퍼센트의 우월성이 있으면 그쪽 손을 들어준다. 형사재판에서는 51퍼센트보다 더 확실한 입증을 요구한다. 어느 정도의 명백한 입증인지에 관해선 의견이 분분하다. 어떤 사실을 완벽하게, 이론의 여지 없이 백 퍼센트 입증해낸다는 것은 불가능하다. 기사도 마찬가지다. 우리나라 형사소송법이나 판례에선 합리적인 의심을 배제할 정도의 입증이 필요하다고 본다. 보통 민사상 책임으로 돌리고 형사상 책임은 최후에 보충적으로 지우는 것이 법률의 상식이다. 이 때문에 민사재판이 더 까다로울 수 있다.

왜곡된 언론 보도에 대응하는 공식은 일단 단호하게 정정 보도를 청구하고, 언론사를 상대로 민사소송을 제기하는 것이다. 담당 기자는 물론 부장, 국장, 사장에게 소장을 날리는 것이 효율적이다. 전 구원파 신도인 경찰이 있었다. 그런데 구원파 내에서 그 경찰과 반대편에 있던 사람이 경찰관의 실명을 공개하고, 그가 경찰 정보를 활용해 미행에 나섰다고 종편 방송에 나와 떠들었다. 해당 경찰관은 종편 방송국을 상대로 출연자가 거짓말을 했다며 정정 보도를 청구했다. 언론중재위원회에서는 성명권을 침해했다며 반론 보도와 배상금 3백만 원을 지급하라는 명령을 내린다. 하지만 조정 합의에 실패해 결국 소송으로 넘어가게 됐다. 이후 종편 방송국은 후속 보도에 나서지 못했다. 다른 매체들도 추격 보도를 멈췄다.

이처럼 언론에 대해서는 최대한 빠르게 대응해야 한다. 언론중재위원회를 통하는 것도 한 방법이다. 우선 신속하게 결정문을 받을 수 있다는 장점이 있다. 또 정정 보도는 어렵지만 반론 보도 청구는 비교적 쉽게 받아준다. 언론중재위원회의 결정만으로 오해의 불길이 번지는 것을 막을 수도 있다. 변호사와 상의해 빠르게 대응하면 언론 보도로 명예가 훼손되는 것을 최소화할 수 있다.

언론에 대응하는 법과 언론을 활용하는 법, 속칭 언론 플레이는 복잡하고 미묘하다. 언론 물 타기 방법은 책 한 권을 쓸 분량이다. 이쪽은 내가 선수다. 크고 굵직한 사건에 참전한 바 있다. 오프더레코드 내용이 많아, 이만 줄인다.

06

교통사고가
낮어요!

지난 대선 무렵 횡단보도에 서 있으면 자꾸 뒤차가 들이박았다. 경미
한 접촉 사고라 그냥 가시라고 했다. 뒷목이 뻐근하기도 했지만 병원
에 갈 정도는 아니었다. 시간도 없었다.

몇 해 전, 신호등에 대기하고 있다가 앞 택시를 박았다. 서 있다가
부딪혔으니 큰 사고는 아니었다. 택시 운전사는 별 사고가 아닌데 드
러눕겠다고 했다. 뒤에 탄 손님은 병원에 데려갔다. 별 이상이 없다는
의사의 소견을 듣고 돌려보냈다. 그다음 날 아침에 택시 승객에게 전
화를 걸었다. 몸은 좀 어떠냐고 물었다. 별 이상 없다고 했다. 그런데
그날 밤 전화가 걸려왔다. 친구 집에 왔는데 갑자기 몸이 아프다고. 병
원에 가겠다고. 보험 회사에 신고했다. 신고 번호를 피해 여성에게 알
려주고 병원에 가라고 일러줬다. 그랬더니 여성이 소리를 지르면서
펄쩍 뛰었다. "아프다면 합의금을 들고 찾아와야 하는 것 아니냐. 내
가 방송작가인데 가만두지 않겠다." 계속 협박조였다. 그래서 한마디
했다. "아저씨 무서운 사람인데 방송국 가서 물어봐라. 한 번만 더 전
화하면 혼난다." 그 후로 전화가 오지 않았다.

교통사고가 나면 우선 경찰과 보험 회사에 신고하는 것이 좋다. 경

찰에 신고하면 사건 처리에 들어간다. 경찰서에서 사고는 '공소권 없는 사고'와 '공소권 있는 사고'로 나뉜다. 공소권 없는 사고는 쌍방이 합의한 경미한 사고로 보험 처리를 하면 곧 종결된다. 공소권 있는 사고는 사망, 도주 등 중과실 사고와 상대방이 크게 다치거나 손실을 입었으나 합의가 안 된 사고다. 형사 입건되어 처벌을 받게 된다. 이후 과정은 보험 회사에 맡기는 것이 좋다.

현장에서 목격자, 즉 증인을 확보하는 것은 필수다. 증인은 도망가게 마련이다. 그러니 진술서를 받아놓거나 녹음을 해두는 것도 좋은 방법이다.

옷깃만 스치고 범퍼만 닿았을 뿐인데 드러눕는 사람들이 있다. 그리고 퇴원하지도 않는다. 교통사고 입원율이 일본의 열 배가 넘는다고 한다. 내 차에 받혔던 택시 기사는 "기왕 이렇게 된 김에 병원에서 지내게 해달라. 택시 운전해봤자 돈을 벌지도 못한다"며 태연하게 보상을 요구했다. 달리 방법도 없었다. 그래서 보험 회사 직원에게 말했다. 그 직원이 가서 입원 기간을 '딜'했다고 했다.

나이롱환자의 무작정 드러눕기 신공을 구사하는 사람을 만나면 사고 상황 재현 프로그램인 '마디모MADYMO'를 활용하면 된다. 최근에는 가벼운 교통사고를 당하고도 병원비와 수리비를 부풀리다간 사기죄로 처벌받는 수가 있다.

07

한 번 보고 자꾸만 봐야 하는 계약서

변호사 2만 명 시대라고는 하지만 변호사는 아직 먼 존재다. 선뜻 변호사를 찾아가게 되지 않는다. 마치 아파도 병원 가기는 싫은 것처럼. 일이 터져야 비로소 변호사를 찾게 된다. 내게도 "나 아무래도 사기당한 것 같아"라며 창백한 얼굴로 달려오는 분들이 많다. 그분들 손에는 자신의 인감도장을 꾹 눌러 찍은 계약서가 들려 있다.

"혹시 도장을 뺏기셨나요? 본인 도장이 맞나요?"

"아니, 내 것 맞다. 내가 꾹 눌러 찍어줬었는다. 근데 찍기 전에 들은 거랑 완전히 다른 거여."

"찍기 전에 한 번은 읽어보셨나요?"

"아이구, 뭘 그런 걸 읽어봐. 한번 하기로 했으면 팍팍 찍어줘야제."

나조차 꼼꼼히 읽어보고 사인한 계약서는 없다. 인터넷 동의서도 마찬가지다. 다행히도 돈 욕심이 별로 없어 크게 사기당한 적은 없다. 아무리 말로 했어도 계약서가 없으면 소용이 없다. 계약서에 일단 도장을 찍었다면 나중에 속았다고 아무리 하소연해도 돌이키기 어렵다. 그러니 계약을 맺기 전에 스스로 계약서를 한번 읽어보자.

계약 당사자는 상대방한테 여러 말 들은 게 있어 계약서 문구가 객관적으로 읽히지 않는다. 예를 들어 "경영 상황에 따라 3년 후에 인센티브를 줄 수도 있다"라고 계약서에 적혀 있다면 안 줘도 어쩔 수 없다는 뜻이다. 그런데 본인은 상대방이 분명히 줄 거라고 호언장담했기 때문에 이 글귀가 꼭 준다는 의미로 읽힌다. 그러니 제삼자에게 계약서를 한 번 읽히는 것이 좋다. 계약서에 이상한 게 없는지, 불리한 게 없는지. 금액이 크고 중요한 계약서라면 변호사에게 한 시간만 상담을 받자. 몇십만 원이면 충분하다. 아무렇게나 도장 찍었다가 나중에 사고가 터지면 수억을 들여도 고칠 수 없는 게 계약서다. 그런 경우가 부지기수다.

읽어볼 필요 없다는 상대방은 믿지 말자. 지금 당장 도장을 찍어야 수억 벌 수 있다는 사람은 도장 찍는 순간 수억 가져갈 사람일 가능성이 크다. 계약서를 꼼꼼히 보지 않는 것은 이 계약으로 얻을 이익에 연연하지 않는다는 표시이기도 하다.

그러니 힘껏 싸워
이겨야 한다

"BBK는 백 퍼센트 이명박 소유다." 박근혜 대통령도 정봉주 의원과
똑같은 말을 했다. 그런데 박근혜 대통령은 검찰 조사도 없이 불기소
처분을 받았다. 반면 정봉주 의원은 꼬박 1년을 감옥에서 살아야 했
다. 합리적인 문제 제기였고, 주장을 뒷받침할 만한 충분한 증거를 제
시했는데도 말이다.

이 책의 주요 모티프가 된 박지만 5촌 살인 사건 보도와 관련해서
도 그렇다. 검찰은 내게 구속영장을 청구했다. 하지만 나와 똑같은 발
언을 한 우상호 민주당 의원은 불기소 처분을 받았다. 언론을 인용했
다는 이유를 들었다. 그렇다면 BBK를 언급한 박근혜 대통령은, 또 그
말을 따라 한 정봉주 의원은 어떻게 설명할 것인가? 똑같은 혐의인데
잣대가 멋대로다. 검사 마음대로다.

1964년에는 인혁당 사건이 있었다. 수사를 맡은 검찰 공안부가 인

혁당 사건에 대한 기소를 거부했다. 말이 안 된다고. 검찰 수뇌부는 다른 부서 검사로 바꿔 기소했다. 그러자 공안부 검사들이 사표를 냈다. 사표는 반려됐다. 그리고 공안부장도 불이익을 당하지는 않았다. 검사들도 자랑스러워했다고 한다. 5·16군사정변을 일으킨 군부가 서슬 퍼런 독기를 내보일 때였는데도 말이다.

요즈음 검사들에게 정의를 바라는 것은 무리한 일로 보인다. 그런 검사들조차 법이 형평성을 잃었다고 자조하기도 한다. 2014년 8월, 비리 혐의를 받던 국회의원들 가운데 일부 의원의 영장이 기각되자 검찰은 "몸통은 풀려나고 깃털은 구속됐다. 법원의 판단이 아쉽다"라고 말했다. 검사들이 이런 말 하면 좀 우습다.

두 명의 60대 남자가 있다. 한 사람은 결혼식에서 15만 원을 훔쳤다. 다른 사람은 회사에서 1천5백억 원을 훔쳤다. 두 남자는 비슷한 시기에 법의 심판을 받았다. 15만 원을 훔친 남자는 징역 3년, 교도소로 갔다. 1천5백억 원을 훔친 남자는 집행유예, 집으로 갔다.

집으로 간 남자의 재판부는 경제 건설에 이바지한 점, 건강 상태가 좋지 않은 점 등을 참작했다고 한다. 사실 김승연 회장은 아프다며 구치소가 아니라 병원에서 지내며 재판을 받았다. 구속되면 아프다며 형 집행정지. 그다음은 집행유예. 재벌들의 '석방 공식'이다. '무전유죄 유전무죄'는 이미 우리나라 법전 한 페이지에 기록된 내용인 듯하다. 판결문이 재벌 앞에만 가면 '다만'이라는 단어를 달고서 굴곡이 심해진다. 판결문이 리아스식 해안도 아닌데. 가끔, 판사는 딴 세상 사람인 것 같다.

예일대 헌법학 교수 프레드 로델은 《저주받으리라, 너희 법률가들이여!》에 이렇게 썼다.

"의학, 수학, 사회학, 심리학과 같은 대다수 학문의 목적은 앞을 내다보고 새로운 진리, 기능, 유용성에 다가서는 데 있다. 오직 법만이, 자신의 오랜 원칙과 선례에 끊임없이 집착하며, 구태의연을 덕으로, 혁신을 부덕으로 삼는다."

'법은 만인에게 평등하다?' 그렇지 않다. '정의가 승리한다?' 안 믿는다. '진실은 반드시 밝혀진다?' 더 안 믿는다. '선이 악을 이긴다?' 이제 더이상 순진하지 않다. '죄 안 짓고 살면 된다고?' 무식한 생각이다.

불평등한 법치국가, 불공평한 민주국가에서 내 안전은 내가 지켜야 한다. 그러기 위해서는 나를 지킬 법률 지식이 필요하다. 민주주의와 법치주의는 쟁취하는 것이지, 주어지는 게 아니다. 그러기 위해서는 룰을 먼저 알고 있어야 한다. 당신이 이 책을 읽어야 하는 이유다. 이를 무기로 무조건 힘닿는 데로 싸워야 한다. 무조건 살아남아야 한다. 참사가 일어나 아이가 죽으면 어머니가 대통령에게 빌어야 하는 세상 아닌가? 진실은 가족이 밝혀야 하는 세상 아닌가? 법이 진실을 막는 세상 아닌가?

소송을 만났을 때는 여유를 가져라. 그리고 애인의 오해를 푸는 심정으로 정성을 들여야 한다. 정의의 여신이 눈을 제대로 뜨고, 대체 이 사건의 진실이 무엇인지 관심을 갖게 해야 한다. 변호사 혼자서는 할 수 없는 일이다. 사건 당사자가 온전히 사태를 마주하고 대처해야 한다. 싸워야 한다. 이겨야 한다.

법적 안정성이 사안에 따라, 사람에 따라, 시간에 따라 춤을 춘다. 법이 잘 삐치는 애인도 아닌데……. 가끔은 법에 저항권을 행사하고 싶다. 저런 판검사들한테 행위의 판단을 물어야 하는지 답답할 때가 한두 번이 아니다. 미국 독립선언서를 쓰고 대통령을 지낸 토머스 제퍼슨은 "불의가 법으로 변할 때 저항은 의무가 된다"라고 말했다.

법치주의를 지키려면 참여해야 한다. 분노해야 한다. 투쟁해야 한다. 자유는 용기에서 나온다. 권리는 투쟁으로 쟁취된다. 그 시작은 아는 것이다. 세상에 균형이 어디 있나. 옳고 그른 게 있을 뿐이지. 법과 법전에 좌와 우가 어디 있나. 사람이 그래서는 안 된다는 도리가 있는 것이지. 옳음에서, 도리에서, 상식에서 법이 시작되어야 한다는 게 나의 짧은 생각이다. 그런데 삶이 자꾸만 나를 속인다. 법이, 소송이 그대를 속일지라도 슬퍼하거나 노여워하지 말자. 절망하지도 말자.

나는 법과 소송의 불합리에 대해 끝까지 떠들 것이다. 부조리한 것을 못 견디는 운명을 타고난 철부지처럼. 떠돌기와 끌려가기를 거듭해야 할지라도. 감옥에 갈지라도. 끝끝내 유머를 사수할 것이다.

"이제 취재하고 싶습니다"

〈시사IN〉 2013년 7월 25일 자

안녕하세요. 주진우 기자입니다. 저는 기자입니다. 그런데 지금은 피의자 또는 피고인으로 살고 있습니다. 오늘(7월 12일)도 법원에 다녀왔습니다. 일부 언론에서는 박근혜 대통령 1억 5천만 원짜리 굿판 인터뷰 때문에 새누리당이 고발한 사건이라고 합니다. 이 건은 검찰로부터 '혐의 없음' 처분을 받았습니다. 국정원이 고소한 사건도 무혐의 처리됐습니다.

(중략) 합리적으로 의심하고 의혹을 제기하는 것은 기자의 소임입니다. 그런데 박근혜 정부에서는 민주주의를 뒤흔든 국기 문란 사건보다 더 큰 범죄가 되나 봅니다. 선거법 위반 혐의로 저에게 구속영장을 청구한 검찰은 원세훈 전 국정원장은 불구속 기소했습니다. 만약 문재인 후보의 5촌 간 살인 사건이 발생했고, 언론이 이를 보도했다면 어떻게 됐을까요?

저는 기자입니다. 이 사회가 조금 나아지는 데 벽돌 두 장을 놓겠다는 사람입니다. 사건이 장맛비처럼 쏟아지는데 현장이 아니라 검찰청, 법원에 끌려다닙니다. 취재를 해야 하는데 취조를 당하고 있습니다. 법정 피고인석에 앉아 있으면 속이 탑니다. 검찰청 철제 의자에 앉아 있으면 울화가 치밉니다. 수갑을 차고 유치장에 들어갔을 때는 분하고 서글펐습니다.

기자를 마뜩잖아하는 사회. 그럴수록 진짜 기자는 취재를 하고 기사를 써야 하는데, 그게 잘 안 됩니다. 그래서 다시 좌절하게 됩니다.

한숨 한 번 크게 쉬고, 다시 신발 끈을 매려고 합니다.

각종 비리 제보 환영 ace@sisain.co.kr

주기자의 사법활극

첫판 1쇄 펴낸날 2015년 1월 19일

지은이 주진우
발행인 김혜경
편집인 김수진
책임편집 김교석 **편집기획** 이은정 이다희 백도라지 조한나 윤진아
디자인 김은영 정은화 엄세희
경영지원국 안정숙
마케팅 문창운 노현규
회계 임옥희 양여진 신미진

펴낸곳 (주)도서출판 푸른숲
출판등록 2002년 7월 5일 제 406-2003-032호
주소 경기도 파주시 회동길 57-9번지, 우편번호 413-120
전화 031)955-1400(마케팅부), 031)955-1410(편집부)
팩스 031)955-1406(마케팅부), 031)955-1424(편집부)
www.prunsoop.co.kr

ⓒ푸른숲, 2015
ISBN 979-11-5675-531-9 (03340)

이 도서의 국립중앙도서관 출판시도서목록(CIP)은 e-CIP 홈페이지(http://www.nl.go.kr/ecip)와
국가자료공동목록시스템(http://www.nl.go.kr/kolisnet)에서 이용하실 수 있습니다. (CIP2014038405)